中宣部与国家新闻出版广电总局"百种经典抗战图书"

陶菊隐 著

大上海
的孤岛岁月

中华书局

图书在版编目(CIP)数据

大上海的孤岛岁月/陶菊隐著. —北京:中华书局,2005.7
(2015.8 重印)
ISBN 978-7-101-04731-8

Ⅰ.大⋯ Ⅱ.陶⋯ Ⅲ.社会生活-上海市-1937~1945
Ⅳ.D693.93

中国版本图书馆 CIP 数据核字(2005)第 073011 号

书　　名　大上海的孤岛岁月
著　　者　陶菊隐
责任编辑　祝安顺　张玉亮
出版发行　中华书局
　　　　　(北京市丰台区太平桥西里 38 号　100073)
　　　　　http://www.zhbc.com.cn
　　　　　E-mail:zhbc@zhbc.com.cn
印　　刷　北京天来印务有限公司
版　　次　2005 年 7 月北京第 1 版
　　　　　2015 年 8 月北京第 2 次印刷
规　　格　开本/700×1000 毫米　1/16
　　　　　印张 17¾　插页 2　字数 250 千字
印　　数　5001-9000 册
国际书号　ISBN 978-7-101-04731-8
定　　价　42.00 元

出版说明

陶菊隐（1898～1989），湖南长沙人。著名记者、作家。自 1912 年进入新闻界，陶菊隐在多家报馆担任通讯员、记者、编辑和总编辑，写作了大量通讯、报道、特写、述评和专栏文章。1942 年退出报界，专注于文史著述。新中国成立后，任上海文史馆副馆长。

陶菊隐一生笔耕不辍，著述颇丰。有"菊隐丛谈"（二十五册）、《孤岛见闻》、《袁世凯演义》、《蒋百里先生传》、《筹安会六君子传》、《督军团传》、《吴佩孚传》、《北洋军阀统治时期史话》、《记者生活三十年》等。

抗战期间，陶菊隐蛰居上海，根据自己的亲身见闻，写作了《天亮前的孤岛》和《最后一年》，于 1945 年在上海中华书局出版。1981 年，陶先生对二书重加整理，编为《孤岛见闻：抗战时期的上海》，由上海人民出版社出版。此书以独到的眼光、生动的笔法，从政治、经济、军事和社会生活等各个方面记述了 1937 年至 1945 年间上海孤岛时期的历史，具有很高的史料价值。

蒙陶菊隐先生后人慨允，我们对此书重加校订，编配了各章的小标题，增加了 100 多幅历史图片，更名为《大上海的孤岛岁月》，于 2005 年重新出版。今年恰逢世界反法西斯战争胜利和中国人民抗日战争胜利七十周年，本书被列入中宣部与国家新闻出版广电总局制订的"百种经典抗战图书"重印再版计划，今特重印此书，以为纪念。陶菊隐先生一生著述之绝大部分都交由中华书局出版。此书的再版，是对陶菊隐先生的纪念，更是他与中华书局常年合作而留下的深厚情谊的延续。

中华书局编辑部

2015 年 8 月

• 目 录 •

• 目　录 •

炮火中的上海

中日战争全面爆发　　自 1931 年日本侵略者侵占中国东三省的
"九·一八"事变发生以来,蒋介石对外坚持不抵抗政策,对内疯狂进行反
共、反人民的战争,使中国面临外寇深入、河山破碎、遍地烽火的最严重的
局面,人民陷于水深火热之中。
1936 年,国民党爱国军人张学
良、杨虎城在全国人民一致要
求停止内战、抗日救亡的影响
下,发动了"西安事变",把当时
在西安布置进攻解放区的蒋介
石扣留起来,迫使他接受联共
抗日、开放言论、释放被捕爱国
人士等条件。从这时起,中国
共产党所领导的中国抗日民族
统一战线初步建成了。

张学良(左)与杨虎城(右)

　　蒋介石从西安回到南京后,仍然不作抗日的准备。他先后派蒋作宾、
许世英为驻日大使,对于日本侵略者所提的"中日经济提携"、"中日共同
防共"等条件,表示可以接受;对于承认伪满洲国的问题,希望存而不论;
对于华北问题,只求表面上保持中国领土主权之完整,可以接受日本侵略
者所提的"华北特殊化"的要求。实际上他是愿意放弃东北、华北以交换
日本侵略者不向南方进攻,以保持其偏安一隅之局。但是日本侵略者并
不谅解蒋的处境,一定要以承认伪满洲国为"调整中日邦交"的先决条件。
蒋如承认这个条件,中国人民和中国共产党都不会答应,南京政府必将迅
速垮台,因此谈判陷于僵局。

　　1937 年春天,国民党政府派孔祥熙为庆贺英皇加冕特使,并叫他乘
便到美国与罗斯福总统联系,随后又派张静江、胡适分往英、美两国活动,

希望西方国家施加压力,使日本对中国的军事攻势适可而止。此时帝国主义已经分化为以英、美、法为一方和以德、意、日为另一方的两个敌对阵营,欧洲形势日益紧张,英、美两国无力兼顾远东,蒋介石依靠国际干涉以缓和日本进攻的打算也落空了。

　　1937年7月7日,日本侵略者向北平(北京)附近芦沟桥的中国驻军发动进攻,当地守军被迫起而应战。这就是中国历史上有名的"七七事变",即"芦沟桥事变"。8月13日,日本侵略者又在上海开辟第二战场,

1937年8月13日,日本从设在上海的日本海军特别陆战队司令部出动时情形。

进犯吴淞、江湾等地。日军进攻上海,严重影响西方帝国主义和以蒋介石为首的中国四大家族的利益。因此,在中国共产党和全国人民的严切督促下,国民党政府不得不派兵应战。至此,中日全面战争开始了。

　　租界中心的两场横祸　　"八·一三"以前,上海的畸形繁荣正在逐步褪色,人口不断下降,社会购买力日益萎缩。在报纸的分类广告栏内,在马路旁的电杆子上,空屋出售或出租的告白日见其多,许多大房东用减租、让租(在租约成立之日起,三个月或半年内免付租金)或将房屋修饰一新等条件吸引新房客,但是过问者仍旧寥寥无几。市场方面,不少大商店登载"大拍卖"、"大放盘"的巨幅广告,宣称"不顾血本,推销存货";南京路、福州路一带中小型商店甚至经常雇用音乐队吹吹打打,有的叫两个

店员站在柜台外长凳上大声叫嚷作滑稽对口，吹嘘价廉物美，以招徕顾客。但是买货的人远比看热闹的人少。其他服务性行业包括旅馆、酒楼、舞场、出租汽车等，也都门庭冷落，大非昔日可比。

高悬大廉价旗帜的旧上海南京路

但是，"八·一三"的炮声一响，迅速改变了整个上海经济萧条的趋势。当闸北战火掀起之时，公共租界和法租界当局立即宣布"中立"。国民党市政府当天由江湾新市区迁回枫林桥旧址办公。居住在闸北、虹口等处的外侨和中国殷实之家，就像滚滚浪花一样涌进到苏州河南岸来。沪宁、沪杭两铁路沿线的大地主、大豪绅也都纷纷集中到这个"中立"之区来。因此，尽管租界外炮火亘天，杀人盈野，租界人口却在直线上升，所有空屋很快就被填满了，优待新房客的种种条件也都被取消了，代之而起的是租屋的顶费（"二房东"出租房屋时向房客收取的一笔费用。例如自己租屋三间，分出一间租与他人，这时住客必须预先拿出一笔钱来给二房东，才能租住，这笔钱就称顶费）和过户费。

日军进攻上海后，居住在中国居民区的欧美侨民纷纷躲入英、美、法租界。

"八·一三"抗战爆发后,几十万市民涌进上海租界,躲避战火。

同一时期,闸北、真如、浏河一带的农民、手工业者在炮火中无法安居,也都扶老携幼转移到租界来。仅"八·一三"这天,就有难民六万余人涌入租界。在这些人中有的用板车或老虎车,有的肩挑背负,把一些能够带走的东西都带到租界来。租界当局对于这些无家可归的难民,本拟拒之门外,曾将租界边沿的几扇大铁门紧紧关闭,但因人多势大,租界当局无法阻挡,只得将租界内若干学校、庙宇和公共场所腾出来,辟为临时难民收容所。他们一面"号召"各界人士捐助寒衣粮食,一面把山东、苏北、浙江等地的近地难民分批"遣送"回籍。但是,随着战区的继续扩大,各地难民源源而来,租界当局无法全部收容,于是来得较晚的难民,只得在弄堂口或马路旁人行道上栖身。这一情况,租界当局又认为有碍市容,曾经加以驱逐,但驱不胜驱,因此除南京路、霞飞路(今淮海路)等几条主要马路绝对不许停留外,其他各处也只得眼开眼闭,暂时不去管它了。这些劳动人民,对于日本侵略者横蛮无理地蹂躏他们的家乡,破坏他们的生产,无不切齿痛恨,对于西方殖民者的歧视和压迫,也都愤慨异常。他们在风餐露宿之中挣扎了一个时期,不久便纷纷选择租界偏僻地区搭棚而居,以个体劳动或摊贩为生。这就是"八·一三"以后上海棚户和摊贩大量发展的由来。

在上海的一个多月战争中,敌机在近郊各处疯狂投下烧夷弹,闸北一带化为火海,留在当地未走的人们,也不得不冒着炮火进入租界。因此,到9月中旬,租界人口迅速增加到三百万左右,租界外却成了十室十空的无人之区。

战争刚开始的时候，两租界宣布戒严，大部分商店停止营业，公共车辆全部停驶。从租界高处可以望见战区内腾起的闪闪的火光，隆隆的炮声昼夜不停。租界铁门和各国驻军在租界边沿布置的沙包、鹿砦、铁刺网等障碍物，有时封闭，有时开放，搞得租界内也人心惶惶。但是，这种战时气氛不久又都

旧上海街头的修鞋摊

消逝了：由于人口迅速集中，特别是上海附近地区的地主富室纷纷避难前来，租界的畸形繁荣又告复活，旅馆、电影院经常客满，茶楼酒肆川流不息地吐纳着衣冠楚楚的人群，各种商店也无不生意兴隆。这些来自外地的阔老，是租界殖民者所欢迎的，因为他们对租界繁荣带来了好处。

旧上海会乐里妓院林立

由于上述情况，上海租界内外形成了两个不同的世界：苏州河一水之隔，一边是炮声震天，一边是笙歌达旦。每当夜幕降临，租界内彻夜通明的电炬，透过幽暗的夜空，与闸北的火光联成一片，映红了半边天。但是，如果把租界内形容为完美无缺的"天堂"，那是幼稚可笑的，它也是"天堂"与地狱交织在一起，形成了另一鲜明的对比。就拿住居条件来说，有的崇楼杰阁，非常壮观，有的却几户人家拥挤在鸽子笼式的贫民窟里，晒台辟为卧室，阁楼上人堆人。至于人

1937年8月14日起，日军开始轰炸上海。日军对上海的狂轰乱炸受到国际社会严厉指责。

吃人的社会制度，造成了苦乐悬殊，这里就不多谈了。

以上情况，不过是上海发生战事后一瞬间的快速镜头。总的说来，租界人口的迅速集中，是由于不少人认为这个箝在中国领土上的"国中之国"，在中日战争中成了一个"中立国"，安全不成问题。但是，租界是否如一般人所想的安全，这个问题，在战争刚开始的时候，就有了明确的答案。

就在战事发生后的第二天，8月14日下午4时许，南京路外滩华懋饭店与汇中饭店之间（今和平饭店的南北两部）的一段马路上，突然掉下来四颗炸弹，沙逊大厦楼下铺面花店、古董店、珠宝店的橱窗全部化为齑粉，汇中东楼被炸去一角。马路上有轨电车的电线也被炸断。这是上海租界区的第一次被炸，给上海市民上了战争的第一课。

相隔约半小时，租界市民又听得飞机掠过上空的轧轧之声。当时大家都有一种关心战局的心情，不少人站在高楼上或阳台上，有的跑到马路上看飞机。他们十分清楚地看见一架飞机的尾巴上吐出了一缕浓烟，有一件黑沉沉的东西从飞机上掉下来。说时迟，那时快，只听得天崩地裂般一声巨响，一颗炸弹不偏不歪掉在大世界十字路口。站在街心螺旋形铁架上指挥交通的越南籍巡捕立即坠落下来，化为一团肉酱。铁架偏南约一码之地的马路上也炸成了一个深约一丈多、直径约两丈的大窟窿。大世界的天棚被全部震毁，附近中西药房、五味斋食品店的橱窗玻璃都被震碎。这是公共租界与法租界分界的一条马路，车辆与行人往来如织。适有公共汽车两辆、私人汽车十余辆经过其地，马路上就像飞来一阵红雨一样，车中乘客血肉模糊，死伤共达四百余人；各种车辆的残骸东歪西倒地躺在柏油马路上,有的还在冒烟燃烧。出事后约一刻钟,各路救护车才横冲直闯地疾驶而来,两租界也派来大批捕探施行警戒,断绝交通,打扫现场。

旧上海大世界外景

这是上海市民在"八·一三"后所上的第二课。这一课使他们懂得,在兵慌马乱的时代,没有一处能够保证安全。

大世界出事后的第二天,各报都有记载说,一架中国飞机出击停泊黄浦江中的敌舰"出云号",被高射炮击中弹架,因而滑落了炸弹两枚。这是国民党官方企图减轻责任的一种说法。根据市民所见,当时有中国战斗机四架向这艘日本旗舰俯冲投弹,炸弹均落在水中,内有一机被高射炮击中,因而尾部冒烟。大家推测,机中驾驶员打算飞往虹桥机场降落,为了减轻机身的重量,想把炸弹扔在跑马厅的广场上(今人民广场和人民公园合起来的地方),但因心慌意乱,炸弹落在大世界十字路口,闯了一场大祸。

藏污纳垢的旧大世界内景

8月15日,中国飞机继续向"出云号"投弹均未命中,敌舰连珠般高射炮向偏西方发射,麦特赫司脱路(今泰兴路)张家花园一带落下炮弹不少,伤妇女小孩数名。作者住在辣斐德路、金神父路(今复兴中路、

正向黄浦江日本军舰攻击的中国战斗机

瑞金路)附近,正在家中午睡,也有一颗高射炮弹穿屋瓦而下,可见这一天还有更多的地点落下炮弹,为了安定人心,租界当局没有全部公布出来。

8月23日,也就是大世界出事后的第九天,上海市民又上了第三课。这次事件发生在下午1时,正是租界东区职工中午上下班最繁忙的时间。出事地点在南京路、浙江路口,这个地方不但行人肩摩踵接,而且车道纵横交错,正是反映上海租界人口高度集中和市面畸形繁荣的中心地点。炸弹落在先施公司(今南

1937年8月23日,日军把炸弹投到上海市中心先施公司门口,炸死市民700多人。

京路服装公司)三楼东南角阳台上,水管被击破,自来水就像瀑布般急剧地冲泻下来。新落成的十八层永安公司大楼以及由南京路到劳合路(今六合路)一带的商店橱窗玻璃尽被震毁,玻璃碎片满天飞,铺在路面上像一条长长的水晶地毡。炸弹落下来的时候,站在南京路、浙江路中央铁架上指挥交通的印籍巡捕,立即粉身碎骨,头颅不知飞向何处。马路当中和人行道上到处躺着断肢折臂的尸体,有人压在积尸下尚在呻吟。有一辆由东向西的双层公共汽车,被炸毁在浙江路东面大中华电料行门首,车中尸体纵横,没有发现一个活人在内。这次事件死伤共达七百余人,其中死者约百余人。事后国民党官方没有说明炸弹从何而来。根据市府方面的调查,事件发生的同时,四川路英商卜内门洋碱公司后面美国海军堆栈也发现了一颗未爆炸的烈性炸弹,弹头有黄色 S.S.No.6 标记,显然这是敌机投下来的。他们还推测说,日本侵略者可能误接情报,认为有中国高级军官数人在东亚饭店开会,因而下此毒手。这当然又是一种假设之词。但上海市民却又纷纷传说,出事时没有人看见飞机飞过租界,没有人听见飞机的轧轧之声,而炸弹来自东方,可能不是飞机投下来的炸弹,而是浦东方面中国陆军发出来的一颗开花炮弹。

事件发生后,驻沪美国舰队司令雅纳尔、英国舰队司令李德分别致函上海市长俞鸿钧和日本舰队司令长谷川,抗议中日两国飞机飞越租界上空,要求以后勿再发生同样事件。

以上是"八·一三"以来租界上造成重大死伤的两次事件。至于租界内流弹伤人,特别是在黄浦江边、苏州河畔和租界边沿发生的伤亡事故,几乎无日无之。截至 10 月 12 日止,租界市民中流弹而死者 2,057 人,伤者 2,955 人。

尽管上海租界并不安全,但是人们认为这不过是"飞来之祸",是偶然发生的事情。他们相信,日本侵略者断然不敢与英美两大国为敌,不会肆无忌惮地冲进租界来。尽管战争已经扩大到沪宁、沪杭沿线,但外来人口仍在不断涌入,因此租界人口上升的幅度愈来愈大。

上海社会团体、妇女界和市民的抗日倾向与爱国活动 "八·一三"战事发生后,上海租界出现了许许多多抗日救亡团体和救济性的临

上海左派人士左起：杜重远、沙千里、章乃器、史良、邹韬奋、马相伯、沈钧儒、王造时、李公朴。

时组织。这些团体的背景，有的是左翼革命派组织起来的，有的由爱国人士和青年知识分子主持，有的以民族资产阶级或外交界人士为核心。在当时国共两党合作抗日的形势下，也有由国民党人士与左翼人士联合组织的。

这些团体虽然同以抗日救亡为号召，可是由于背景的不同，所走的路线也不同。在内政问题上，左翼革命派热烈响应中国共产党的号召，坚决主张开放一切民众运动，实行言论自由，释放全国政治犯，结束一党训政，成立一个包括各党各派和无党无派在内的民主联合政府。以国民党CC系为核心的团体，则提出所谓"一个政府，一个领袖"的反动口号，反对发动民众，反对开放政权。这些人及其追随者们，以民间姿态组织团体或者加入某些进步团体，其目的在于侦察社会动态，分化左翼阵营。在外交问题上，左翼革命派主张争取一切同情中国抗战的国际朋友们的帮助，反对牺牲中国以绥靖日本的国际阴谋。国民党人则寄托希望于西方三大国，特别希望英美两国出面来调停中日战争。在军事问题上，左翼主张坚持抗战，反对中途妥协，主张全民抗战。这与蒋介石的消极抗日、积极反共的方针又是背道而驰的。此外，一般知识分子组织的团体，无论在内政问题、外交问题和军事问题上，都缺乏鲜明的旗帜和坚定的立场，他们主张开放政权，反对个人独裁，这是与左翼革命派一致的，但对号称"民主"的某些西方国家抱有幻想，特别希望将在比利时布鲁塞尔召开的九国公约国的联合会议上，能够作出有利于中国的决议，压迫日本政府停止对中国的侵略战争，这一点又与国民党人共鸣。

"八·一三"战事发生后，上海妇女界的救亡活动也很活跃。她们举办过书画展览会、义卖作品，用以慰劳前方将士。还举办过妇女捐献首饰以及其他募捐、义卖活动，分别作为慰劳将士和救济难民之用。妇女活动也和其他团体一样，由于成员们的阶级成分不同，也有各种不同的表现和倾向。

除团体活动而外，上海市民自发性的抗日斗争和爱国活动，也在广泛开展。从战事发生的一天起，上海各报的销路突然大增，每次发行号外，立刻抢购一空，这是上海市民关心军国大事的热情表现。当时市井流传，有的说日本间谍化装为中国难民，混进租界来侦察中国方面的各种情报，有的说日本浪人指使汉奸在近郊河塘放毒，勾结奸商运粮接济敌军，或将日货改装国货出售牟利等等，因此捉汉奸、检查日货和搜捕奸匪的事件层出不穷。上海各界人士发起"一元救国捐运动"，劳动人民热烈响应，纷纷将血汗收入送请银行或报馆代收，大多不肯留名而去。这些行动，充分表达了中国劳动人民对于抗日救国的积极性和主动性。

上海僧侣参加支援前线的活动

国民党军在上海的大溃败

蒋介石被迫对日应战后，在国民党首都南京组织了中国陆海空军总司令部大本营，作为战时的最高机构，以抵制中国共产党和各民主党派所提倡的结束一党训政、组织联合政府、发动全民抗战等主张。这个机构设立了五个部，分掌军令、政治、军需、国外宣传、国内宣传等事项。由于这个机构的成立，南京各党政机关的许多重要职权都移归五个部办理，因此它变成了一个权力高于一切的太上政府。根据各国通例，陆海空军大元帅应由国家元首担任，蒋介石上面还有一个名义上是"国民政府主席"的林森，他不便公开僭号称尊，所以这个机构简称为"大本营"而未正式挂出招牌来。更重要的是，当时国民党不是真心对日宣战,不公开这个机构,也正留有随时随刻可以对日停战议和的余地。

蒋介石在上海所采取的作战方针,主要是适应他的外交策略,希望引起国际干涉,迅速结束战争。9 月 12 日,宋美龄向美国发表广播讲话,埋怨"美国对于中日战争熟视无睹,令人不胜惊异"。9 月 24 日,蒋介石自己也出面向西报记者发表谈话,讲得更露骨了。他说:"中国为美国而战,美国不应中立。"蒋介石估计西方国家对于中日两国在上海作战,严重地危害它们的利益,不能置之不理,而它们一旦出面来干涉,战争很快就可以结束。因此除由沪宁线调动军队来沪应战外,还陆续从川、湘、粤、桂等省抽调大批军队投入战斗,前后使用兵力共达七十余师,占全国军队总额的三分之一以上。这是一种孤注一掷、以战促和的方针,并不是为长期作战打算。

蒋介石是打内战的能手,在使用军队上,往往把非嫡系的杂牌军摆在前面充当炮灰,而将自己的嫡系军队留在后面,胜则坐享其成,败则全师而退。这次对外作战也是如此。杂牌军装备低劣,兵员不足,战斗力当然不强,但是此次奉调参加保卫大上海战争的杂牌部队,却受到了全国人民特别是上海市民的热情鼓励和积极支持,部队士气非常旺盛,打得非常出色。在罗店、大场两地的争夺战中,他们做到寸土必争,有的一师打得七零八落只剩下了二三千人,有的师长因阵地不守忿而自杀。日本侵略者开始作战时,使用兵力不满一万人,随后陆续增加到二十万人,这使日本侵略者感觉到要征服中国不是那么轻而易举的事情,而国际上对中国的观感也为之一变。但是,

在上海街头战斗中的中国士兵

蒋介石对于这些为国牺牲的部队,并不给以必要的补充和及时的休整,任其自生自灭,这就分明存有利用外敌消灭国内异己的私心。这种借刀杀人的手段,大大挫伤了部队士气。

全面抗战开始后,在中国领土上出现了南北两个战场。十分明显,抗战是全国性的问题,必须统筹全局。但是蒋介石只偏重上海战场,对华北战场却采取了不过问的态度。9月25日,中国共产党领导的八路军,在晋北平型关打了一次大胜仗,如果蒋介石命令国民党军队配合作战,不但可以扩大战果,而且可以在华北地区牵制日军更多的兵力,对上海战场也十分有利。但是蒋介石采取了放弃华北的方针和歧视八路军的态度,使日本侵略军得有余力分兵应付,同时也加重了保卫上海的困难。

国民党军在指挥调度上也缺乏灵活性。蒋介石遇事独断独行,经常以长途电话向各部队直接发号施令,而统率各部队的长官,对此一无所知。

国民党官吏的贪污腐化,也反映在军队的装备上。他们的飞机、大炮大多数是从外国购进来的。从德国买来的山炮,在上海的阵地上不适用;从美国买来的战斗机,飞了一个时期就要大修才能使用;从意大利买来的"飞亚式"轰炸机,连炮管中的来复线也都早已磨光。由于经手人为从中贪污,就把这些次废品买了回来。

日军在上海作战,首先使用飞机狂轰滥炸,将战区内的一切建筑物化为灰烬,使中国军队失去掩蔽之所,然后集中炮火掩护步兵前进。他们用在上海战场上的飞机有二百余架,上海的制空权几乎完全操在敌人的手里,国民党军队处于被动挨打的地位。中国空军一度集中力量想把停泊在黄浦江的日本旗舰"出云号"炸沉,不但被敌舰上的密集炮火驱走,反而造成了租界市民的重大死伤。上海各界市民眼见敌机更番出动,到处肆虐,如入无人之境,都不禁悲忿交集地问道:"南京政府的国防费用到哪里去了? 我们'献机祝寿'(1936年蒋介石五十岁生辰,蒋党向各界人士摊派巨款购买外国飞机,向蒋献机祝寿)的飞机跑到哪里去了?"

上海之战打了两个多月,因英美没有为蒋介石出面干涉日本的行动,所以蒋介石于10月26日下令撤退,放弃上海。27日退出闸北、江湾,28日退出真如、大场。11月1日,蒋介石又出人不意地到南翔召集军事会

议,他首先郑重其事地说:"后天(11月3日)就是九国公约签字国在比利
时布鲁塞尔开会的日子,我们必须再坚守几天,让他们看看我们是打得很
出色的。"他不待别人开口就提起笔来写命令,凡各军已撤退者必须返回
原阵地,未撤者不得移动。这时前线各军都已打得七零八落,有的已向新
阵地转移,有的正在转移中,因此蒋的命令造成军队的极大混乱。命令一
下蒋自己就匆匆忙忙折回南京去了。

11月5日,日军在金山卫登陆。9日蒋又下令全军撤退。蒋介石枪
花错乱,朝令夕改,造成了撤退时溃不成军的严重局面:各军争先恐后地
抢夺交通工具,彼此各不相顾,不但友军与友军之间失去协调,就是同一
部队也因盲目溃退而无法集中到指定的第二阵地来。当时撤退的地区是
在河港交叉的长江三角洲一带,日军一面用飞机炸毁公路和铁路桥梁,一
面用橡皮艇运送步兵渡河追击,国民党军则因船少人多,无法安全渡河,
只能拥挤在公路上挨炸挨打,因而伤亡更大,兵士不满情绪日益加深。

在国民党军退出上海时,有一团人拒绝接受撤退命令,单独退守闸北
光复路四行仓库。这支军队名为一个团,实际只剩下五百来人,当时被称
为"四行孤军"。四行仓库座落在虞洽卿路(今西藏路)老闸桥的北端,一

10月26日,中国军队撤出闸北。由谢晋元团长率领八百士兵在四行仓库
进行激烈的狙击战。

过桥就是灯红酒绿的十里洋场。日军派兵昼夜围攻,空陆并进,从闸北传来的飞机声、机关枪声、步枪声和手榴弹的爆炸声,终日响彻云霄。不少中外人士登上国际饭店、中国饭店、九层楼酒家(今中百一店大楼)等高楼大厦去观战,还有不少人民团体派人携带水果食物,冒着炮火,泅水前去慰问,因而"四行孤军"驰名中外,受到人们的尊敬。这支军队背水作战,宛如负嵎之虎,使日军久攻不下。苏州河南岸每天都有市民中流弹伤亡。由于国民党军反攻无期,11月31日,"四行孤军"才接受劝告退入租界,被圈禁于公共租界胶州路公园。

日军占领南京 "八·一三"以前,国民党政府在沪宁、沪杭两路建立了三道国防线:第一道为上海至杭州湾之线,经过上海、乍浦、海盐至杭州;第二道为吴福线,经过吴江、苏州、常熟至福山;第三道为锡澄线,经过无锡至江阴。蒋介石吹嘘这三道防线固若金汤,可以媲美世界闻名的法国马其诺防线。当国民党军从上海撤走的时候,上海市民认为,他们在上海能够支持两个多月,今后在苏州、无锡一带必然能够支持更长的时间,给日军以更沉重的打击。哪里晓得,每天打开报纸一看,所登载的都是些"我军转移阵地,诱敌深入,选择有利地形,以便聚而歼之"的战情报道。沪杭线被日军突破后,国民党军在吴福线站脚不住,在锡澄线也仍然站脚不住。上海市民又一次悲忿交集地问道:"究竟要退到什么地方才算有利地形呢?既是诱敌深入,为什么不是有秩序的退却而是兵败如山倒呢?"蒋介石的不抵抗政策引起了上海市民的强烈不满。

从9月22日起,日本侵略者逐日派飞机轰炸南京,把蒋介石逼在中山陵下一幢小洋房里办公。11月上旬上海沦陷后,日军分兵两路,一路沿京沪线正面进攻南京,一路沿太湖南岸绕道进攻皖南以切断南京的后路。正面日军以破竹之势占领了苏州、无锡等城市,所到之处,大事焚掠,不论车辆、粮食、牲畜、财物,见到就抢,对民间古物、藏书,随地抛弃,门窗、地板也被拆毁作取暖烧饭之用。对赤手空拳的人民则进行了灭绝人性的大屠杀。11月22日,日军在无锡许巷捕去大批居民,强迫他们自己挖掘一个大坑,然后开枪扫射,把尸体扔到坑里掩埋。沿途妇女不分老幼,见到即被蹂躏,奸后开肠破肚,引为笑乐。无锡是京沪线上一个较大的工业城市，被日本飞机更番轰炸，最后用烧夷弹把全城工厂付之一炬。

日本侵略者在京沪、沪杭沿线的累累暴行，逼得当地幸存的居民千方百计地逃出虎口，纷纷转移到上海来，因此上海租界人口有加无已。

11月中旬，蒋介石在南京召开军事会议讨论应否坚守南京的问题。他手下一文一武，文的是新政学系头目张群，武的是军政部长何应钦。他们都是"抗战必亡"的悲观论者。其他的高级将领，对于战守问题，由于心中无数，也就不敢说什么。而蒋介石却故作正经地说："南京乃是我国的首都，总理（孙中山）陵园所在，国际观瞻所系，不能弃而不守。今天哪位愿守南京？"他一连问了两声，大家你看我我看你都不答腔，蒋气得尖声怪叫说："既然无人自告奋勇，那就让我来担任守城吧！"此言一出，逼得一向被蒋打入冷宫的唐生智挺身而起，报名愿守南京。蒋介石这才吁了一口气，连连点头称赞道："孟潇（孟潇是唐生智的别号），你好！"即日下手令派唐为南京卫戍司令长官。

蒋介石于12月5日离开南京。7日南京攻防战开始。当时，在南京的部队都是沪宁线上七零八落的溃军，当然无力坚守，这种情况，蒋介石不是不知道。他根本无意于坚守南京，他派人守南京的目的，在于勉力支持几天，企图等待德国大使陶德曼调停中日战争的结果。他还认为，德国是日本的友好国家，陶德曼的调停一定可以成功，日军一定不会认真地进攻南京。

12月12日，南京守军突围撤走。由于事前无计划无布置，南京撤退比上海撤退的情况更糟，下关江岸出现了夺船抢渡、开枪互击的大惨剧，有的船只因载重过度沉没江中，溺死官兵多人，有的部队因无渡江工具、

11月11日，上海失陷。日军对上海市政府办公楼后面的孙中山铜像加以侮辱。

长官弃职潜逃而士兵流窜街头,不久被敌人俘获而在下关集体屠杀者达五万余人。

13 日,日军入城后,展开了史无前例的大屠杀。据 1946 年远东国际法庭不完全的统计,中国军民被集体射杀、火焚及活埋者十九万余人,被零星屠杀者十五万余人,合计三十五六万人。有所谓"人头竞赛",以割下首级最多者为英雄。至于妇女,被蹂躏后又被剖腹而死,房屋劫洗后纵火焚烧,那就多至不可胜数了。以上罪行,持续达六个星期之久,创造了惨绝人寰的战争

1937 年 12 月 17 日,日军攻陷南京。

南京大屠杀

纪录。(以上罪行,载入《攻南京敌酋松井、谷寿夫的判决书》内,他们都被判处死刑。)

蒋介石的和平梦

日本侵略者反对西方国家干涉中日问题　　1936 年，日本侵略者对中国发动全面进攻已有箭在弦上之势，蒋介石一再派人与日本政府举行直接谈判，希望委曲求全。由于满洲问题无法解决，谈判陷入僵局，他又幻想通过国际干涉来制止日本的侵略行为。1937 年孔祥熙到英国时，英国保守党政府外相艾登毫不掩饰地说："英国在欧洲负有严重任务，

1931 年 12 月，蒋介石被迫会见赴南京请愿的学生代表，要求学生们"保持严肃镇静的态度"。

中国如与日本开仗，对英国不能指望得到多大的援助。"孔祥熙又到美国去见罗斯福总统，罗斯福对中日两国问题大有推开不管之意。当时，蒋介石依靠英美两国以牵制日本的政策，日本政府抱有强烈反感，于是蒋介石又想乞求日本的朋友德意两国来调停中日两国的争端。

蒋介石派员分赴德意两国进行侧面外交　　蒋介石首先注意到

德国。他早已醉心于德国元首希特勒的一党独裁的制度。他的一部分黄埔学生组织了以德国纳粹党为蓝本的"复兴社",就是要把德国最反动的法西斯制度搬到中国来推行。他派 CC 系健将程天放为驻德大使,又以复兴社的"十三太保"之一酆悌为驻德武官,派次子蒋纬国到德国学习军事,其目的无非要加强中德两国的联系,从而取得希特勒在政治上、军事上以至外交上的大力支援。他的党徒叫嚷"一个国家、一个领袖",也是取法纳粹党人的口号而提出来的。除此而外,他还聘有以福根霍孙为首的德国军事顾问团,大量进口德国军火,力图把中国军事纳入希特勒德国的轨道。以上这些事实,早已通国皆知。

希特勒也跟德皇威廉二世一样,对于地大物博、人口众多的中国,抱有莫大野心,特别欣赏蒋介石的一贯反共而引为同道,想把中国拉进"反共轴心",作为进攻苏联的走卒。

蒋介石对于意大利的"黑衣宰相"墨索里尼,同样倾心已久。他聘有意大利空军顾问团,大量购买意大利的军用飞机来建立中国空军。还聘罗马大学经济系主任、前意大利财相史丹法尼为国民党政府经济顾问,协助中国整顿币制。

"七七"事变发生后,蒋介石发表声明说:"和平未到绝望时期,决不放弃和平;牺牲未到最后关头,决不轻言牺牲。"显而易见,这是怕挨打而宁可屈膝投降的遁词。

但是,帝国主义的逻辑从来就是欺软怕硬的,你越是怕挨打,它就越要打得凶。日本侵略者终于发动了进攻上海的"八·一三"战事。直到和平已经绝望,蒋介石还是不肯放弃"和平"。战事开始的第二天,蒋介石电召在上海的军事学者蒋百里到南京"会商要政"。蒋百里并非国民党人,也不是国民党政府的官吏,蒋介石请他担任自己的私人代表,分赴德意两国进行侧面外交。蒋百里早年留学德国,参加过德军联队实习,与德国国防部将领有旧谊。派遣一个局外人去进行非正式外交,以避免西方"民主国家"的注意,这是蒋介石曲线求和的一片苦心。

9 月下旬,蒋百里偕同意籍顾问史丹法尼到了罗马。墨索里尼和他的女婿外相齐亚诺,均因中日已经开战,不敢接见中国代表,叫外相夫人爱达设宴招待。经过史丹法尼的联系,10 月 12 日,齐亚诺才在外交部接

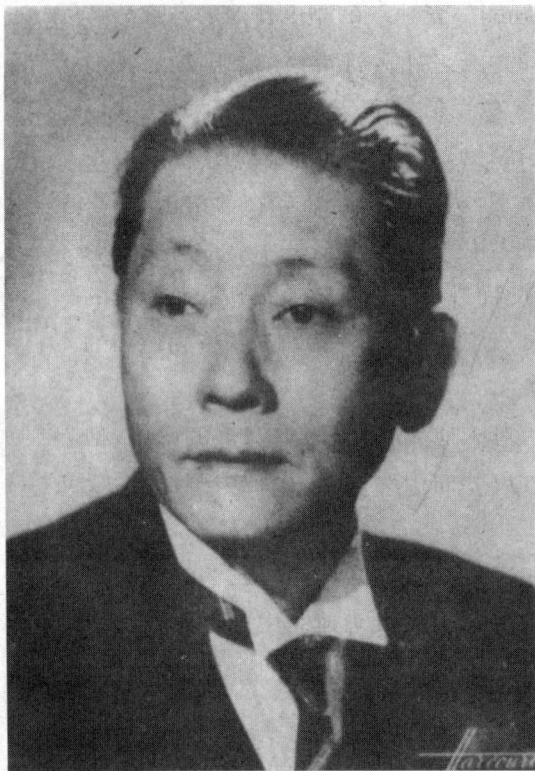

蒋百里

见了蒋百里。不待客人开口,齐亚诺首先唠唠叨叨地讲了一大套埋怨中国不够朋友的话,说1932年淞沪战争时,他任意大利驻沪总领事,曾用外交压力迫使日本大使重光葵同意签订淞沪协定,帮助中国避免更大规模的战争(当时意大利并非头等强国,日本不会接受它的压力。而且淞沪协定有利于日本,齐亚诺所讲的完全是胡扯)。其后,中国驻外使节由公使级升格为大使级,首先在意大利实行,提高了中国的国际地位。但是,中国政府用什么态度来报答意大利的友情呢? 国际联盟通过对意经济制裁案,中国是投赞成票的五十二个国家之一。国际联盟是当时的国际联合组织,如同今天的联合国。当时,操纵"国联"的是英国(美国当时没有加入"国联")。"国联"制裁意大利,是因1935年意军侵略阿比西尼亚(今埃塞俄比亚),触犯了英国在东非的利益,英国提案制裁。国民党政府是追随英国投赞成票的。后来,意大利要求中国提案取消对意制裁,中国代表非但拒不接受,而且意大利商请他国提案取消制裁时,中国又投了反对票,这就未免太不够朋友了。

蒋百里解释说:"中国不是不够朋友,而是另有苦衷。中国同样受到武装侵略,对于被侵略者不能不表示同情,否则就没有理由要求'国联'制裁日本。希望贵国予以谅解。"

是月25日,齐亚诺带蒋百里到威尼西亚宫与墨索里尼相见,谈话也不融洽。此时齐亚诺即将启程到比利时参加九国公约国会议,蒋百里请他帮中国的忙，在会议上发言，反对日本侵略中国。齐亚诺直言不讳地说："我们根本不重视这个会议，而这个会议也不会作出有利于中国的决议来。中国应当保存国力，设法结束战争。意大利对于中日和平，愿意有所尽力。"但他随即改口说道："调停中日战争，应以德国为主，意大利只能从旁协助。"

蒋百里在罗马呆了一个多月，仅仅签定了中意两国成立一项物物交换的秘密协定，以中国物资交换意大利的军火，此外无所成就。11月6日，意大利加入了德日两国的"防共协定"，蒋百里就启程到德国去了。

蒋百里于11月17日到了柏林。希特勒也因中日两国已经开战，不愿与之相见。蒋百里从德国国防部方面聆悉，希特勒对于蒋介石依靠"国联"调解中日战争深表不满，曾讽刺地说："'国联'乃是一根稻草，中国想抓住这根稻草渡海，一定会遭灭顶之凶。"

同月27日，蒋百里到空军总部与纳粹德国第二号人物戈林相见。戈林是个"勋章迷"，胸前挂满了各国政府赠给他的形形色色的勋章。蒋百里代表蒋介石赠给戈林一枚高级勋章，一个翡翠指环，他都高兴地接受了。谈到中日战争，他神色不安地说道："中日两国都是德国的好朋友，两个好朋友打起来，使我们的处境非常尴尬，甚至在外交酬酢上也不便多跟一国往来。"他引用德国人的一句成语若有所指地说："当一个人走投无路的时候，就会去找魔鬼。"随后，他就开门见山地反对国民党政府的"国共合作"和改善中苏关系的做法，希望中国反共反苏，德国愿在中日两国之间架起一道桥梁，由战争转向"和平"。

事实上，希特勒正在通过秘密外交，诱使蒋介石接受"中日共同防共协定"以结束中日两国的战争。蒋百里感到久留柏林没有必要，就动身到比利时布鲁塞尔去。他离开德国时，希特勒才去函约期相见。这不过是外交上的一种仪式，并非真心约见。

蒋百里尚未回国，蒋介石又派陈公博为中国政府赴欧特使，叫他先到罗马活动，后到布鲁塞尔活动。陈公博属于改组派，当时任大本营第五部部长，主管国际宣传。蒋派他出国活动，有双重用意：一来国民党的国内外宣传事业向由CC系一手包办，乘此排去陈公博而以CC系头子陈立夫继任第五部部长；二则陈公博与意大利外相齐亚诺有私人交情，想通过他的关系，拉拢意大利出面来调停中日战争。

齐亚诺是个花花公子，早年任意大利驻沪总领事时，与陈公博同嫖共赌，往来比较密切。陈到了罗马，齐亚诺很快就接见了他，并且同他讲了一些真心话。他认为中日进行"和平"谈判愈快愈好。如果拖延日久，日本所提条件必将更苛。如果中国希望实现和平，必须找日本的朋友出面来调停，找英美等国则成事不足，败事有余。而且英美等国也不是中国的真朋友，他们或者出卖中国以绥靖日本，或者利用中国长期抗战以削弱日本，二者必居其一。最后他重复他向蒋百里讲过的话，表示意大利愿意调停中日战争，但不能单独出面，必须联合德国进行。

陈公博同齐亚诺虽有老交情，但外交问题不比私人交情，蒋百里在罗马无所成就，因此，陈公博此行也不可能有所成就。随后他到比利时布鲁塞尔去活动，会见了参加九国公约国会议的英国代表艾登、美国代表台尔博司等，同样没有得到他们的支持。

希特勒三次调停中日战争　希特勒对于中日战争，并未置之度外。根据他自己的利益，他自始即与日本侵略者抱有不同的见解。他认为日本的真正敌人是苏联，日本应当作好与德国从东西两面夹攻苏联的军事准备，对于蒋介石，应当拉过来作为反苏反共的伙伴。日本把大量兵力消耗在中国战场上，不能不影响对苏作战的任务。根据德国外交部档案，1937 年 10 月下旬，希特勒密令德国驻日大使狄克逊向日本外相广田探询日本所希望的中日和平条件。当时上海尚未全部陷落，日军在上海作战伤亡重大，广田提出了四个条件：(1)中国承认"满洲国"；(2)华北特殊化；(3)中日共同防共；(4)中日经济提携。

10 月 30 日，德国驻华大使陶德曼奉命拜访国民党政府外交部次长陈介，劝告中国政府与日本讲和，并表示德国愿意居间调停。他还威胁地说："九国公约国会议不会产生有利于中国的结果，而中国与苏联签订互不侵犯条约，乃是大错特错，希望中国政府能够改变这个政策。"

11 月 3 日，也就是日军在金山卫登陆的前两天，狄克逊再度会晤广田时，广田因日军在上海作战已占优势而增加了内蒙自治、华北建立非军事区、以亲日派为华北行政长官的三个条件。陶德曼奉命将这些条件面达了蒋介石。蒋对德国出任调停表示感谢，并且反问陶德曼对此有何意见。陶德曼认为这些条件可以作为中日谈判的基础。蒋介石向陶德曼讲了一句真心话："如果接受日本的这些条件，中国政府必将无以立足，而共产党起而当政，对日本也是不利的。"稍停，蒋介石又作了补充说明："目前九国公约国正在比利时开会，可望觅取和平途径，暂时难于正式承认日本的要求。"陶德曼对蒋的答复非常不满。与此同时，希特勒还通过德国顾问福根霍孙，用蒋的话反过来威胁蒋说："如果战争拖延下去，中国经济一定会崩溃，共产党一定会取国民党的政权而代之。"

以上情况，说明蒋介石在事实上可以默认放弃东北领土和华北主权，只要不用公开的条约形式公布出来。而德国热心于调停中日战争，根本不是帮助中国，而是为它的盟国日本釜底抽薪，压迫中国投降。

九国公约国会议从 11 月 3 日开到 11 月 5 日，仅仅通过了一项空洞无物的决议：谴责日本企图以武力改变中国现状的政策。日本对此视若无睹，在占领上海后，继续向南京进攻。11 月 28 日，陶德曼在上海建议再作一次中日和平的努力。12 月 1 日，德国外长牛赖特劝告中国驻德大使程天放："中国已无法转败为胜，而时间对中国不利。"十分明显，此时德国加紧调停的步骤，目的在于配合日本速战速决的方针，帮助日本拔出泥足，以便共同对苏作战。在日本军事逼降和德国

1937 年 11 月 12 日，上海失陷，日军进入市区。

外交诱降双管齐下的局势下,蒋介石动摇得非常厉害,他主张"坚守"南京不是为了战略上的需要,而是等待陶德曼到南京来再作一次调停中日战争的努力。

12月2日,陶德曼在外交次长徐谟的陪同下由上海到了南京。为了推卸卖国投降的责任,蒋介石召集国民党高级将领会议,叫徐谟列席,报告昨天陶德曼所转达的日本的条件。当时参加会的高级将领,揣摹蒋的意旨,赞成以日本所提条件为进行和谈的基础。会后蒋接见了陶德曼,向他提出三点:一、以日本建议为和谈的基础;二、保持华北领土主权之完整;三、和谈中不得涉及中国与第三国已成的协定。蒋介石怀疑"日本人说话不算数",希望德国在和谈中作双方的公证人。陶德曼表示德国只能在幕后活动,不便公开参加谈判。他特别强调必须反共。蒋介石请德国转达日本政府,中日举行和谈时日本政府对于所提的条件,必须绝对保密。

由于日本陆军派军人自恃武力,没有等待德国调停成熟,继续向南京进兵,12月5日蒋匆匆离开南京,13日南京陷落,德国的第二次调停遂告停顿。

12月6日,蒋在汉口召开最高国防会议,再叫徐谟将陶德曼的调停经过在会上汇报。德国外交部也将国民党政府的意见电达驻日大使狄克逊,叫他转告日本外相广田。广田声称,须征求军部的意见,才能作出回答,但根据估计,日本在南京得手之后,恐难按照一个月以前所提的条件进行谈判。狄克逊劝告说:"蒋介石如果超过所能承认的限度接受条件,他的政府必将倒台,而蒋介石政府倒台,中日战争必将持久,对日本有所不利。"

随后广田回答狄克逊,日本改提条件如下:一、中日"满"三国合作防共;二、华北特殊化,并将特殊化范围扩大到内蒙及上海附近的非军事区;三、中日"满"三国成立经济合作协定;四、中国赔偿日本战费。广田附带声明,中日进行和谈的程序如下,蒋介石先表明坚决反共的态度,然后派代表至日本政府所指定之地点,并由德国元首建议中日直接谈判,日本表示可以接受;日本必须在和约成立后始能停止军事行动。狄克逊认为,这些条件,中国恐难于接受。广田一口咬定"这些条件已由内阁决定,上奏天皇批准,此外就没有其他方案了。"

南京失陷后不久,陶德曼又到汉口会见了蒋介石。他听到了国民党政府决定派孙科到莫斯科签定中苏同盟条约的消息,于12月13日访问了蒋介石的"智囊"张群,探听虚实。张群阴阳怪气地说:"是有这么一回事,但你见过委员长后,委员长已命孙科暂缓启程。"陶德曼立即将此项消息及中国人心倾向苏联的有关情况报告了德国外交部。其实,自中日交战以来,苏联即于8月21日与中国签定了中苏互不侵犯条约,并派志愿空军人员援华,苏联对中国的战略物资援助,也比西方任何一国为多。但是,此时国际反法西斯阵线尚未组成,西方国家正准备牺牲中欧几个小国来交换希特勒出兵进攻苏联,而希特勒也正勾结日本共同对苏作战。在这种情况下,苏联的主要力量要摆在欧洲对付德国,不可能进一步缔结中苏攻守同盟条约,直接卷入中日战争的漩涡。因此,关于中苏同盟的风声,是蒋介石放出来的烟幕,用以刺激德国,使之加紧调停中日战争的步伐。

12月26日,陶德曼将日本所提的新条件转达给蒋介石,蒋推托有病,叫他的老婆宋美龄和国民党政府行政院长孔祥熙代接见。但在中国人民和中国共产党的巨大压力下,蒋介石不敢接受这些条件。张群曾向蒋献策说:"和必乱,战必败,败而后和,和而后安。"他的意思是说,如果过早地投降日本,必将引起全国人民的反对,政府可能因此倒台,不如暂时"抵抗"一下,打得河山破碎后再讲和,就可以取得人民的谅解而相安无事了。因此德国的第三次调停又告失败。

1937年7月,蒋介石在庐山发表抗战讲话。

日本政府宣布：不以蒋介石政府为和谈对象　　此时欧洲局势日益紧张,蒋介石就把中国的命运寄托在西方国家上,祈祷中日战争与第二次世界大战合流,以便因人成事,坐享其成。

日本近卫首相声明终止与中国谈判,实行全面战争。

1938 年 1 月 16 日,日本首相近卫文麿发表第一次对华声明,"不以蒋介石为首的国民党政府为中日和谈之对象,中日问题绝无第三国调停之可能"。砰地一声,把中日"和平之门"关闭了。

建筑在沙滩上的天堂

日军侮辱英美侨民事件　　自 1937 年 11 月国民党军西撤后，上海租界外围地区尽入日军之手，但是日本未向英、美、法等国宣战，不能占领租界，因此上海租界便有"孤岛"之称。在这个"孤岛"上，国民党的党政机关仍然设有办事处或通讯处，并设有电台与内地互通声气，国旗照常悬挂，法币照常通行，中央、中国、交通、农民四银行以及其他金融机构照常营业，国民党两特区法院照常行使职权，国民党的宣传机关中央社照常发稿，上海各报挂洋旗后照常发表抗日言论，而上海三百万市民也照常拥护抗战，反对侵略，看起来一切与前无异。

"孤岛"这个名称不知是谁首创出来的，当时普遍流行，其实这个名称是很不恰当的，因为租界的行政管理权操在帝国主义的手里，包括日本帝国主义在内；租界上另有它的法律、监狱、税收、政权机关和武装力量，中国人不能过问。这个嵌在中国领土上的"国中之国"，在中日战争时期成了一个"中立国"，但并不是中国人的"孤岛"。

20 世纪二三十年代的上海

这个"孤岛"泛指上海租界，但它既不包括租界全部，也不包括沪西越界筑路地段。它的面积,东自黄浦江以西,西自法华路、大西路(今新华路、延安西路)以东,北自苏州河以南,南自肇嘉浜以北。苏州河以北的虹口区虽也属于公共租界,但该区向为日本军事机关及日侨的集中地,俗呼为"东洋租界",因此不属"孤岛"之内。自国民党军西撤后,日军在沿苏州河各桥口布置了岗哨,行人过桥塊者必须向日军脱帽致敬并接受人身检查,而虹口、闸北两区市民之稍有资财者,也都纷纷迁往桥南,因此桥南人烟稠密,桥北市面萧条,一桥之隔,恍如两个不同的世界。

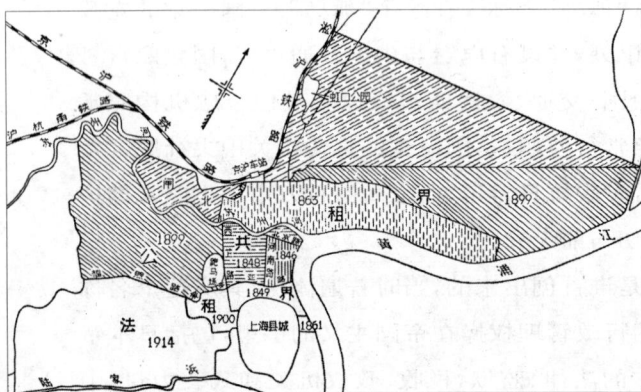

上海公共租界和法租界扩张示意图

"八·一三"事变后,上海租界当局虽然宣布"中立",但它不过是建筑在沙滩上的一座天堂,实际并不安全。自从德、意、日三个法西斯国家结成"反共轴心"以来,它们同西方所谓民主国家争夺世界霸权的矛盾,已经发展到高峰,随时有破裂的可能。

日本与英美等国在争夺中国的问题上,早已存在"独占"与"共管"的矛盾,多年来一直无法调和。"八·一三"的战鼓一鸣,日本侵略者对英美等国就不再保持国际礼貌,甚至蓄意报复,他们侵犯英美等国的在华利益或侮辱侨民的事件层出不穷。1937年8月27日,英国驻华大使许阁森偕同武官、参赞等一行由京杭国道来沪,汽车前面悬有英国国旗,经过无锡附近时,被两架日机俯冲追逐,并用机枪扫射,许阁森中弹受伤,到沪后即入宏恩医院(宏恩医院为英国人所办,解放后改为华东医院)治疗。同年12月12日,美国"潘南号"军舰在江阴江面被日机低飞投弹,并用机枪扫射,死伤官兵数人。日军侮辱美侨事件,其先后见之于报章者,有上海《字林西报》美籍职员梅斯金、圣玛利女校教员勃兰特女士、南京美国大使馆秘书爱理森、美国教士汤姆生、青岛美侨梅先夫人等,均被"日皇军"掌颊;美商米尔士在虹口搬家时,被掌颊后还坐了十二小时的东洋牢。截至1939

年 10 月，由于日军侮辱美侨事件，美政府向日政府提出抗议 594 次。对于以上种种暴行，英美两国政府都采取了大事化小，唾面自干的态度，这就大长了日本侵略者的志气，大灭了自己的威风。

日军封锁长江和侵犯公共租界　　1938 年 6 月，日军占领安庆后，公然宣布封锁长江，由日本另组扬子江轮船公司垄断长江航业，不许各国轮船通航。在长江航业上具有特殊地位的英国政府，要求开放长江，日方置之不理。这是日本侵略者夺取英国在华利益的一次露骨事件。

日军破坏租界中立的事件也不断发生。根据国际通则，交战国双方的武装部队，均不得通过中立区。但日机飞越租界上空，视若家常便饭，谁也不敢干涉。1937 年 12 月 4 日，日本陆军五千余人公然列队到公共租界游行示威，租界当局无法阻止。下午 1 时经过南京路时，有人投掷手榴弹，伤日军三人，投弹者当场被日军开枪打死。日军在出事地点施行紧

1937 年 12 月，日军在光天化日之下，无端滋事挑衅，这是在上海四川路、昆山路附近，日军蜂拥而来，制造事端。

急警戒,断绝交通,检查行人,直至晚 8 时才解严撤走。日军经过先施公司门首时,英国律师马特兰被包围在日军游行队伍之中,一个日侨嘻皮赖脸地交给他一面太阳旗,叫他随队游行,他接过来把旗子撕成碎片扔在地上,因此与日侨发生口角,被带入捕房受审。以上情况说明,上海租界的所谓中立是没有任何保障的,随时可被日军武力接收。英美等国早已看到这种趋势,开始动员侨民撤退,而中国还有人把这个纸糊天堂当作世外桃源,真是痴人说梦。

"大道市政府"与"上海市民协会"　　1937 年 12 月 5 日,日本侵略者找到了一个名不见经传的小汉奸苏锡文,在浦东成立了"上海大道市政府"。这个"政府"不挂青白旗或五色旗,挂的是一面绘有太极图的杏黄旗。它成立后的第一号布告,是公开征收鸦片烟税,烟民必须领取执照,执照分为三等:甲等纳税五元,乙等三元,丙等六角。对于这样一个妖里妖气的"政府",中外人士无不嗤之以鼻。

　　"大道政府"不能在上海租界内大行其道,于是日本侵略者又于是年 12 月下旬物色一批"绅商闻人",打着"救济难民、恢复生产"的幌子,成立了"上海市民协会"。这是他们准备在租界内成立伪政权的一个步骤。12 月 30 日,参加"市民协会"的天主教徒、南市水电公司总经理陆伯鸿,由吕班路(今重庆南路)寓所外出,刚上汽车,就被一个伪装水果小贩的人开枪打死。这是汉奸在租界上被狙击的第一人。参加"市民协会"的"米大王"顾馨一,有人在他的亚尔培路(今陕西南路)住宅天井里投了一颗手榴弹。经此两次风波,"市民协会"便有风流云散之势。

组织流氓特务机关,导演凶案　　国民党军西撤后,国民党军统在租界内留下了潜伏组,用暗杀、绑架和匿名信等手段对付汉奸、奸商和妥协分子,造成了不少血案。在这种情况下,日本侵略者采取了"以牙还牙"的手段,也在虹口区组织了流氓特务组织——"黄道会",来同军统唱对台戏。

　　1938 年 2 月 6 日,法租界薛华立路(今建国中路)巡捕房对面电杆子上悬挂一颗血肉模糊的人头,附有"斩奸状"白布一方,上写"抗日分子结果"六个字。被害人为《社会日报》负责人蔡钓徒。其实，《社会日报》是一种销路不广的小报，蔡钓徒非报界知名之士，也不是真正的抗日分子。后经查明，三天前他被人骗往新亚酒店（现在仍称新亚酒店，在四川北路天潼路口）去赴"黄道会"的宴会，从此一去不返。做案

法国公董局外景

歹徒们拿一个新闻记者开头刀，并且敢于在法租界卢湾区总巡捕房（即薛华立路巡捕房）门前示威，正是"在太岁头上动土"，捕房不能置之不理。但是，正当法籍警务处高级职员三人侦察案情的时候，他们各接到匿名信一封，信内各附有新砍下来的大拇指一个，警告他们不得追究其事，否则当以激烈手段对待。当时，在很短的时间内，法租界接连发生了"四颗人头"（包括蔡钓徒的一颗）和"三个断指"的怪案，加上挂洋旗的《文汇报》和《华美晚报》，均有歹徒前往投弹，闹得满城风雨，人心惶惶。不久，法捕房捕获嫌疑犯杨家驹、许德林等多人，解往特区法院讯办，此案很快就水落石出了。

原来，自国民党军西撤后，日本侵略者在虹口新亚酒店内设有"兴亚会"，收罗流氓帮会，破坏租界秩序。他们找到了绰号叫"江北杜月笙"的流氓常玉清，叫他在新亚酒店内成立"安清总会"，受"兴亚会"的指导，并在总会下成立一个流氓特务组织，名叫"黄道会"，派日本浪人小村为顾问，其目的在于制造恐怖气氛，镇压抗日活动。常玉清是个老牌汉奸，1932年"一·二八"之役，曾伙同一批汉奸组织"闸北地方维持会"，战后逃往大连。此番卷土重来，于1938年2月3日成立"黄道会"，招了一批

流氓光棍,向日方领得凶器,就在成立后三天之内行动起来。据杨家驹等供称,他们都是"黄道会"的会员,所有在法租界内发生的人头、人指等案,都是奉日人小村之命,由"黄道会"布置进行的;他们还供称,除蔡钓徒外,其他三个被害人都是难民收容所的难民,被人诱往南市就业,因而受到惨杀。"黄道会"会员在租界内还进行过投掷炸弹、写匿名信等罪恶活动。这样一来,日本侵略者利用流氓制造恐怖事件的内幕,就全部揭穿了。

唐绍仪、周凤岐等被军统特务暗杀　　同一时期,国民党军统特务也在上海租界内进行政治暗杀。上海各报讳言"军统",用"壮汉"两字代替。对于这类案件,他们记载得也非常简略,有的不予发表。1938年上半年,比较引人注目的暗杀案,有国民党元老唐绍仪、曾任国民党第二十六军军长的周凤岐、沪江大学校长刘湛恩等被杀事件。唐绍仪曾任国务总理、南方议和总代表、南方军政府总裁等职,家住法租界福开森路(今武康路),经常有日本人出入其门。他的仆人谢志磐受军统收买,用利斧将主人劈死,随后他自己也被军统杀死以灭口。周凤岐打算到南京参加"维新政府",出门时被冷弹打死。刘湛恩则因在国际方面揭发日本侵略者的种种暴行而被暗杀。此外,上海大流氓虞洽卿,家住虹口区海宁路,1938年2月20日,他接到一封恐吓信,并附以子弹一颗,警告他不得参加伪组织,否则将以真弹对待。

日军进驻老闸区捕房搜捕"恐怖分子"　　日方借口取缔恐怖事件,不断向租界当局施加压力,企图夺取租界的警权。1938年5月1日,南京路发生了一件规模较大的投弹伤人案,路人十二名受伤,日军采取直接行动,派出大队人马,封锁出事地区并大肆搜查,直至半夜才撤走。次日,竟有一批日军进驻老闸区巡捕房,继续进行搜查。租界当局认为日军此项行动,破坏租界中立和租界警权,因此出动英国防军在老闸区施行警戒,双方对峙,形势一度紧张。但是,租界当局毕竟外强中干,当天就派代表与日军代表在新亚酒楼举行谈判,同意负责取缔租界内恐怖事件,日军才从捕房撤走。

　　5月13日,南京路接连发生了炸弹案五起,炸伤路人三名和巡捕一名。同日晚9时，四川路又有三人投掷手榴弹，投弹者均被当场捕获，带到捕房后，他们装哑巴不肯说话。经过再三讯问，才知道这三个"恐怖分子"都是货真价实的日本人。这一来"东洋镜"就被拆穿了：原来租界上有些无的放矢的恐怖事件，乃是日本人自己干的，目的在于破坏租界治安，制造干涉借口，为下一步夺取租界警权作好准备。

但此后工部局巡捕房仍然认真查缉"恐怖分子"，并捉到过一些人。6月7日他们竟将所捕"恐怖分子"数人交与日方接收，据说这是他们所采取的一项"必要措施"。这一措施引起了上海各界人士的强烈抗议，连外国人所办的《密勒氏评论报》，也发表评论谴责说，"这是工部局对日军的屈服，把警权和执行权拱手让之日军，把日本宪兵当作最高法院和主刑官。"不少外侨投函《大陆报》和英文《大美报》，对引渡案表示抗议。但是，工部局对此充耳不闻，几天后又将第二批"恐怖分子"十人押往外白渡桥，由日方派人接收。

日军在上海居民居住区任意搜查，抓人、抢掠。图为五个日军荷枪实弹，正砸门、翻墙、入室。

同时，工部局又煞有介事地下令通缉日方卵翼的流氓特务头目常玉清，以示"公正无私"。日方调常玉清为京沪杭区警备司令，此案遂以不了了之。

曹家渡伪警局被袭击　　1939年2月10日，有一批人以手榴弹为武器，袭击曹家渡伪警局。13日，这批人又往该局搜查档案并捣毁什

工部局巡捕房外景

物,事毕呼啸而去。为此,日本驻沪总领事大兴问罪之师,一定要工部局查明此案原委,并保证今后不再有同样事件发生,否则决不罢休。工部局一方面接受日方意见答应加强取缔恐怖分子,另一方面提出,"沪西一带烟赌林立,匪党纵横,非本局力所能及",要求日方协助取缔。

1939 年 2 月被称为"恐怖月",在一个月之内,租界发生恐怖案十八件,被打死者二十一人,被打伤者十人。2 月 19 日为农历元旦,南京伪维新政府外交部长陈篆来沪度岁,突有"壮汉"十余人手持武器冲入其宅,先将保镖监视,后将陈篆打死。21 日,李鸿章之孙李国杰又在新闸路住宅被人击死。以上事件发生后,日方认为租界当局或者有意包庇"恐怖分子",或者无力取缔,两者必居其一。他们气势汹汹地提出要在工部局警务处内增加日籍警员,同时日军在租界外围布置路障示威,这样一来,工部局被迫接受了增加日籍警员的要求。

同年 5 月 1 日,两租界当局会衔取缔租界内的一切政治活动,违者一概不予保护。

5 月 18 日起,两租界当局进一步顺从日本侵略者的意旨,加强取缔租界内的一切政治活动,不时地派出大批捕探人员检查行人及住户。至此，租界的所谓中立名存实亡了。

两个伪政权　　1937年12月13日南京陷落后，日本侵略者认为中国已陷于无政府状态，即于次日在北平（北京）成立了以王克敏为伪主席的"中华民国临时政府"，又于1938年3月18日在南京成立了以梁鸿志为"行政院长"的"中华民国维新政府"。

这两个"政府"的头目都是下台已久的北洋政府旧官僚，挂的都是北洋政府的五色旗，他们自称为全国性的中华民国中央政府。这出"双包案"，究竟哪个是"真老包'，哪个是"假老包"？不问可知，两个都是"假老包"，都是日本侵略者提线戏中所用的傀儡工具。

上海"大道市政府"改名换旗经过　　南京"维新政府"成立后，理所当然地认上海为其管辖区，对于日本侵略者所豢养的走狗苏锡文，虽不敢加以撤换，却也不能任其独树一帜，因此叫他取消上海"大道市政府"那个怪名称，代之以"上海市政督办"，卸下太极图杏黄旗，代之以五色旗。苏锡文鼻子里哼了一声："大家都是奴才，奴才休要摆上司的臭架子。"梁鸿志碰了壁，乃投诉于"支那派遣军总司令"松井之前，请其顾全"维新政府"的面子，把上海划归他们管辖。松井点了头，苏锡文不得不于4月28日改称"上海市政督办"，并且改挂了五色旗。

日伪督办上海市政公署

但是问题并未解决。"维新政府"所争到的只有面子而无里子，它想进一步插手上海的税收机关，苏锡文就相应不理了。

在此以前，4月15日，苏锡文乘汽车经过东昌路，被人投弹未中，有路人五名受了池鱼之殃。此案涉及伪警察局长朱玉珍，据说他受了"维新政府"的指使,想把苏锡文干掉。这场官司后事如何,并无下文分解。

莫说"维新政府"不能统一伪上海市政府,伪上海市政府也不能统一全市各区。南市、闸北、闵行、吴淞都有一个"治安维持会",都是日本"魔术师"导演的汉奸基层政权组织。苏锡文命令南市、闸北的"维持会"改称"区公所",这些小傀儡们也学了他对付"维新政府"的榜样:"大家都是奴才。奴才休要摆上司的臭架子。"苏锡文于 4 月 7 日接收了上海市商会。该会设于苏州河北岸天妃宫,因在日军的势力范围,商会无人出面抵抗。但此后各同业公会都在租界内照常开会办公,苏锡文所接收的不过是一块空招牌而已。

"上海市民协会"自陆伯鸿被击毙后,业已无形解体。1938 年年初,日本侵略者又找到工商界败类姚慕莲、尤菊荪、周文瑞、尚慕姜等人,叫他们重整旗鼓,将这个组织改设在外滩正金银行楼上。由于日本侵略者非常不满意租界内热热闹闹,租界外冷冷清清的局面,就指使这个组织宣布自 2 月下旬起,闸北、南市两地区居民可以向该会领取市民证,返回故居,重理旧业。为了配合这一措施,自 3 月 1 日起,日军宣布将闸北、南市两地区开放。但是,愿意迁回故居的人寥寥无几,而参加"市民协会"的顾馨一、尤菊荪两个汉奸,不久又都被人打死了。

自开放虹口、闸北两地区后,不论中外人士要过苏州河各桥梁,仍须向站在桥堍两边的日本哨兵脱帽致敬,并接受人身检查,否则就会挨耳光、吃"东洋火腿"。3 月 2 日,有两个西洋人经过外白渡桥,他们自以为鼻子生得较高,因此口衔烟斗,挺胸凸肚而过。日本哨兵喝令止步,并令他们拿下烟斗,向他们行礼如仪,才放他们通过。这件事情很快传遍全市,成为人们茶余酒后的新话题。

"洋旗报"的抗日言论　　中国人在上海租界上所办的华文报,自国民党军西撤后,为了适应当时的环境,大多数报馆都找西洋人做报馆的后台老板,向外国政府注册,挂上一面洋旗,改称为洋商报,当时普称为"洋旗报"。这些洋老板不负报馆盈亏责任,每隔三五天到报馆走一趟,摆摆样子,每月支取一笔可观的报酬。实际上他们是报馆雇用的洋保镖。这当然瞒不过日本侵略者,他们经常向工部局提出抗议,要求取缔"洋旗报"的抗日言论，否则他们将采取直接行动。租界当局迫于形势，只得要求各"洋旗报"把调门压低点，否则将予以吊销执照的处分。

国民党中宣部在公共租界哈同大楼（今南京路二百三十三号大楼）设有新闻检查所，华人报纸均须送检后方能排印。1938年年初，日本人接收了这个检查所，吩咐各报照旧送稿受检。各报则因挂了洋旗，已经成为"中立国"的报纸，当然置之不理。日本侵略者恼羞成怒，便不断指使暴徒、特务袭击报馆，暗杀新闻记者，而报馆也就雇用保镖把守大门，加强戒备，有时白天也拉上了半边铁门。每逢夜晚，工部局也经常派捕探在棋盘街报馆集中之区（公共租界东区河南路、山东路、汉口路、福州路一带，马路纵横方整，俗称棋盘街，这里报馆、书店林立，所以又称文化街）往来逡巡，以防意外。

1938年下半年，国民党军继续放弃了山东、河南、江苏等省大片土地，战事转入腹地江西、湖北进行。这时，欧洲局势也因德寇侵略捷克而更趋紧张，希特勒露出了咄咄逼人的凶相，西方国家却采取了步步退让的政策。日本侵略者有鉴于此，对工部局的压力不断加码，工部局也和他们的本国政府一样，只求苟安一时，一味低头屈膝。于是日本侵略者得寸进尺，除要求厉行取缔"洋旗报"的抗日言论而外，又提出了租界上的国旗问题（日方提出租界上的民户、商店不得悬挂国民党的青白旗，要改挂汉奸政府的五色旗）、税收问题和政权机关问题，要求一一解决。

"维新政府"在上海租界内取得据点　　日本侵略者帮助南京"维新政府"接收了上海海关和税局后，"维新政府"就派俞模为"盐务署督办"，但1938年5月29日，这位"督办"被自己所用的保镖王向平开枪打死，王也举枪自杀。以后无人敢来接任，此职虚悬甚久。"维新政府"还派凌启鸿为"江苏高二分院"（根据国民党政府与有关各国所订"上海租界法院协定"，中国政府在公共租界设立江苏高等法院第二分院，在法租界设立第三分院）院长，租界当局根据与国民党政府所订的"法院协定"，拒绝伪方派人接收。但伪方所派"苏浙皖三省税务局局长"邵式军、"江海关监督"李建南，公然在租界内接印视事，11月4日海关公然换上了五色旗。从此伪政府的魔影就在租界上逐步地显现出来。

1938 年 8 月 13 日,被圈禁在胶州路的"四行孤军营",悬旗纪念上海抗战一周年。日本侵略者不许中国人纪念抗战,因此工部局派白俄商团前往干涉,与孤军发生了一场战斗,孤军兵士两人受重伤致死。这是工部局仰承日方意旨,干涉中国人悬旗和不许纪念抗战的一个开端。孤军营集体绝食以抗议这一蔑视国际法的暴行;上海市民对此非常忿慨,各民间团体纷纷派人前往孤军营慰问,勉以为国珍重,停止绝食。不少外侨也投函西报,谴责这一卑劣无耻的行为。

成立上海伪市政府

1938 年 10 月 16 日,日本侵略者看见时机已经成熟,公然把上海伪市府由浦东搬到江湾,恢复了"上海市政府"的名

1938 年 10 月 16 日日伪上海市政府成立大会

称,找了"商界闻人"傅筱庵为伪市长,而把那个名不见经传的苏锡文贬为伪市府的秘书长。傅筱庵公然乘汽车在租界上往来,通函向工部局办交涉,要求交出越界筑路的警权和租界上中国法院的管辖权。这个汉奸多次被人狙击未死,日本侵略者又以此为借口,严令工部局必须在行动上而不是在口头上取缔"恐怖分子"。他们不断提供情报并开出黑名单,命令工部局照单办理。如果工部局奉行不力,他们就直接派宪兵到租界上捉人。至此,上海租界这个建筑在沙滩上的天堂倒塌下来了。

1939 年 3 月 16 日,上海各团体电请国民党政府向英、美、法三国大使提出抗议,并举法租界禁止市民悬挂国旗、公共租界允许日本宪兵到租界内捉人为例,指出这些都是对中国极不友好的行为。说也好笑,此时英国大使寇尔、美国大使詹森、法国大使戈斯默都在上海,两租界当局的以上措施,也正是奉他们之命而行的。

是年 5 月,《文汇报》、《译报》都接到英国领事署的通知,罚令停刊两星期。《大美晚报》、《中美日报》都受到吊销执照的处分。

后汉汪精卫袍笏登场

南京西流湾的"低调俱乐部"　　日本侵略者发动"八•一三"战事后，南京西流湾周佛海的家里，经常有一批军政人员往来，大有"榻（烟榻）上客常满，杯中酒不空"之概。周是国民党 CC 系的第二流角色，当时任大本营第二部（大本营第二部主管政略，部长熊式辉，副部长周佛海、卢作孚）的副部长。跟他往来的人大多是败战主义者，文人有胡适之流，武人有顾祝同等。他们在这里高谈阔论，主张妥协投降，反对持久抗战，诬蔑主张抗战是一种不负责任的高调，埋怨"蒋老总（"蒋老总"是蒋党人物背地里对蒋介石的昵称）不应该把中国的命运押在西方的一边"，怕的是"远水难救近火"。"现实主义"者胡适替这里起了个"低调俱乐部"的名称，而他们这批人也就恬不知耻地以"低调朋友"自居。

蒋介石的"战争合流论"　　南京沦陷后，日本侵略者得意忘形地认为，中日战争可以速战速决。1938 年 1 月 16 日，日本首相近卫公然发表第一次对华政策声明："不以国民政府（蒋介石政府）为日中谈判之对象。"是年上半年，国民党军继续放弃安徽、江西两省，武汉三镇也岌岌可危。但是，中国共产党所领导的八路军和新四军在黄河以北、大江以南建立了许多抗日根据地，在敌后解放了大片领土，使日本侵略者的泥足愈陷愈深。同年 5 月 26 日，日本外相宇垣忽又发表谈话，取消了四个月前不以国民党政府为对象的声明，希望早日结束中日战争。

事实上，日本侵略者正是要以蒋为对象，加紧对蒋的政治诱降与军事迫降，希望早日结束中日全面战争，以便腾出双手来对付中国共产党所领导的人民武装力量的。就在这当口，日本军部派和知少将到香港，组织了以"蓝机关"为代号的华南特务机关，勾引蒋方人物来港商讨中日和平问题。蒋知道这是日本侵略者所开的一扇后门，便也莫逆于心，经常派人到港与和知打交道，所派人员有外交部亚洲司司长高宗武，"低调朋友"之一

　　周佛海也加派一个"低调朋友"梅思平（梅思平原任中央政治学校教授，一度被选为江宁实验县县长，与高宗武为浙江温州同乡，两人又是莫逆之交）赴港，协助进行。蒋介石的底牌是：希望日方恢复芦沟桥事变前的状态，日军分期从中国撤退，而以中日共同防共、中日经济提携为交换条件，满洲问题则暂时搁置不谈。正如以前的情况一样，由于日方坚持必须首先承认伪满洲国为前提，因此这种谈判没有结果。

　　接着，蒋介石秘密派萧振瀛到香港，以个人名义和日方接触，侧面进行投降活动。萧是华北著名的老牌投降派，曾勾引宋哲元与日本侵略者"合作"搞"华北特殊化"。他与和知本为旧相识，曾提出日方派近卫为全权代表，蒋方派何应钦为全权代表，在福州举行和谈，终以满洲问题无法解决而作罢。

　　国民党军退守武汉后，仍然文恬武嬉，士气不振。蒋介石自知武汉也难于坚守，拟将大本营移驻衡山，自己曾亲往视察，随后派前站人员在衡山半山腰里磨剑台何键（何键为湖南军阀，原任湖南省政府主席。"八·一三"事变后，蒋介石调动大批湘军参加保卫大上海的战争，乘机夺去何键的地盘，改任为内政部长）别墅布置行辕，在山下设立检查所及邮电机关。当时有人认为，衡山靠近武汉，不如远移郴州，以策安全。此时日军在鄂皖边境休整待命，而欧洲局势因捷克问题忽告紧张，蒋介石主观地认为：英德战争爆发在即，法、苏、美三国也将卷入，此后欧洲战争必将与中日战争合流，演变为第二次世界大战，中国站在英、美、法、苏四大强国的一边，就可"因人成事"取得最后的胜利。他这么一想，就决定暂驻汉口不动。

　　1938年8、9月间，蒋在汉口召集外交界、新闻界及各界知名人士举行每周一次的时事座谈会，讨论国际发展的趋势。他亲自主持了第一次会谈，在开场白中提出了几个问题，如英德两国因争夺中欧霸权会不会马上打起来，美国会不会参加欧战，今后苏联的动向如何等问题，希望大家各抒己见。这种征求意见的方法，正如《大公报》主编张季鸾（此时张季鸾住在汉口特三区汉润里，主持《大公报》的汉口版，应邀参加了这种座谈会。以下这些话，是他私下对朋友谈的）所讲的："不是要听取别人的意见，而是先把自己的意见摆出来，让别人附和一通。"因此开起会来，"战争合流论"成了一面倒,没有人发表不同的意见。其实,那时的欧洲局势,即使是孤陋寡闻之士,也能看得清楚,英国一贯对希特勒德国采取绥靖政策,鼓励他重整军备,默认他进兵莱茵,引导他向东发展进攻苏联。英国保守党政府抱着"隔山观虎斗"的态度,自己是不准备打仗的,此时如果因捷克问题同德国打起来,英伦三岛就将处于德国优势空军的严重威胁下,这是保守党政府所力求避免的。9 月 27 日,英国首相张伯伦偕同法国总理达拉第飞往德国,与希特勒举行紧急会议,签定了牺牲捷克以求苟安的"慕尼黑协定"。同一时期,日本侵略者又在动员西进,蒋介石的"战争合流"的算盘打错了。

蒋介石迁都重庆及火烧长沙城　　由于日军在广东大鹏湾登陆,郴州也不安全,蒋介石索性远走高飞,由汉口移驻重庆,并以重庆为临时首都。10 月 21 日日军占领广州,25 日占领武汉。由于日军深入内地,战线拉得更长,兵力更感不足,从此对蒋介石更加着重政治诱降,中日战争便又转入了战略相持的新阶段。

11 月 13 日,蒋介石因日军集中湘北,有进攻长沙的模样,便采取"焦土抗战"政策,下令放火将长沙城付之一炬。国民党当局事前既未作好疏散人口的布置,事后对战区难民又无妥善安排,此举徒然造成了湘北人民的严重损失和极大痛苦,对战局毫无裨益。长沙虽成焦土,日军并未前来,这又说明蒋的情报工作做得很差,决

重庆国民政府外景

策完全错误,因此又引起了全国人民的万分愤慨,纷纷提出质问。在千夫所指的形势下,蒋不得不找几个替罪羊来平民愤,于是下令将长沙警备司令酆悌等三人枪决了。酆悌是黄埔军校第一期学生,列为黄埔系的"十三太保"之一,就刑前要求面见"校长"(黄埔系军人均称蒋介石为"校长"),请其宣示罪行,蒋不予理睬,但事后又命其妻宋美龄接见其家属,表示抚慰。

汪精卫的人格分析　　汪精卫是个卑鄙无耻、反复无常的政治骗子。有人认为,1910年,他同黄复生、黎仲实等到北京行刺摄政王载沣,其事虽不成,倒也不失为荆轲、聂政的一流人物。其实,这是一种投机取巧、盲目冒险的行为,行刺失败后,他投降清政府成了同盟会的一名叛徒,旋又投奔袁世凯成了出卖辛亥革命的一名得力帮凶。

汪的祖先是安徽婺源县人(婺源现划归江西),其后人迁居浙江山阴县多年,他的父亲汪琡在广东三水县当幕僚时,才改入了广东番禺县籍。他生于1883年3月,其生母吴氏是汪琡的侍妾,父母年龄相距有三十岁。他早年受教于异母长兄汪兆镛。他名叫兆铭,别号季新,精卫是他在《民报》上所用的笔名。

1903年,他考取日本法政大学速成科,以官费生东渡留学,一年半毕业,又以自费生升入法政大学专科,以译书稿费解决学费和生活费用。

1905年,二十三岁的汪,野心勃勃地到横滨去找保皇党领袖梁启超,因为没有碰到头,才又折回东京改投了同盟会。孙中山派他为同盟会的评议员兼《民报》撰述人。

当时,保皇党的《新民丛报》由梁启超主持笔政,同盟会要物色一位堪与匹敌的人为《民报》主笔,找到了国学大师章太炎。汪以新进少年,不甘居人之后,竟欲夺其主笔之职不成,致使汪一怒而脱离《民报》。

就在这时,日本西园寺内阁徇清政府之请,驱逐同盟会员出境,汪与胡汉民随孙中山到了河内。1906年,同盟会在钦廉起义失败,又被河内法国殖民者驱逐出境,汪又随孙中山到了槟榔屿。他在槟榔屿的华侨俱乐部小兰亭邂逅了番禺人陈冰如,她是当地富侨陈耕基的女儿,也就是日后臭名昭彰的成为汪老婆的陈璧君。

1907年，同盟会又在镇南关起义，在与清军交战失败后，孙中山赴美国募款以图再举。汪胡两人留在新加坡创建《中兴日报》。同年，汪到日本与陈璧君相见，不久便有潜赴北京谋刺清朝摄政王之一举。

谋杀案失败后，汪被清政府逮捕。当时的民政部大臣肃亲王善耆，主张对革命党人采取利诱政策，汪被清廷收买，成了隐藏在同盟会内部的内奸，在狱中备受优待。1911年辛亥革命事起，清政府法部大臣绍昌呈请特赦汪，理由是，"其供词无狂悖之处，而热忱苦志；时时流露于公庭对簿之间，似此旧学新知，实属不可多得。其才可用，其志可悲，倘蒙天恩释放，加之驱策，当更感激圣慈，濯磨自效。"清政府准奏释放汪，并发交原籍两广总督张鸣岐试用，不料

陈璧君

当时的内阁总理大臣袁世凯把他抢过来，留在北京试用。此后，他跟袁的大儿子袁克定结为异姓兄弟，帮助袁世凯破坏北方革命、分化南方党人，从此深得袁的欢心。

1912年，同盟会改组为国民党。此时，袁世凯已经取得了临时总统，又有帝制自为的野心，因此引起了国民党的"二次革命"，属于国民党势力下的南方五省举起了讨袁的旗帜，汪这时却留在巴黎。袁世凯由总统变皇帝的时候，西南各省兴师讨袁，汪仍在国外。

袁世凯死后，南北军阀混战不停，孙中山屡次在广州组织革命政府，反对北方军阀，均以革命时机未成熟而告失败。汪于1919年一度回国，旋又重返巴黎。

1922年，孙中山因陈炯明叛变而逃亡上海，汪曾回国参加孙、奉、皖三角联盟反对直系军阀的斗争（孙中山为与北方奉皖两系军阀联合，派汪精卫赴沈阳与张作霖会晤，推动他共同讨伐北方当权的直系军阀）。

1923年，陈炯明被滇桂军驱逐下台，孙中山回广州重任军政府大元

帅。此时国共联合之局已定,南方革命形势大好,汪精卫这才决心参加国民党的实际工作。1924 年国民党改组后第一次全国代表大会的宣言,便是汪根据孙中山的思想而起草的。这个宣言公布了国民党的联俄、联共、扶助农工的三大政策。同年,北方直系政权被奉冯(冯玉祥的国民军是从直系分化出来的)联合势力推倒,段祺瑞出任北京政府临时执政,邀请孙中山北上共商时局,汪随行到了北京。

1925 年 3 月 12 日,孙中山因病在协和医院逝世。值得注意的是,孙中山病危易箦时,其家属及随从人员均在榻前请训。孙中山睁开乏神的眼睛盯着汪说道:"我死后,敌人必来软化你们。你们如不受软化,敌人必将加害你们。你们如贪生畏死,最后又难免不受敌人的软化。"后来有人谈及,孙中山最了解汪在革命队伍中是个动摇分子和投机派,只因其才可用,又是相从多年的老同志,而且相信在他自己的精神感召下,可以防止汪不至误入歧途,一旦他本人身死,就再也没有人能够约束这匹脱缰之马了。

当时,孙中山的话音刚落,汪即起而代表大家回答说:"先生放心(孙中山的手下人均以"先生"称呼他)。我们追随先生数十年,从未计及个人安危,也从未被敌人软化过。"

孙中山北上时,派胡汉民代理军政府大元帅之职。是年 6 月汪回广州时(孙中山逝世后,汪抽暇到江西建昌县寻找多年不通音讯的四姊,迟至 6 月才伴送馨姊同回广州),国民党内以胡汉民为代表的右派与军校党代表廖仲恺为首的左派正展开激烈的斗争。同时,国民党正在进行将军政府改组为国民政府的工作。当时汪是个"左"得出奇的人物,被推为第一任国民政府主席;胡改任外交部长;廖则身兼军校党代表(黄埔军校创建于 1924 年 5 月,廖仲恺任党代表,蒋介石任校长,汪精卫任党史与三民主义讲师)、财政部长等要职。国民政府于 1925 年 7 月 1 日成立。8 月 20 日,廖党代表被国民党右派暗杀身死,刺廖嫌疑犯胡汉民之弟胡毅生及朱卓文、林直勉等均被捕。国民党中央叫胡以出洋考察为名体面下台,并以汪继任军校的党代表。

孙中山逝世和廖仲恺被暗杀后,国民党分化为汪精卫、胡汉民、蒋介石三派,汪胡两人互相争夺孙中山继承人的地位,他们由多年好友变为敌人,蒋则以军校校长兼任国民革命军总司令,手握实权。

1926 年国民党第二次全国代表大会在广州召开,汪以一身兼任国民政府主席、国民党中政会主席、军委会主席,还兼任军校和革命军的党代表,这是他爬得最高的时期,也是他开始走下坡路的一个转折点。3 月 20 日,蒋介石阴谋制造了"中山舰事件",汪为看看风头便又远走法国躲避政潮。一直到 1927 年 4 月 1 日,北伐军已进展至长江沿岸各省,汪才回国抵沪。他以左派姿态同当时的共产党领袖陈独秀发表了联合宣言(当时汪精卫在上海为报界题词:"革命的向左来,不革命的滚出去")。但是,十天以后,蒋介石发动了"四·一二"反革命政变,7 月 15 日,在汪精卫影响下的武汉政府,也就急起直追,变本加厉,公开走上了清党反共的罪恶道路。在汪的政治生活中,经过联蒋反蒋、反蒋而又再联蒋的几个过程。经过多次较量,汪认识到本人实力微薄,终非蒋介石之敌,今后如欲取得政权,必须与蒋合作,因此他放弃了多年来不甘作第二人的领袖欲,退而成了蒋的追随者和国民党的第二号人物。这笔政治烂帐,自无一一补述之必要。

1931 年"九·一八"事变,汪打着"精诚团结,共赴国难"的幌子,再度联蒋反共。1932 年"一·二八"之役,他发表了"一面抵抗,一面交涉"的谬论,作为蒋介石的不抵抗政策的帮腔。是年 5 月 5 日,国民党政府与日本签定了《淞沪协定》,1933 年 5 月 31 日,又签定了《塘沽协定》,这些妥协投降的政策,都是汪在行政院长任内,在蒋的指导下进行的。

1935 年 11 月 6 日,国民党六中全会在南京举行。9 点 25 分,当全体中委站在大厅外台阶上举行集体摄影时,突有刺客向汪一连放了三枪,汪中弹未死,即辞职赴沪就医。1936 年 2 月 19 日,他又出国赴欧就医。1936 年"西安事变"后,汪又一次打着"共赴国难"的幌子回国。次年"七七"事变就发生了。

汪蒋两人卖国投降的理论也毫无二致。蒋的"三天亡国论",借口御外侮必须有准备,但又谓,"敌为先进工业之国,在敌我军备竞赛上,敌能长足迈进,我则牛步不前",这就得出一个结论:中国将永无抵御外侮之一日。1937 年"七七"事变发生不到一个月,8 月 4 日,汪发表了《说老实话与负责任》一文,把主张抗日者说成是不老实和不负责任的。按照这个逻辑,负责任就必须大胆卖国,这种汉奸理论反映了他以前所讲的"一面抵抗,一面交涉"也还不是真心话,他的内心是只要交涉而不要抵抗的,而所谓交涉,也就是投降的代用语。

抗日战争时期,蒋认为汪是臭名昭彰的主和派,此时不宜露面委以重任,因此给了他一顶又一顶的大帽子,如国民党副总裁啦,中央政治会议主席啦,最高国防会议副主席啦,参政院院长(此时蒋介石自任国民党总裁、最高国防会议主席等职)啦,把他暂时冷在一旁。汪自以为在党内的资格比蒋老,他们两人至少在表面上应当平分秋色,实权你可以不给,虚名我却不能不要;军权、财权可以让给你管,党务、政治却非我管不可。现在你把军权、政权、财权、党权一把抓,把我摆在大而无当的空位子上,我可受不了。加以蒋手下的喽啰们,包括CC系和"蓝衣社",眼中只有"一个领袖",哪里把这位副座放在眼里。另外汪的手下也有一批喽啰,他们在党政机关中也要分占若干位置,使得蒋的嫡系无法尽量安排,这也加深了汪蒋两派狗咬狗的斗争。

汪蒋两人都是败战主义者,在对日本侵略者妥协投降的政策上完全合拍,但作风和对时局的看法有所不同。汪以当代的李鸿章自命(解放前,反动派对历史人物的评价,与今天迥然不同。如曾国藩、李鸿章之流,明明是汉奸、卖国贼,当时却被称为"名臣"、"儒将",受到蒋汪等人的崇拜。蒋介石把《曾文正公文集》作为必读书,汪精卫则公开以李鸿章自命),经常发表"蝮蛇在手,壮士断腕"的谬论,主张公开承认伪满洲国,不必吞吞吐吐。蒋则心里甘为真秦桧,脸上要装假岳飞,不肯公开承认。他认为一旦公开承认,国民党的政权必将被推翻。汪则认为有日本人撑腰,就什么都不怕了。

1938年10月,继武汉沦陷之后,又发生了长沙大火事件,国民党的腐朽无能,引起了全国舆论的严厉谴责。汪精卫借此大作文章,认为抗战前途已经绝望,蒋介石既然不肯公开投降,就应该让他出面来收拾残局。他叫陈公博建议组织国家枢密院为最高决策机关,推他为院长,其职权在行政院长之上,可以决定和战大计。这种建议当然不为蒋所采纳。于是汪精卫就公开叫嚷要让他出面来加紧投降活动。因此重庆方面各民主党派和爱国人士一致认为,汪精卫是长在抗战阵营里的一个毒瘤,必须及时割去。他们喊出了一个响亮的口号:"主和者是汉奸,汉奸就得滚出去!"在这种情况下,汪精卫感觉到本人留在重庆不仅无出路,且亦无地自容。

"低调朋友"与汪合流组织亲日卖国集团　　汪精卫和周佛海，一个是改组派头子，一个属于 CC 系，本如风马牛之不相及。但是，由于两人在对日问题上调门相同，在情感上也就逐步接近起来。周佛海已与 CC 系分道扬镳而另树一帜，但他资望不够，想推汪精卫出面来领导"和运干部"，在国民党内组织一个采取实际行动的亲日卖国集团。

日本侵略者提出新的诱降条件　　与此同时，日本侵略者也正在加紧其对蒋诱降的步骤。他们改订了中日停战议和的条件，把以前的种种提议归纳为下面的六条：一、承认伪满洲国；二、中日共同防共；三、中日经济提携；四、日本放弃赔偿战费的要求；五、日军两年内分批撤退；六、日本协助中国收回外国租界及取消各国在华的领事裁判权。以上六条，前三条是日本不可变更的对华三原则。但他们认为，这比 1937 年 11 月日本外相广田交由德国驻日大使狄克逊转达国民党政府的条件，已作了重大的"让步"，其中华北特殊化和内蒙自治等条都取消了；后三条是他们主动提出来的，他们又认为，战胜国对战败国提出如此"宽大"的条件，在历史上还不曾发现过。至于中国政府承认伪满洲国，也不过是承认既成事实，中国军队做梦也休想打到白山黑水，收复东北失地。把这一条写入条文内，实际上也并非苛求。日本侵略者主观地认为，中国政府已经打得精疲力尽，现在应该是接受条件的时候了。

以上条件，日本政府授意驻港特务和知交给中国官员。此时高宗武正在香港，他接到条文后，立即叫梅思平用蝇头小楷把条文抄下来，用针线缝在衣夹里，秘密带回重庆。梅到重庆后，通过周佛海向汪作了汇报。汪周两人都认为条件十分"宽大"，可以接受，加以日本陆相板垣暗通消息，劝汪设法脱离重庆，另创新局，因此汪周两人下了出国投敌的决心。

汪精卫、周佛海等分批叛国投敌　　改组派的重要干部陈公博由欧洲回国后，被安排在成都担任国民党四川省党部的主任委员，情绪非常低沉。汪把他叫到重庆来，商量偕同出走。陈担心逃往国外找不到出路。话音未落，汪即阻止他说："如果日军打到重庆来，我们就只能退往西北做共产党的俘虏。"他们正谈论间，汪的老婆陈璧君从后房里走出来懒散地说："我们一定要走。你如不愿走,一个人留在这里就是了。"

汪又把周佛海找来,商量分批出走,并叫他先行一步。

1938年12月6日,周佛海启程由重庆先飞昆明。汪把子女和家中细软分别安顿后,诡称到成都作讲演,12月18日由重庆飞昆明,次日再由昆明飞河内。陈公博接到汪的秘密通知后,20日也由成都飞昆明,次日再飞河内。

汪精卫已逃出重庆,日本特务今井武夫向日本首相近卫报告的密电原件。

汪精卫突然叛国出走,外间人言啧啧,但是重庆各报都讳莫如深。直到26日闹得满城风雨,蒋介石无法再隐瞒,才在"总理纪念周"会上轻描淡写地说:"汪先生请假四个月到河内养病,以后还将取道香港到欧洲医治宿疾。"他又假惺惺地拖了一条尾巴说:"希望汪先生早日回到重庆来,以便共商国事。"

关于汪精卫出走,蒋介石讲得稀松平常,似乎事前一无所知。可是,汪离开重庆时既有蒋的头号亲信张群到珊瑚坝机场送行,离开昆明时又有云南省府主席龙云开绿灯放走。当时重庆的水陆交通都在军统特务的严密监视下,任何党政大员的来踪去迹,他们都很清楚,汪、周等人飞来飞去,最后分批出笼,监视人员岂能熟视无睹?这些情况说明,如果不是蒋有心放走,这些人是不可能逃出国门的。因此,全国各方面一致认为,汪蒋两人是在"唱双簧",一留一去,分工合作,以便分头进行其"一面抵抗,一面交涉"的两面政策,而最后达到"殊途同归",也是势所必然的。

汪精卫发表响应近卫声明的艳电 1938年12月22日,再度上台组阁的日本首相近卫文麿发表了"调整中日关系三原则"的宣言,这个宣言就是根据不久前通过日本驻港人员转达给重庆政府的六个新条件写下来的。这是日本政府分化中国抗战阵营的一项恶毒阴谋。汪精卫看了这个电报，却如获至宝，立即写了一通电稿，交陈公博、周佛海、陶希圣（湖北人。北大毕业后曾任商务印书馆编辑，并在上海复旦等大学任教。1927年，周佛海任中央军事政治学校政治部主任时，聘他为教官，又聘为自己主办的"新生命书店"的主编。陶在 CC 系有理论家之称。1938年随周离渝赴港）三人带往香港，交《南华日报》于是月 29 日发表。这就是汪精卫响应近卫三原则的所谓艳电。汪精卫公开卖国，全国舆论大哗，一致主张严厉制裁。1939年元旦，国民党中央才被迫宣布开除汪的党籍。

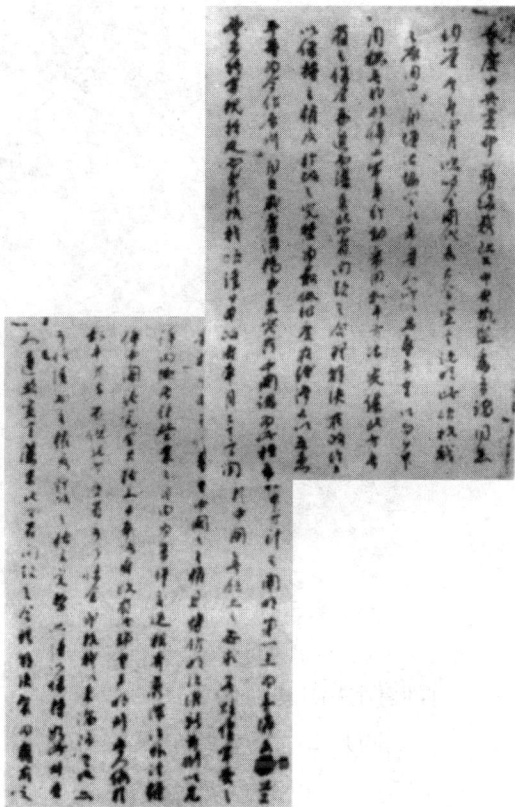

1938 年 12 月 29 日汪精卫发表《艳电》原件

军统特务在河内刺汪的一幕

1939 年 1 月 8 日，汪又在《南华日报》发表了"致国民党中常会和最高国防会议"的一封信，把蒋介石向日本侵略者摇尾乞降的内幕公开出来。蒋看了这个报道，气得就像中了弹的野兽，不禁暴跳如雷。为此，《南华日报》的社长林柏生在 1 月 17 日遭了军统特务的棒击。不久蒋介石又派军统特务到河内对汪进行暗杀。汪住在河内高朗街二十七号，他的卧室位置和寝息时间都被特务打听得十分清楚。3 月 21 日，特务乘夜逾垣而入，伏在窗口开枪，不料打死的不是汪精卫而是汪的客人曾仲鸣（曾任铁道部次长。是改组派的重要分子）。原来，那一天曾仲鸣的老婆方君璧刚到河内，汪让出自己的卧室，因此曾

河内刺汪案中误中的曾仲鸣(右立者),与汪精卫夫妇离开重庆时所摄照片。

仲鸣阴错阳差地做了汪的替死鬼。

同月 27 日,汪继续发表《举一个例》一文,把蒋的许多丑事更全面地揭露出来,以泄心头之恨。

组府会议和组府活动 高宗武将日本侵略者所提的新条件交给梅思平带回重庆后,本人即频繁往来于东京、上海、香港、河内之间。他同日本少壮派军人影佐、须贺(影佐、须贺均为日本陆、海军少将,汪精卫成立伪府时,聘他们为最高军事顾问。影佐在南京组织特务机关。以"梅机关"为代号。须贺于 1941 年 2 月 5 日随日本海军大将大角岑生由广州飞海南岛,飞机失事身死)及所谓日本名流犬养毅等取得联系,共同策划"打破中日僵局"的阴谋诡计。高是蒋汪两派的双栖者,但同汪的关系更深。影佐在日本军部是个野心勃勃的中坚人物,对于大特务土肥原一手建立伪满洲国的往事,久存向往之心。通过这些人的奔走串通,1938 年 11 月中旬,日本五相会议通过了对华新政策,决定以一、承认伪满,二、经济提携;三、中日人杂居;四、共同防共;五、日方承认废弃治外法权、交还租界、日军于两年内分批撤退等条件，全力支持汪精卫的所谓中日和平运动。

1939 年 2 月 1 日，高宗武到河内与汪相见，转达了日本五相会议的决议案。汪提出取消"临时"、"维新"两组织，另外成立南京新政府。2 月 21 日，高又赴日转达汪的意见，五相会议决定予以接受。至此，日汪的秘密交易成熟了。

1939 年 4 月 25 日，汪精卫在日本政府派往河内迎接他的专使影佐和犬养毅的周密布置下，由河内到海防，乘日本"北光丸"专轮，于 5 月 6 日偷偷摸摸地在上海虬江码头登陆。

日本人早已指定江湾重光堂为汪的行馆，过了几天，又把他搬到外白渡桥北首百老汇大厦（今上海大厦），并以此为汪进行"和运"的大

"梅机关"机关长、汪伪政府最高军事顾问影左祯昭

本营。汪的"和运干部"先后到沪者有周佛海、褚民谊、林柏生，梅思平、李圣五、高宗武、陶希圣、丁默邨等。

日本侵略者非常欣赏自己所表演的这套戏法，他们千方百计地想钓重庆的大鱼，蒋介石这条大鱼虽然没有钓得上，却也钓上了国民党的第二号大鱼汪精卫。他们认为这是分化国民党、打击中国人抗战、破坏中国民族抗日统一战线的一出好戏。他们用笑眯眯的面孔，九十度的鞠躬和说不尽的甜言蜜语来接待这位"东洋大大的伟人"（这是日本侵略者对汪的一句奉承话）。日本侵略者的"十足热情"使汪受宠若惊，觉得做日本人的工具比做蒋介石的工具好得多。他向日本侵略者大吹法螺，自命是追随孙中山先生最久、创建中国国民党（同盟会）最早的头号人物，他出面来主持"和运"，至少有半数以上的国民党党员会投奔到他的旗帜下；他在军队中也有很高的威望，至少可以拉过来二十个师以上的军队。他讲得天花乱坠，日本侵略者也听得眉飞色舞，大有相见恨晚之感。

汪精卫到上海不久，便宣称他将致力于"中日全面和平"和"国府还都"的两项工作。其实，日本侵略者所需要于汪的，本来只想叫他进行所

谓和平运动，并无意于在"临时"、"维新"两伪政府之外再成立另一伪政府。汪向他们解释，"和运'和"组府"是一个问题的两面，没有政府就没有号召力，国民党军政人员不会跟着几个赤手空拳的人走。"临时"、"维新"两个政府是起不了什么作用的，他们的背景是北洋军阀，而北洋军阀早已倒了台。现在日本是同国民党作战，因此必须组织一个全国性的中央政府，这个政府的名称仍然是国民政府，这个政府的旗帜仍然是青天白日旗，这个政府的主席仍然是"年高德劭"的林森，这个政府的首都仍然是南京，因此这个政府是"还都南京"而不是另起炉灶，这样才能拆蒋介石的台，吸引更多的人参加"和运"。日本侵略者虽然善于在中国导演傀儡戏，但是像这样一出傀儡戏中的"双包案"，却是闻所未闻。他们只求能够达到以华制华、以国民党攻国民党的目的，对于"国府还都"问题，也就无可无不可了。

谈到组府的具体工作，日本侵略者对于以下四个问题一时颇费踌躇：一、用什么方法把八十岁的林森从重庆架到南京来？二、如何保持"华北特殊化"？三、如何安排"临时"、"维新"两政府取消后的原班人马？四、国旗问题，他们认为，青天白日旗是日本军队的敌旗，把敌旗挂到日军占领区内，插到前线日军的后方来，这是万万不可以的。

这些问题，也由汪的三寸不烂之舌而一一获得解决。关于第一个问题，林森虽然不能亲自到南京来，但是根据"国民政府组织法"，主席因故不能执行职务时，可由行政院长代理。关于第二个问题，"临时政府"取消后，恢复芦沟桥事变前的"华北政务委员会"，名义上隶属中央，事实上加强地方自治，也就无损于"华北特殊化"的旧体系了。关于第三个问题，既然名为"国府还都"，当然仍是国民党的一党专政，政府必须由党产生。可以叫王克敏、梁鸿志之流一律参加国民党，根据党员的资格参加还都后的国民政府，岂不也就可以过得去了吗？只有第四个问题最棘手，汪精卫一定要用国民党的旗帜，否则使人一望而知其为"假老包"，这出戏唱起来就会有人喝倒彩。日本侵略者则坚持不能在日军后方出现敌旗。最后汪挖空心思地想出了一个办法，在青天白日旗之上加一条黄色飘带，上写"和平、建国、反共"六个字，以资识别，才取得日本侵略者的同意。

接着，汪在百老汇大厦召开了"开展和运"和"筹备国府还都"的会议。

参加会议者有周佛海、褚民谊、梅思平、林柏生、丁默邨,高宗武、陶希圣等。汪提出了改组国民党和国民政府的问题,并强调说明,他们几个赤手空拳的人不能推进中日全面和平,必须掌握党权政权,才能把后方的党政人员吸收过来,架空蒋介石所领导的国民党和国民政府,实现中日"和平"。事实上汪是个利禄熏心的大野心家,又是实力的崇拜者,他要在日本侵略者的军刀下成立一个伪国民党和伪国民政府,跟蒋介石唱对台戏,以实现其多年来求之不得的政治野心。参加会议者大多是脸皮最厚、良心最黑的政治垃圾,特别是那些"低调朋友"此时也唱起高调来,他们认为必须搭起台子,热热闹闹唱戏,才能吸引观众,否则离开重庆后,岂不成了两手空空的政治亡命客? 但也有少数人持不同意见,有的说:"汪先生是当代的李鸿章,出面来领导'和运'是可以的,如果在日本人的占领区内组织政府,岂不成了日本人的政治俘虏?"有的说:"日本人是善变的,他们有求于你时,叫你老子都成,一旦你有求于他们,你叫他们老子他们还爱理不理呢!"另外有几个人是汪蒋两派的"两栖者",不算"汪派正宗";希望汪蒋两人唱双簧而不要唱对台戏,对组府问题,也主张郑重考虑一下,不可操之过急。正谈论间,有一人从后室走出来冷冷地说:"你们不必多谈了,曾仲鸣的血岂是白流的?"此言一出,满屋子里就变得鸦雀无声了。原来讲话的不是别人,正是国民党中央监察委员、人称扫帚星的汪夫人陈璧君。

6月2日,汪乘日本专机飞往东京,10日与新任首相平沼、前任首相近卫以及陆、海、外、藏四大臣举行会谈。平沼表示与他"推诚合作,促进中日和平",并允按月接济他政治活动费三百万元。汪于6月18日返沪。6月24日又

汪精卫在日本与东条英机在一起

飞往天津、北平与"临时政府"首脑王克敏及日军司令杉山元见面。28日在上海与"维新政府"首脑梁鸿志见面。7月3日到南京与日军司令山田见面。7月9日在上海公开发表《我对于中日关系之基本观念及其前进目标》讲话。8月9日乘日本军用飞机到广州,对国民党军队作了诱降广播。

汪在广播中向粤军将领张发奎、邓龙光、李汉魂等保证说:"在广东的中国军队如肯停战,则日军将自动退出广州,划广东为中日两国军队的缓冲地带,以便下一步进行停战议和的谈判。"广东是汪的故乡,张发奎又是改组派中拥汪最力的健将,日本侵略者估计至少可以把他的部队拉过来。不料广播后毫无动静,日本人相顾愕然。

汪仍然坚持国民党的一党专政,政府必须由党产生,因此决定在上海召开"国民党第六次全国代表大会",讨论改组国民党与国民政府的问题。他到上海后,自有一批改组派喽啰前来归队,另有一批民族败类前来搭班,他把这些牛头马面一一圈定为党代表,并指定以新亚酒店为代表招待所。

沪西的"国民党第六次全国代表大会" 1939年8月28日,汪在上海愚园路召开"国民党第六次全国代表大会",选出了一批"中央委员",通过了和平、建国、反共的三大政治纲领;废除了总裁制,改推汪为"中央执行委员会主席",并推梅思平为"组织部长"(后改陈春圃)、陶希圣为"宣传部长"(后改林柏生)、丁默邨为"社会部长"。会议决定开展"国民政府还都"运动,授权汪精卫领导这一运动。这幕滑稽戏结束后,汪记国民党中央党部便在愚园路一一三六弄挂出招牌,汪也迁入同弄王伯群的住宅内。从此愚园路一带越界筑路地段,成了妖魔鬼怪公开出现的地方,行人避道而过,因此有"沪西歹土"之称。

9月19日,汪精卫飞往南京,与梁鸿志及先一日应召到南京的王克敏会谈,决定召集"中央政治会议"解决组织中央统一政府的问题。会后汪发表谈话,称赞王、梁两奸为中日"和运"的先知先觉、沦陷区民众的"救星"。21日,"临时"、"维新"两个伪政府发表联合宣言,表示"以全力协助汪先生成立中央政府"。这两个北洋系统的"前汉",被国民党的"后汉"篡了他们的位,这本来是一件最恶心的事情,但是主子既然点了头,他们也就不敢不依从。

9月下旬,汪又先后与国社党、青年党及"社会贤达"举行了会谈,表示吸收他们参加即将成立的新政权。

10月1日,新到任的日本侵略军"支那派遣军总司令"西尾寿造发表了"赞成和运"的宣言。11月1日,汪飞往南京向西尾道谢。

1940年1月16日,汪向重庆广播,劝告蒋介石接受中日"和平"。这当然也是奉主子之命而行的。

1月22日,汪在青岛召集联席会议,出席者有"国民党代表"褚民谊、

1940年1月24日至26日汪精卫与"临时""维新"政府头目在青岛会谈期间情景(左起第二人为梁鸿志,第四人为王克敏,第五人为汪精卫)

周佛海、梅思平、林柏生,"临时政府"代表王揖唐、齐燮元、刘郁芬,"维新政府"代表梁鸿志、温宗尧、陈群、任援道,"蒙古自治政府"代表李守信等。自22日至26日,开了五天的会,决定于3月22日在南京成立"中央政治会议",容纳各党各派参加"国民党",取消原在华北成立的"兴亚建国会"及"共和党"、"大民会",以3月30日为"国民政府"还都南京之期,即于是日取消"临时"、"维新'两组织。汪精卫到上海公开投敌时,陈公博、顾孟余两人都留在香港不肯来。别人不肯来犹自可,这两个左

辅右弼也不来,岂不令人齿冷,因此汪叫陈璧君到香港把他们拉到上海来。顾没有被拉动,陈有一笔存款捏在陈老太婆的手里,被她牵着鼻子拉回来了。

自3月20日至22日,汪在南京举行"中央政治会议",通过了以上一系列的组府活动,决定了新政府的组成人员名单。3月30日,汪记国民政府宣告"还都运动"完成,日本政府发表了"响应中国国民政府还都"的宣言。日本新首相米内与汪交换了广播讲话。日本侵略军宣布将以"和平区"内"军管理"(日本侵略者强占中国矿山工厂,由军事当局委托日本有关人员代管,称为"军管理")的矿山、工厂移交"中国国民政府"管理。

1940年3月20日至22日汪精卫在南京召开"中央政治会"的情景

从3月30日起,五十八岁的大汉奸汪精卫,在日本人的军刀下,自封为"行政院长"兼"代国民政府主席",还兼任"中政会主席"、"军事委员会委员长"、"最高国防会议主席"、"经济委员会委员长"等职,集中党权、军权、政权、财权于一身,其头衔比蒋介石还要多些。

汪政权的群丑升官图　　兹将汪伪组织的党政人员名单照录于下:

汪伪政权在南京成立

1940年3月30日汪精卫就任伪国民政府"代主席"情景

一、中央政治会议主席汪精卫。中央执行委员陈公博、周佛海、褚民谊、林柏生、梅思平。中央监察委员丁默邨、刘郁芬、叶蓬、李圣五、曾醒。

二、行政院长汪精卫兼代国民政府主席。立法院长陈公博。监察院长梁鸿志。司法院长温宗尧。考试院长王揖唐。

三、行政院所属部、会主管人员名单：

外交部长兼行政院副院长褚民谊。内政部长陈群。财政部长周佛海。警政部长周佛海（兼任）。军政部长鲍文樾。海军部长任援道。教育部长赵正平。司法行政部长李圣五。工商部长梅思平。宣传部长林柏生。社会部长丁默邨。铁道部长傅式说。交通部长诸青莱。农矿部长赵毓松。侨务委员会委员长陈济成。边疆委员会委员长罗君强。赈务委员会委员长岑德广。

成立伪政府时期的汪精卫

水利委员会委员长杨寿楣。行政院秘书长陈春圃。

以上伪职人员，经常有所调动，褚民谊调任驻日大使后，所兼行政院副院长由周佛海递补，外交部长由次长徐良升充。周佛海兼任中央储备银行总裁后，所兼警政部长由次长李士群升充（后期调动情况未列入）。

褚民谊、林柏生、李圣五、陈春圃均属改组派。褚民谊与汪精卫有僚婿之谊（褚民谊妻陈舜贞为陈璧君之义妹），曾任国民党中央委员、行政院秘书长等职,与汪的关系最深。李圣五曾任上海商务印书馆《东方杂志》主编,历任行政院参事、外交部总务司司长。陈春圃是陈璧君之侄,曾任侨务委员会教育处处长。徐良为康有为弟子徐勤之子,原任中原公司经理,与日人素有往来。周佛海、丁默邨、梅思平、陈济成、罗君强均属 CC系。陈济成原任(私立)上海中学校长。罗君强追随周佛海多年,历任江苏教育厅秘书、行政院秘书、大本营第二部秘书。陈群原系早期国民党员,曾任北伐军东路前敌总指挥部政治部主任,参加"四·一二"反革命政变,"八·一三"后参加南京"维新政府"。赵正平、赵毓松均为青年党的中央委员。赵正平曾任(私立)上海大学校长。诸青莱属国社党,曾任大学教授。赵毓松曾任贵州军阀袁祖铭的驻京代表,投敌后在上海主办过《新中国日报》。傅式说在上海当过上海大夏大学教授。杨寿楣是无锡办纱厂的资本家。

四、各省省政府主席(后改省长)、各中央直属市市长名单:

江苏高冠吾。浙江汪瑞闿。安徽倪道琅。湖北何佩溶。以上四人都是维新政府任命的。此项伪职人员,调动幅度很大:倪道琅调国府委员后,高冠吾调安徽省长。江苏省长先后由陈则民、李士群、陈群担任。汪瑞闿病死后,浙江省长先后由梅思平、傅式说、项致庄、丁默邨担任。何佩溶病死后,湖北省长先后由杨揆一、叶蓬担任。高冠吾调江西省长后,安徽省长先后由罗君强、林柏生担任。广东省长先为陈耀祖(陈耀祖为陈璧君之弟,曾任铁道部司长),后为褚民谊。南京市长蔡培(蔡培曾任内政部司长)。上海市长先后由陈公博、周佛海兼任。

高冠吾属国民党胡汉民派,曾任上海《民权报》主笔。北伐时期,任国民党军第十军副军长(军长为王天培)。汪瑞闿为清末旧官僚。倪道琅为皖系军阀倪嗣冲之侄,出身于皖北阜阳县的大地主家庭。何佩溶曾任北洋政府时期的湖北省长。

换汤不换药的"华北政委会"　　汪政权成立前,日本侵略者满口承诺取消南北两个伪政府,把日军占领区的政权统一起来,交给汪精卫完成其"国府还都"的任务。后来,他们又强调"华北特殊化"是日本政府的既定国策,华北"临时政府"可以改名为"华北政务委员会",其组成人员可由"国民政府"任命,但原班人马不能动,原有职权不能变更。这分明是一种换汤不换药的骗局。所谓组成人员可由"国民政府"任命,又是骗中有骗,实际上是由日本侵略者选定提名,交给汪照单任免的。其时,华北日军对王克敏有所不满,提名以王揖唐代王克敏为"华北政委会"委员长,汪也只能照此办理。

但是,"华北政委会"成立后,仍然挂着北洋军阀所用的五色旗,而南京政府挂的是国民党所用的青天白日旗;华北货币用的是"联银券",南京政府所属地区用的是法币和"中储券"("联银"是"中国联合准备银行"的简称。法币是国民党所用纸币的名称,汪伪组织成立后,改称"旧币",仍继续通行市面。"中储"是"中国储备银行"的简称,这个银行是由汪伪政权组织的);北方伪军称"治安军",南方伪军称"和平军"。更有甚者,南北两政权的分界线,中部在河南,东部在徐州,个人入境往来要签发护照,物资交流有关税壁垒。显而易见,这仍然是"南北分疆而治"的旧局面。

南京伪组织非但不能统一华北,也不能统一华南,甚至不能统一华中。京沪区与武汉区的背景不同,南京与上海的背景也不同。每个地区有不同的日本主子在发号施令,而置南京伪组织于不顾。因此,南京伪组织名义上所管辖的地区,成了"五胡十六国"的支离破碎之局。

日本侵略者在淮河以北建立了一个"淮海特区",派郝鹏为特区行政长官,以徐州为首府,不受南北伪政权的管辖。这个特区本来属于江苏范围,汪政权一再请求归还建制,日本侵略者最后才允许改称淮海省,以郝鹏举代替郝鹏为省长。郝鹏举原为国民党军胡宗南的参谋长,投敌后历任国府侍从武官长、第一集团军参谋长、陆军将校训练团教育长等职。淮北人民讽刺地说:"去一郝鹏,来一郝鹏举,何必多此一举。"

当时参加南北伪组织的文奸武奸,有的属于北洋派的旧军阀、旧官僚,有的属于国民党的新军阀、新官僚。以政治派别而言,有改组派、CC系、安福系、青年党等。其中,改组派、CC系为国民党内部的宗派集团,安福系是北洋派皖系头目段祺瑞手下的一个亲日卖国集团,段死后,这批狐群狗党就直接出面来充当日本侵略者的工具。青年党的前身"国家主义派"又称"醒狮派",一贯标榜民族主义,做的却是背叛民族的勾当。1926年大革命时,他们依附南北军阀唐继尧、孙传芳等,在云南组织"民治党",

在南京组织"三爱党",叫嚣反共反苏。"九·一八"事变后,他们又在北方勾结韩复榘、阎锡山等进行分裂活动。"七七"事变后,他们却又采取了"脚踩两边船"的办法,一部份人留在重庆依附蒋介石,一部份人公开加入南京伪组织,表面似乎分道扬镳,实际却是分工合作。该党党魁曾琦虽未公开投敌,但在南京与梁鸿志饮酒赋诗,在上海与日驻南京大使谷正之大谈其"兴亚建国"之道,后来又在重庆为蒋介石的座上客,堪称处处为家,头头是道。汪精卫把这些牛鬼蛇神召集起来,除曾琦外,一律吸收为国民党的中央委员,高唱"国府还都",真是千古少有的一件荒谬绝伦的事情。

高宗武、陶希圣出走　　南京伪组织成立初期,由于班底尚未充实,对于投伪的文职人员,一律"见官升一级",特任升选任,简任升特任,荐任升简任。对于军职人员,则旅长升师长,师长升军长,军长升总司令,如此类推。后来由于来者日众,这种升级办法取消了,官场中也出现了互相倾轧和党同伐异的情况。

南京伪组织采取五权并立的政治制度,因此行政、立法、司法、监察、考试五院院长均为政府行使五权的最高级首长。汪精卫自为行政院长,并以改组派第二号人物陈公博为立法院长,这是理所当然的安排。过去任安福国会议长的王揖唐,除由日本侵略者指定为"华北政委会"委员长而外,汪又加派为考试院长,打算有朝一日,叫他专任有名无实的考试院长,另派嫡系人员接替"华北政委会"委员长的职务,以收统一华北之效。王揖唐当然不肯入彀,老呆在北平不动,因此考试院长一职长期由副院长兼铨叙部长江亢虎代理。江是个有名的政治骗子,辛亥革命时,自称为社会党党魁,但他一无党徒,二无党纲,利用社会党之名,到处招摇撞骗,曾在南洋骗取华侨捐款,以供个人挥霍。又到苏联参观过,著有《苏俄游记》,对建国初期的苏联极尽污蔑诋诽之能事。又曾上书溥仪自称为"臣",受到接见,引以为荣;"八·一三"事变后,曾参加维新政府。由于王揖唐长期不肯南来,汪便提升他为考试院长。五院院长之中,监察院长梁鸿志、司法院长温宗尧都是维新政府的首脑人物。梁过去为段祺瑞"执政府"的秘书长,主持维新政府时,先后与日本侵略者签定铁路、电讯、盐务、银行等卖国条约,设华兴银行协助日本侵略者"以战养战",建立绥靖军扫荡江南游击队,最后被日本侵略者一脚踢开,挂名为监察院长,从此默默无闻。温宗尧原系老同盟会员,辛亥革命时被推为革命军的外交副代表,1920年被推为南方七总裁之一。"八·一三"事变后,参加了维新政府。

汪精卫把一贯反对国民党的旧官僚拉进伪府,分别给以高级伪职,实际上是把他们摆在有名无实的位子上,跟"和运干部"显然有亲疏厚薄之分。对于维新政府任命的各省省长,除高冠吾一人而外,几乎全部被调空而以"和运干部"接任。高冠吾由江苏调往安徽,又由安徽调往江西,越调越远,而当时的江西,日军仅能控制赣北数县,高对此也很不满。

在"和运干部"中,只有高宗武、陶希圣两人未参加伪组织,不久又在

高宗武

陶希圣

重庆出现,局外人无不引以为奇。汪在百老汇大厦筹备组府时,高陶两人同住在法租界国富门路(今安亭路)二十号。他们在日本人的特许下,设有电台直接与重庆通电。陶曾出席沪西"国民党第六次全国代表大会",被推为宣传部长,次长为林柏生。林系广东人,早年在苏联"中山大学"留学,回国后在广州任教。1927年国共分裂时亡命巴黎,由曾仲鸣介绍见汪。1932年汪在上海办《中华日报》,任林为社长,抗战初期汪在香港办《南华日报》,也交林主持,林遂以汪的戈培尔(戈培尔是希特勒的宣传部

长)自居,如今有人夺去了宣传部长,不免怒形于色。适陶接到陈布雷的电报,叫他离沪返渝。高陶两人本来都是主张汪蒋合作的投降派,现在见汪脱离了合作轨道而另搞一套,他们就有跳出圈子之意,接到陈的电报后,他们遂决定相偕出走。陶路过香港时,在《大公报》发表一文,揭露汪的卖国活动。回重庆后,代蒋介石写《中国之命运》一文,经陈布雷润色后发表。高宗武因进行亲日卖国的幕后外交,外面颇有风声,蒋不便摆在身边,就给他美金十万元,叫他出国赴美隐居。

汪政权中央和地方军事机关人员的题名录 汪精卫素有歪皮带迷(国民党军官斜挎在军服上的武装皮带),别人称他"主席"、"院长"他都满不在乎,称他"委员长"就喜形于色,连连应诺。在成立伪政权之前,他就想仿照国民党早年黄埔建军的先例,创办一所军官训练团,为建军工作打好基础。当时就有湖北籍军人叶蓬自告奋勇,愿意协助汪主持该团的训练工作,于是汪在江湾成立了军官训练团,自任团长,而以叶蓬为教育长,刘培绪为副教育长。

叶出身于保定军校,资历很浅,个子矮小,钻劲却很大,"九·一八"后已由武汉警备旅旅长升任武汉警备司令。时值日军侵占沈阳不久,全国人心鼎沸,叶叫警备旅兵士每晨下操时,对准太阳旗的图案打靶子,表示他是个抗日英雄,不料日本公使向蒋介石提出了最严重的抗议,蒋被迫解除其职务,改任他为铁道部路警局局长。路警属于军统范围,叶未加入军统,不久又被排挤下台。以后他由另一湖北籍军人杨揆一介绍加入了汪精卫的卖国集团。

汪精卫打错了主意,以为日本人一定会帮助他建军,哪里晓得,日本侵略者根本反对汪精卫建军,只希望以汪的名义向国民党军招降。汪的训练团已招收了学员五百人,由于日本人泼了冷水,训练团办不下去了,这批受训人员后来由叶蓬带往武汉绥靖处安排工作,这且按下不表。

汪政权成立之初,其中央军事机关人员名单如下:军政部长鲍文樾、海军部长任援道、参谋总长杨揆一、军事训练部长萧叔萱、国府参军长唐圭良。鲍文樾原属东北军系统,担任过副司令、行营办公厅主任,他说他投敌的动机是反蒋,为张学良报仇。张学良将军对日本侵略者抱有深仇大恨，怎么能够用投降日本的方法来替他报仇呢！汪政权根本没有海军，仅有小炮艇三艘，但在军事部门中不能缺少海军部，就派任援道挂名为海军部长摆摆样子，他的实际工作却是统率江南一带的伪军。杨揆一是国民党新军阀何成濬的部属，曾任武汉绥靖公署参谋长。萧叔萱曾任驻日大使馆武官。唐圭良本名唐蟒，北伐战争时任国民党军第六军副军长兼九江卫戍司令。

汪精卫建军不成，向国民党军招降也不成，就只能接收"临时"、"维新"两伪组织留下来的现成人马。他首先接收了维新政府名下的绥靖军任援道部七个师和一个独立旅，改绥靖军之名为和平军，改任任援道为和平军第一军总司令，该部番号及驻地如下述：第一师徐朴诚、第二师徐国梁，两部均驻苏州及其附近，第三师熊育衡驻扬州，第四师沈儒钧驻巢县，第五师程万钧驻湖州，第六师沈玉朝驻南通，第七师王占林驻合肥，独立旅刘迈驻安庆。

汪政权招收军统游击队编为步兵两旅：张瑞琼旅驻句容，谢文达旅驻宁波。

此外，还由伪国府日籍顾问影佐移交皇协军七个旅一个团，计开：李宝莲、张启黄两旅（原国民党桂军）驻随县、信阳，李宗盛旅驻合肥，潘干丞旅驻高邮、宝应，刘相图旅驻兴化，蔡鑫元旅驻泰兴，李实甫旅驻海州，胡冠军团驻海门。

汪政权所辖各省军事机构及伪军将领名单如下：武汉绥靖处主任叶蓬（叶蓬辖两个师）、开封绥靖处主任刘郁芬、广州绥靖处主任陈耀祖（陈耀祖辖五个师）、淮海绥靖处主任郝鹏举（郝鹏举辖五个师）、苏豫边区绥靖处主任胡毓坤、粤闽边区绥靖军总司令黄大伟、和平军第一方面军总司令任援道（兼）、和平军第一集团军总司令李长江、和平军第二方面军总司令兼扬州绥靖处主任孙良诚（孙良诚辖三个师）、和平军第二十四集团军总司令兼晋冀豫鲁总司令庞炳勋（庞炳勋辖三个师）、华北治安军总司令门致中、张岚峰，国府警卫军军长兼军政部次长郑大章、苏北行营参谋长富双英。

以上伪军将领简历：任援道、黄大伟、李长江三人均属国民党旧军人。李长江系赣军司令李明扬旧属，抗战后任鲁苏皖边区副指挥，驻江苏泰县，被国民党党棍缪斌引诱投敌。刘郁芬、孙良诚、庞炳勋、门致中、张岚峰、郑大章六人均属西北军系统。胡毓坤、富双英均属东北军系统。胡毓坤后调军令部长、参谋总长。富双英历任"军委会委员"、"政训部次长"。

以上伪军，有和平军（汪伪系统）、治安军（华北系统）、绥靖军（维新政府系统）三种不同的名称，各伪军将领虽由汪政权加委，但不能统一指挥，如门致中、张岚峰等部仍归华北治安总署督办齐燮元节制。齐燮元为北洋军阀，原任江苏督军。"治安总署"隶"华北政委会"。由齐率领的华北绥靖军（治安军）共有十三个集团，每一集团约等于一旅，共五万五千余人，分驻北平、石景山、保定、南口、石家庄一带。刘郁芬、胡毓坤、庞炳勋等部则受汪政权及华北政权的双重领导。

除鲍文樾、胡毓坤、富双英三人外，原属东北军系统的军人政客多在东北、华北两地投敌。参加伪满洲国者有熙洽、张景惠、臧式毅、袁金铠等；参加华北伪组织者有荣臻、邵文凯、杨毓珣、王荫泰、沈瑞麟等。熙洽原任吉林督军公署参谋长（督军张作相）。张景惠原任察哈尔都统，投敌后任伪满洲国总理大臣。臧式毅原为辽宁省政府主席。袁金铠原为辽宁绅商界的头面人物。荣臻原为张学良的参谋长，"九·一八"事变时，从沈阳逃回北京，投敌后任河北省长。邵文凯原为奉系北平宪兵司令，投敌后任河南省长。杨毓珣系清末北洋大臣杨士骧之子、袁世凯的女婿，日本士官生出身，曾任张作霖的副官长，投敌后任山东省长，中日战后被捕，因心脏病死于狱中。王荫泰、沈瑞麟均东北系外交界人物，先后任外交总长，投敌后先后任"华北政委会外交总署督办"。

汉奸特务总部——"七十六号"

丁默邨、李士群和吴四宝 汪精卫到上海后,周佛海建议组织一个特务机关,同军统唱对台戏,压制租界上的抗日气氛,并推荐丁默邨主持其事。汪从日本政府给他的三百万元活动费中提出一百万为建立特务组织的经费。

丁默邨早年背叛革命,投入"中统",任国民党军事委员会调查统计局第三处处长(1935 年,蒋介石将国民党中央党部调查统计科与军事委员会特务处合并,成立军委会调查统计局,以陈立夫为局长,下设三处:第一处处长徐恩曾,第二处处长戴笠,第三处处长丁默邨)。他个子矮小,大家都叫他"丁小鬼"。"七七"事变前,左翼作家邹韬奋在上海主办《生活周刊》,提倡政治民主和对日抗战,颇受读者欢迎。"中统"也要办一个刊物来抵制《生活周刊》,就派丁默邨到上海创办《社会新闻》。这个刊物无中生有,信口雌黄,对共产党人和进步人士极尽诬蔑丑诋之能事。"八·一三"事变后,军委会调查统计局又一分为二成立"中统"与"军统",分别隶属中央党部和军委会,均称调查统计部,原第三处裁撤,丁在周佛海所领导的大本营(军委会)第二部挂了个专员的名义,颇觉郁郁无聊。武汉沦陷前,他由汉口绕道香港来到上海。周到上海投敌后,丁便是"和运干部"之一了。

丁默邨奉命组织特务机关后,找到了先期潜伏上海的中统特务李士群,就在沪西极司斐尔路"七十六号"打起开台锣鼓来。"七十六号"原系北洋军阀陈调元的私人住宅(陈调元投蒋后历任总指挥、军长、省府主席、军事参议院院长等职。七十六号现改万航渡路四百三十五号),房屋宽敞,可供设立监狱和审讯室之用。李士群早年曾入莫斯科大学,也是一名叛徒。他在上海人地熟悉,同流氓帮会和日本特务都有往来。他吸收了"中统"特务留在上海的原班人马,并招收了一批亡命之徒,施以短期训练,很快就行动起来。

汪伪特工总部原址——极司斐尔路"七十六号"(今万航渡路四三五号)

"七十六号"特工总部头子丁默邨(左)与李士群(右)

李士群又物色到一个杀人不眨眼的流氓吴四宝(吴四宝又名世保,别号云甫),作为他的主要帮凶。此人的本行是汽车驾驶员,曾拜大流氓季云卿(无锡人)做老头子,论行辈是李士群的同门弟兄。吴四宝及其妻余爱珍都精于射击之术,有"双枪将"之称。汪精卫在愚园路召开"国民党第六次全国代表大会"时,李士群派吴负责警卫,后来提拔为政治保卫局警卫队长。吴四宝除执行任务外,还狗仗人势到处敲诈勒索,有缝必钻,很快就成了上海滩上名列前茅的亿万富翁,人人侧目而视。

这个汉奸特务组织虽与军统特务唱对台戏,但与常玉清所领导的流氓特务组织"黄道会"有所不同,他们是由"中统"分化出来的,同军统本是同科弟兄,彼此互相熟悉,现在互相火并,堪称"棋逢敌手"。"黄道会"设在虹口邮政总局后面,租界警务处经常派出大批捕探,在苏州河南岸昼夜逡巡,过桥很不方便,而汉奸特务总部设在沪西越界筑路地段,附近又驻有日本宪兵队的"特高课",可以得到掩护。何况此时日本侵略者的势力更加嚣张,租界的"中立"性逐渐褪色,租界当局对于他们所作所为就不能像过去对待黄道会那样认真办理了。

这个杀人组织设有监狱和各种刑具,对于被捕的中国共产党人和各界爱国人士,百般逼供,严刑拷打,令人为之发指。自从它出现以来,上海租界成了人人自危的恐怖世界,沪西越界筑路地段被人称为歹土(歹土是指汉奸特务横行的沪西越界筑路地段)。他们在租界内逮捕抗日分子,起到了日本宪兵所不能起的作用,受到日本侵略者的赞赏,因此日本人对汪精卫、周佛海之流也就不能不另眼相看了。

"七十六号"的幕后人为周佛海,正主任为丁默邨,副主任为李士群、汪曼云。下设政治保卫局,局长由李士群兼任,因此实权逐步移入李士群之手,最后他脱离周丁两人而自成一系,取得警政部长的地位。汪曼云是上海大流氓杜月笙的徒弟,奉师命打入汪组织,后来历任汪伪组织的社会部副部长、司法行政部次长、农矿部次长、清乡委员会副秘书长等伪职。

汉奸特务的主要任务是为日本侵略者服务,迫害进步人士,其次是打击中统、军统特务,后者有的被他们暗杀,有的被收买。对于参加组织的小特务,采取按件计酬,视杀人多少和对象身价的高低而定奖金,因此任意罗织、冒功领赏的事情,层出迭见,视为故常。当时,上海各大报大多挂上了洋旗,它们借"中立国"报纸之名,发表抗日言论,日本侵略者虽屡次向工部局提出强烈抗议,终于无法取缔,便指使这批汉奸特务以迫害新闻界人士为急务,目的在于消灭租界上的抗日言论。各报编辑人员大多深夜下班，毫无抗暴能力，自汉奸特务组织成立以来，他们被打死、打伤或被绑架而去的人日益加多，甚至广告部或发行所的从业人员，也同样遭到厄运。除新闻界人士外，教职员、司法人员和银行职员，由于不肯同敌伪合作，也被歹徒们当作活靶子而在街头巷尾受到狙击。总之，上海租界上一切不肯同流合污的人们，都有可能被指为"重庆分子"，受害者不乏其人。"七十六号"还开了一张八十三人的黑名单，其中不少人从无政治活动，甚至姓名、籍贯也被写错了，但都由伪组织明令予以通缉。

汉奸特务冲击《中美日报》和《大晚报》 "七十六号"成立后，上海租界的气氛日益恶化，不但恐怖事件不断发生，甚至歹徒们混水摸鱼，借题发挥，脱离了政治暗杀的轨道，或者掳人勒赎，或者栽赃陷害，使人防不胜防。在这时期，许多人接到怪电话或匿名信，不少人突告失踪，凶杀案几乎无日无之。因此，各"洋旗报"馆和银行雇用保镖把守大门，两租界的警务机关也不得不派出大批捕探，分守重要街口，施行紧急警戒，当街抄靶子（抄靶子是抄身检查，被检查者必须立即止步，高举双手，任巡捕浑身摸索，否则就有被枪击的危险）的事情也越来越多了。

从 1939 年下半年起，租界恐怖事件进入高潮。是年 7 月 22 日晚 8

租界内的英国巡捕

时，"七十六号"特务成群结队地袭击《中美日报》，这是一家挂美国旗的报纸。眼明手快的看门保镖，急匆匆拉上铁门，歹徒们无法冲入，便又一窝蜂似地跑到《时事新报》附设的《大晚报》馆大打出手，捣毁了排字房，打死、打伤了排字工人各一人。捕房巡捕闻讯赶到，歹徒们公然开枪拒捕，一时枪弹横飞，在行人如织的文化街上展开了一场恶战。8 月 3 日，"七十六号"特务公然在极司斐尔路掉臂游行，与意大利海军陆战队士兵发生遭遇战，意军人数较多，将他们包围缴械，并捕获歹徒十六名。由于他们有日本人作背景，租界当局不敢处理，当晚就将被捕者全部释放。8 月 13 日为沪战发生的两周年，两租界恐有纪念游行之举，特地在各重要街口加强警戒,并将沪西"歹土"暂时封锁。不料歹徒们公然绕道进入租界挑衅,与执行巡逻任务的英籍巡捕开枪互击,双方互有死伤,英国防军增援前来,才把他们驱走。以上情况说明,租界恐怖事件逐步升级,"七十六号"武装特务已由秘密活动发展到公开活动,由以个人为靶子发展到聚众袭击报馆,由迫害中国人发展到向租界的武装力量挑衅。他们倚仗日本侵略者的势力,越来越猖獗了。

日伪企图夺取越界筑路的警权及中国法院的管辖权

是年9月1日,欧战因希特勒德国侵犯波兰而爆发,西方国家仓皇应战,战况十分不利。这一形势对上海租界不啻又一次敲起了丧钟:日本侵略者早已公开站在德国的一边,上海租界好比瓮中之鳖,随时可以完蛋。在那些日子里,有更多的大学教授、新闻记者和公务员惨遭毒手,租界当局不敢根究,只好不了了之。

是年10月下旬,"七十六号"歹徒进一步向租界当局公开挑战,先后发生曹家渡巡捕房被袭击和在愚园路枪杀印籍巡捕的两次事件。

12月3日,英国防军会同租界巡捕在大西路(今延安西路)一带巡逻,歹徒公然迎面而来,双方开枪互击,又一次上演了一场遭遇战。根据当时歹徒活动的特点,结合日伪方面关于收回越界筑路警权的宣传可以看出,他们的主要目标在于夺取沪西警权,把公共租界的范围压缩在静安寺路、海格路(今南京西路、华山路)以东。

日伪的第二个目标就是要夺取设在租界上的中国法院。根据1930、1931两年国民党政府与有关各国签定的"临时法院协定",中国政府在两租界设立高二、高三两分院和地方法院。日伪方面向租界当局进行多次交涉,要把这些法院移交南京汪政权管辖,而英、美、法等国只承认重庆国民党政府,不承认南京汪政权,因此,此项交涉长期不能解决。于是日伪方面想从法院内部打开缺口:"七十六号"特务写恐吓信威胁法院人员,强迫他们表示态度,如果愿意接受南京汪政权的管辖,保证地位不动,否则将对他们"执行死刑"。这一事件使租界当局大伤脑筋,他们不得不加强各法院的武装戒备,同时,司法人员上下班都由警务处派武装捕探接送,院长、刑庭长等高级人员则派专用汽车接送。但这也不过是一种"聊尽人事"的办法,当时租界区在日军的层层包围下,这点武力是起不了什么作用的,所以法院人员拒绝了他们的"善意",仍照惯例来回。

11月23日,公共租界高二分院刑庭长郁华,走出私宅不远,即被歹徒狙击身死。郁华是左翼文学家郁达夫之兄,为人颇有气节,不向恶势力低头。他是租界上高级司法人员被害的第一人。租界当局明知凶手来自何方,但也不敢追究。接着,地方法院刑庭长钱鸿业也被暗杀。

共产党人茅丽英被害　　紧接司法界两次血案后,又发生了一次震动全市的爱国妇女被害事件。被害人"职业妇女俱乐部"主席茅丽英,浙江杭州人,是英勇的中国共产党员,遇难时年仅二十八岁。12月12日

中国共产党第一次全国代表大会旧址——上海市兴业路七十六号(当时在法租界内)

晚9时,她从俱乐部走出来,行至南京路四川路口,突被歹徒狙击,身中三枪,腹部流血不止,被送往附近山东路仁济医院抢救,因枪中要害,延至15日逝世。

1938年,茅丽英以提倡正当娱乐为掩护,组织了"职业妇女俱乐部",团结广大妇女群众,从事爱国活动。1939年7月,为了救济战区

难民和购买生活物资支援游击区军民，她争取部份"上海闻人"列名为赞助人，发起举办"物品慈善义卖会"，在她的积极活动下，永安、先施、国货公司等五十六家厂商捐助了大宗日用品。她又动员戏剧家在大陆电台播唱京剧，扩大征募物品并推销代价券。这种再接再厉的爱国行动，引起了日伪方面的特别注意，"七十六号"歹徒曾寄恐吓信并附以子弹一枚，叫她停止活动，她没有被吓倒，仍然坚持工作。义卖会场设在西藏路宁波同乡会内，该会接到了"七十六号"的恐吓信后，即通知职业妇女俱乐部，请其另觅会场。茅丽英转向新新公司交涉，租定该公司四楼为会场，不料第二天又来信拒绝租用。茅丽英便想利用帝国主义之间的矛盾设置会场，分头向美国妇女总会、工部局华员俱乐部租借会址，又都遭到拒绝。茅丽英不甘罢休，只得就在俱乐部内布置会场，于7月14日开幕，事前通过关系，由捕房派出大批捕探到场维持秩序。当天义卖成绩很好，也未发生事故。第二天，两个"七十六号"特务伪装顾客前来捣乱，被巡捕逮捕带走。茅丽英每日整理会场，继续举行义卖。她在恶势力下坚定勇敢地同敌人作斗争，日伪分子恨之刺骨，终于在12月12日的回家路上，惨遭凶手杀害。

这时候正值日伪势力极端猖獗、西方殖民者威风扫地之际，租界惨案日有发生，杀人流血视为故常。但是，对于一个手无寸铁的爱国妇女，竟然伤天害理地加以惨害，不能不引起上海市民的极大愤慨。茅丽英在医院动手术的时候，市民前往慰问者不绝于途。茅逝世前向他们说："请转告朋友们，不要为我悲痛，我是随时准备着牺牲的。"这种视死如归的伟大斗争精神，在中国抗战史上留下了光辉的一页。

当时，租界当局对于茅丽英的义卖活动，已经同意保护，并且在义卖场中捉到两个捣乱会场的特务分子，判以七个月的徒刑，随后却又慑于日本侵略者的威力，宣布缓刑释放。对于川流不息地前来慰问茅丽英的上海妇女和各界人士，工部局竟令医院门卫拒之门外，以免惹是生非。仁济医院不少护士抢着要护理茅丽英，也被当局禁止和监视（当时仁济医院是英国人办的一所医院）。以上情况，充分暴露了西方殖民者毫不顾及公正舆论而向强权者低头屈膝的丑态。同时也说明，"七十六号"特务的主要目的，在于残杀爱国抗日的革命人民，并非专与军统、中统为敌。

茅案发生后的第十天,12 月 22 日,住在法租界马浪路(今马当路)华北公寓的吴木兰,被军统特务狙击身死。吴是江西南昌人,早期的同盟会会员。这次到上海来,是想同陈璧君接头,打算组织一个"妇女和平会",为南京汪政权服务。她是女汉奸被狙击身死的第一人。

公共租界英籍总董被狙击未死　　1940 年,上海已经处在暴风雨的前夕,"七十六号"特务在租界上造成的政治血案,更加有所发展,上海市民称是年为"恐怖年"。新年刚开始,1 月 6 日,公共租界工部局总办英国人费利浦乘汽车回寓,有一群"黄包车夫"拦住去路,向他连开八枪均未命中。这是汉奸特务公然以租界当局为暗杀对象的一个开端,全市为之骇然。伪市长傅筱庵前往慰问时,声言已捕获凶手三人,日本宪兵队长林少佐、野藤少佐两人均发表谈话否认其事。事实上这三名凶手是在新新赌场中被赌场保镖无意中捕获并解送到日本宪兵队去的,随即被他们释放了。

上海大流氓张啸林、伪市长傅筱庵等被杀　　同年 8 月 14 日,上海三大流氓头子之一张啸林(上海三大流氓头子是黄金荣、杜月笙、张啸林)被自己雇用的保镖杀死。

日伪时期上海市长傅筱庵(任期 1938 年 10 月～1940 年 10 月)

10 月 11 日,上海伪市长傅筱庵被自己最亲信的仆人朱升用菜刀砍死。傅为豪门富商,家中仆从如云,雇有保镖二十三人,平日出入备有装甲汽车,戒备极严。他任伪市长两年,被人暗算四次,终日提心吊胆,最后死于"两代义仆"之手。这位"义仆"是被军统收买后下此毒手的。

同年 12 月 16 日,法租界公董局政务督办杜格被狙击身死。这是租界当局本身受害的第一人。

1941 年 1 月 23 日,日本旅沪侨民会会长林雄吉偕同森永松之助、久保盛明两人闯入工部局纳税会大会场,林雄吉开枪击伤工部局总董凯自威,另两人正在动手焚烧会场的芦席棚,当场均被逮捕。这是日本暴徒亲自出面谋杀租界当局、捣毁租界政务机关的重大事件,但是畏日如虎的工部局,五天后即将案犯三人全部释放。

此外,在这段时期内,租界上被暗杀的不少律师、教授、新闻记者、教职员、商民、市民、租界巡捕等,这些"普通"案件已不受人重视,就不必一一为之叙述了。

暴风雨的前夕

"远东慕尼黑"的幕后活动　　和平,和平是代表人类共同愿望的一个美好的名词。在那些年代里,汪精卫大唱"和平",蒋介石也要"和平";甚至当日本侵略者还占领着中国领土的时候,也要起"和平"来了。可是,中国共产党和中国人民就是不给他们所要的"和平",理由很简单,中国共产党和中国人民要的是真正的和平、光荣的和平,不是虚伪的和平、屈辱的和平。

1937年中日战争爆发以来,西方英法美三国无时无刻不在策划"远东慕尼黑"协定,企图牺牲中国,绥靖日本,以保全它们的在华利益。1938年广州陷落后,英国驻华大使寇尔还仆仆于上海、香港、重庆之间,为中日所谓"和平"奔走。同一时期,美国建议召开"太平洋国际会议",企图强迫国民党政府割让东北,放弃华北,退保华南,以换取中日"和平"。1939年6月,毛泽东同志发表了《反对投降活动》一文,号召全国人民坚持抗战,反对投降,揭穿了中国抗日阵营内的阴暗面,打击了"暗藏的汪精卫"的卖国投降活动。同年7月,英日达成协定:英国承认日本侵占中国的实际局势以及日本在华驻军有特殊需要。同年6月14日,华北日军封锁天津英法两租界,压迫英法两国交出国民党政府存放天津租界内的白银,1940年5月19日,英国公然违反中立原则,与日本成立"白银共管"的天津协定。同年7月18日,日本又压迫英国封锁滇缅路以切断中国从海外输入战时物资的惟一路线,英国政府竟又与日本达成滇缅路禁运协定。自1939年9月1日欧洲战争爆发以来,西方三国不但没有放弃对日本的绥靖政策,反而变本加厉,幻想牺牲中国以交换日本不参加德意轴心,不卷入欧战漩涡。

1940年6月16日,法国投降派组织维希政府,停止对德作战。9月22日,日本侵略者压迫维希政府签定"日法两国共同防卫越南协定",日军随即分三路侵入越南。日本侵略者进一步提出建立"大东亚共荣圈",

企国排斥英美在亚洲的势力；席卷东南亚的资源地带，实现日本帝国在太平洋地区的霸权。同时，日又与德、意两个法西斯国家签订"反共轴心同盟"，并发表声明：他们在军事上有援助德国的义务。日本政府还希望美国劝告国民党政府接受日方所提出的"近卫三原则"，国民党政府如不接受，即请美国中止援华。

日美调整国交的谈判以决裂而告结束　　美国虽属西方三国之一，但因远隔重洋，处境较为优越。自中日两国开战以来，美国政府口头上虽"同情"中国，实际行动却有利于日本而不利于中国。日本为缺乏资源之国，其战略物资如石油、汽油、废铁等对美国的依赖性很大。根据日方统计，1937 年从美国输入的战略物资，达其全部战略物资输入额的三分之一以上，1940 年 3 月增至 38.7%；自 1937 年至 1941 年 11 月，从美国输入废铁达其全部废铁输入额的 70%。根据美方统计，1936 年，美国输日战略物资一千五百万美元，1937 年达其全部战略物资输出额的 58%，1938 年又增至 67%；自 1937 年至 1941 年，共输出战略物资三亿美元以上。当上海战争打得非常激烈的时候，美国政府借口中日两国并未正式宣战，胡说"中日两国并无战争状态之存在"，因而不适用美国所颁布的"新中立法案"的规定：对交战国双方禁运军火。既然"不存在"战争状态，美国就可以源源不绝地将战略物资输往日本而不受非难。由此可见，美国大亨们花花绿绿的钞票，染透了中国人斑斑点点的鲜血。

　　1940 年 11 月，罗斯福第三次当选美国总统。中国朝野一致表示欢迎，国民党的公债行情因而高涨。从 1938 年到 1941 年，罗斯福的政府同日本进行过多次调整国交的谈判。第一次谈判，1938 年 12 月 8 日在东京举行，谈判对手为美国驻日大使格鲁和日本外相有田。由于日本所倡议的"东亚新秩序"与美国所主张的对中国的"门户开放政策"是针锋相对的东西，谈判没有结果。第二次谈判，1939 年 11 月 4 日仍在东京举行，谈判对手为美国格鲁大使与日本新外相野村。谈判重点放在日本政府应尊重美国在华之权力的问题上。第三次谈判，1941 年 5 月分别在东京与华盛顿两地举行，谈判对手在东京举行者为格鲁大使与松冈新外相，在华盛顿举行者为日本新任驻美大使野村（外相调任）与美国国务卿赫尔。谈判重点：美国政府要求日本勿参加欧洲战争，结束中日战争，维持中国门户开放政策和菲律宾岛中立化，而日本政府可以通过谈判与西方国家划分南太平洋的经济活动范围。总之，在日本不威胁美国太平洋利益的原则下，美国愿意达成"远东慕尼黑"协定，以迁就日本。1941年7月，日军突然进兵越南，美国才开始察觉到日本不是采取北进政策进攻苏联，而是采取南进政策夺取英美两国在西南太平洋的资源地区；日本不但要独占中国，而且还要夺取南洋群岛；不但要在经济上切断美国锡与橡胶的来源，而且要在军事上形成对菲律宾的包围圈。至此，日美两国关系已经到了最紧张的阶段。但即是如此，美国政府还步英国的后尘，冻结中日两国在美国的资金。

是年10月17日，日本战时内阁组成，新任首相东条英机发出歇斯底里叫嚣："扫除英美在远东的势力！""不许第三国干涉日本建立东亚共荣圈！"同时，他又派来栖为赴美特使，于11月5日到美国，协助野村大使与

珍珠港中，美国军舰被击中焚烧的情形。

美国总统罗斯福、国务卿赫尔举行第四次谈判。这次谈判共进行八次，谈判内容还是环绕着前此悬而未决的问题进行拉锯式的争论。到12月7日，日本战争准备全部完成，便宣告日美谈判以最后决裂而告结束。是

日,罗斯福总统还电请日皇裕仁大力协助以挽救远东危机。次日,日本神风队飞机群在美国珍珠港发出轰轰隆隆的重磅炸弹声,以此作为回答。

希特勒第四次调停中日战争又告失败　　希特勒三次调停中日战争,已如第二章所述。希特勒对于日本政府扶植汪精卫成立南京伪政府一举,自始就不赞成。他一再提醒日本政府:第一,中国幅员广大,人口众多,日本侵华战争不可能速战速决,而战争旷日持久,对日本极端不利。第二,日本的真正敌人是苏联而不是中国,蒋介石可与为友而不必与之为敌,如果把他逼上联苏、联共的道路,对日德两国都极端不利。第三,汪精卫不是中国的实力派,同王克敏、梁鸿志之流没有什么区别,扶植他上台不但不能解决中日问题,反将成为解决中日问题的绊脚石。第四,中日问题长期不能解决,日本将无力实践其与德国从东西两面夹攻苏联的预定计划,对日德两国及全世界的反苏反共事业也都极端不利。

南京汪政权成立后,希特勒的驻华使节照旧留在重庆不走。

1940年10月,希特勒仍然劝日本政府放弃对汪政权的支持,并建议日军退出华中、华南若干据点,以便对蒋介石进行有效的诱降,

希特勒深知东北问题是中日两国无法解决的焦点。当日军根据“日法两国共同防卫越南协定”开进越南以来,他眉头一皱,计上心来,命令他的外交部长里宾特洛甫分别与中国驻德大使陈介、日本驻德大使大岛商谈,以中国割让东北与日本,日本将越南划归中国管辖以补中国的损失,从而结束中日战争。这是希特勒第四次调停中日战争的主要内容。这种“乱点鸳鸯谱”的调停办法,当然行不通,于是希特勒第四次调停中日战争又告失败。

1941年6月22日,希特勒背信弃义进攻苏联时,迫切希望日本出兵西伯利亚,日本侵略者乘机要求德国与重庆政府断绝关系,希特勒这才于是年7月1日承认汪政权,并叫德国驻重庆的代办史塔玛移驻南京。

蒋介石消极抗日、积极反共的露骨表现　　1938年10月武汉失守后,日本侵略军的进攻重点移向华北解放区,蒋介石的军事政治重心则由对外转向对内。从1939年6月至12月,蒋介石秘密颁布了“防止异党

蒋介石在武汉会战期间主持军事会议

活动"、"共党问题处理办法"等反动文件;派国民党王牌军胡宗南部封锁了陕北抗日根据地,并乘机侵占了陕甘宁边区的五个县。华东方面,新四军组织了东进纵队活跃于江阴、无锡、常州、上海、太仓一带,蒋更视为眼中之钉。1940 年 6 月,国民党军发动了进攻新四军的苏北事件。同年 10 月,蒋让新四军移驻黄河以北,又以二十万兵力沿陕北边区修筑碉堡,挖掘战壕,大有咄咄逼人之势。1941 年 1 月,蒋乘新四军让防北上之际,竟派重兵与日伪军配合夹攻新四军。这就是震动中外的"皖南事变"。

蒋的这些反共措施,激起了全国人民的忿怒和抗议,但却博得了日伪方面的大声喝采。汪精卫赞美地说:"这是蒋介石生平所做的惟一的一件好事。"日本侵略者乘机鼓励"汪蒋合流",促进"中日全面和平"。

南京伪组织成立后,日本侵略者加紧了对蒋的军事迫降、政治诱降的步骤。1940 年 5 月,日军占领鄂西重镇沙市、宜昌。10 月,他们忽又自动退出南宁、龙州,并称可以再从宜昌、沙市甚至汉口、广州两大城市撤退。1941 年 3 月,日本政府派前陆相畑俊六为"支那派遣军总司令",统一在华日军的指挥。4 月侵入宁波、温州、福州。7 月又加派所谓战略家冈村宁次为华北派遣军总司令,对华北解放区和敌后根据地进行了多次扫荡战,结果同样被中国共产党所领导的八路军粉碎。1941 年 9、10 两月,日军称"作战任务终了",退出长沙、郑州。

日军对国民党军采取打打停停,旋进旋退的办法,打是军事迫降,停是政治诱降。蒋介石在发动三次反共高潮后,竟又配合日军对华北区的大扫荡,调动大兵团包围、封锁陕甘宁边区,使解放区军民在军事上经济上处于极端困难的地位。由于中国共产党正确地执行了巩固解放区的各项政策,开展了军民大生产运动,终于粉碎了日伪蒋三方面的联合进攻,扭转了解放区的严重局势。

日汪签定"中日调整国交条约"　南京伪组织成立于 1940 年 3 月 30 日,日本政府只发表了"响应国民政府还都"的宣言,并未立即予以承认。实际上这出傀儡戏也是日本侵略者向蒋介石诱降的一种手段,所以在伪组织成立的初期,他们就大放"宁渝合流"、"汪蒋合作"的空气,希望蒋介石回到南京来,如此则国民政府"老店迁回",日本政府当然没有重加承认的必要。但一直等待了七八个月,到 1940 年 11 月 26 日,日本政府才宣布承认他自己所导演的傀儡组织,然而,只隔了十来天(12 月 9 日),日本外相松冈洋右又宣布"南京政府并未关闭与重庆谈判和平之门"。这种翻云覆雨的手法,使人咄咄称奇,但是身为局中人的汪精卫,却深知,如果真正实现"宁渝合流",他的主子将重视蒋介石而把他一脚踢

汪精卫等人的合影(前排左起:今井武夫、汪精卫、影左祯昭;后排左起:周隆庠、梅思平、犬养健、周佛海、陈公博、伊藤芳南。摄于 1940 年 12 月 3 日)

开。他在矮屋下,不敢不低头,在松冈发表上述声明后,他也发表广播讲话说:"如果蒋先生肯到南京来,我愿让贤出洋。"

日本政府承认汪政权的第三天,1940年11月29日,汪即忙不迭取消代理名义而自称"国民政府主席",仍兼"行政院长"、"军事委员会委员长"等伪职。又仅仅过了一天,11月30日,他又与日方共同公布"中日调整国交"的条约,这个条约规定:汪政权承认以前"临时政府"、"维新政府"与日本政府所签定的各种条约和经办事件一概有效,日方保证侵华日军在"中日两国恢复和平"后两年内全部撤退完毕。当时有人认为,日本侵略者自拉自唱,何必多此一举? 其实,日本侵略者正是要假手汪政权签订蒋介石所不敢公开承认的条件,造成既成事实,为"中日全面和平"铺平道路的。日本侵略者向蒋暗示:"你不敢承认伪满洲国,现在有人代你承认,你就可以不居卖国之名;你不妨装聋作哑回到南京来,实现'宁渝合流',我们就可以从中国撤兵,你又何乐而不为呢?"

汪与伪满签定"中满两国互相承认"的协定   就在日汪公布"中日调整国交"条约的同一天,日本就安排伪满洲国全权代表臧式毅到南京来,与汪政权签定了"中满两国互相承认"的协定。这出丑剧上演时,却又戏中有戏。当天签字仪式完毕,汪在"外交部"宁远楼设宴招待这位"贵宾",汪政权的重要人员都参加了这个盛会。当觥筹交错之际,南京群丑还恬不知耻地"为满洲国的繁荣昌盛而干杯",但这位瘦骨嶙峋、活象猕猴的"贵宾"并未饮此苦酒,忽然哇地一声哭将起来。大家吃了一惊,齐声问道:"如此吉日良辰,何事伤心落泪?"他止不住号啕大哭说道:"你们那里晓得那边的事情! 我是个不祥之人,我之不死乃是为了老母的缘故!"原来此人就是"九·一八"事变时最后一任的辽宁省政府主席,他在炮火中逃往朋友的家里,被日军搜查出来,逼着他当上了伪满洲国的"参议厅厅长"。他眼见汪精卫又步溥仪之后尘,感到自己末日不会太远,不觉悲从中来。这一脱离轨道的表演使在场群奸相顾失色。12月3日,这位贵宾忽又不告而去,从此不再露面,原来日方把他人不知鬼不觉地送回沈阳去了。

汪精卫的东京"宣言"　　汪政权成立后,莫说华北伪政权仍然变相存在,华北的事情南京不能过问,就在华东地区内,也必须事事向日本侵略者请示而行。在这种情况下,汪精卫觉得日子很不好过。1941 年 6 月 14 日,他以"答谢国府还都后日本政府给予中国的种种善意帮助"为名,偕同周佛海飞往日本东京,目的在于乞求日本政府同意"强化国府机构,统一华北政权"。此时近卫文麿再度上台担任首相,希特勒已将即日进攻苏联的决策先期通知日本,近卫又将此事转告了汪。日本政府决定:德军大举进攻苏联之日,就是日本抓紧时间建立东亚新秩序之时。汪与近卫发表联合宣言,表示"中国政府愿与友邦日本分担建立东亚新秩序的责任"。汪所要求的"强化国府",日方当然不能公开反对,但是,口里答应是一回事,实际上做不做又是另一回事。汪回国后,属于汪记特务系统的上海《国民新闻》接连写了两篇社论,题目是《如何强化国府》、《再论如何强化国府》,对汪此行大肆调侃,汪看了不禁火冒三丈。当他打听出这两篇社论都是出自日本军人授意时,他除给以严重警告外,不能进一步加以惩罚。

汪回国不久,又碰到了一件大煞风景的事情。1941 年 7 月 1 日,在日本政府的再三催促下,德意两个法西斯国家同日宣布承认汪政权。意大利所派"大使"戴礼尼早已到了上海,却迟迟不到南京投递国书。一天到了南京,又不正式出面来接洽。汪只得在"外交部"宁远楼设宴先作非正式的接待,事前约好了钟点,不料这位"大使"并未如时光临。汪气得歇斯底里大发作,把满屋子里的花瓶、茶具、台布一古脑儿都扔在地下,搞得狼藉满地,兀自忿忿不已。这幕活剧说明:当奴才的人是没有人看得起的,而奴才受了委屈,只能关起门来跳脚,见了人还得卑躬屈膝陪上笑脸的。

汪的这种苦境,"前汉"梁鸿志看在眼里,他私下对朋友们说:"王叔鲁(王叔鲁是王克敏的别号)在北京,日本人向他要十样东西,他还价给五样,结果让日本人要了八样去。我在南京,日本人向我要十样,我还价八样,结果十样都被日本人要了去。汪先生就比我们慷慨多了,日本人伸出手来还没有开价,他就主动地拿出十样东西来,结果日本人再加两样要了十二样去。"

尽管汪对日本人有求必应,可是日本人向他要"中日全面和平",他却拿不出来,日本人还是不高兴。现在,日本人对他的脸色一天比一天难看了。

集体屠杀银员　　上面写过,1940 年被称为"恐怖年",杀人流血的恐怖案件发展到前所未有的高峰。但是,高峰之外另有高峰。1941 年 3 月 22 日深夜 12 时后,"七十六号"歹徒分作两批出发,一批窜到极司斐尔路"中行别业"(中行别业是上海"中国银行"职员的集体宿舍),架走"中国银行"职员一百二十八人,一批窜到白赛仲路(现在的复兴西路)"江苏农民银行"宿舍,破门而入,把在睡梦中的银行职员十二人一齐唤醒,强迫他们站在门外排队,然后加以集体屠杀,其中五人重伤未死。对于被架走的"中国银行"职员一百二十八人,歹徒用拈阄法提出三人加以枪杀,据称是为被军统特务暗杀的"中央储备银行"职员复仇,其余则均于一星期后释放。以上两案发生后的第三天,日本宪兵又将"中行别业"包围,勒令全体职员立即搬走,并将他们的家具、箱箧以及什物抛置在马路旁行人道上。

"七十六号"歹徒们的这一疯狂滥杀事件,引起了全上海市民的极大震动,无不为之怒发冲冠。但是这般嗜血的野兽们意犹未足,3 月 25 日又在法租界逸园"中央银行"办事处及公共租界爱文义路(今北京西路)该行分处分别埋置定时炸弹,炸死炸伤五十余人。同时,爱文义路"中国农民银行"也有定时炸弹,幸事前发觉,未造成伤害。

"孤军营"团长谢晋元遇害　　同年 4 月 24 日,胶州路"孤军营"团长谢晋元被人行刺身死,团副上官志标也受了重伤。这支孤军被公共租界工部局圈禁时只有三百七十一人,仍由谢晋元统率。他们虽然丧失了自由,但仍过着有组织的集体生活,每日举行晨操,并在一定时期内举行各项爱国活动。上次因举行"八·一三"抗战纪念,租界当局派白俄籍商团前来监视,他们受到百般凌辱,还被白俄兵打死打伤数人。这次刺谢凶手是郝精诚、张国纯、尤耀亮三人,他们都是"孤军营"的兵士。有人说这三人是被日伪特务收买行凶的(1941 年 12 月 28 日,日军接管"孤军营"后,即将刺谢凶手三人处死以灭口)。谢被害后,上海市民前往吊唁者达

率领"八百壮士"浴血奋战的谢晋元团长（中间坐者）

数万人，素车白马，途为之塞。各界人士筹备举行盛大追悼会，被日本侵略者阻止。通过谈判，日方限制吊客不得超过三百人，才于 5 月 11 日举行了一次简单的追悼仪式。

以上情况说明：上海租界在日伪恶势力的威胁下，已经成了无法无天的杀人世界，租界当局只求苟安一时，竟然把日本侵略者所提的要求当作圣旨一样，无不奉命唯谨，对于中国人则不惜采取种种迫害手段，以博日本侵略者的欢心。例如日伪特务用恐吓信威胁各报改变立场，租界当局公然下令不许各报再有抗日言论；日本宪兵要到租界上逮捕抗日分子，租界当局竟然派巡捕作向导带领他们前往捉人。租界的"中立性"被他们自己的卑劣行为破坏无遗，他们简直成了日本侵略者手中的另一傀儡工具了。

但是，日本侵略者并不因此而感到满足，相反，租界当局每退一步，他们就进一步，一个旧的要求解决了，一个新的要求又提了出来。侵略者的野心从来是没有止境的，绥靖政策除了涨大他们的胃口而外，不能取得什么。

夺占警权　当时,日本侵略者的目的在于夺取租界的警权,以便把租界的实际权力控制在自己的手里。他们借口虹口为日本侨民的密集之区,闸北与虹口毗连,又同在苏州河以北,要求将以上两地划作新警区,委派日籍区长全权管理。租界当局早已视以上两地为化外,有鞭长莫及之感,因此被迫同意日本侵略者的要求。于是苏州河北岸广大地区实际上脱离公共租界而成为地地道道的"东洋租界"了。

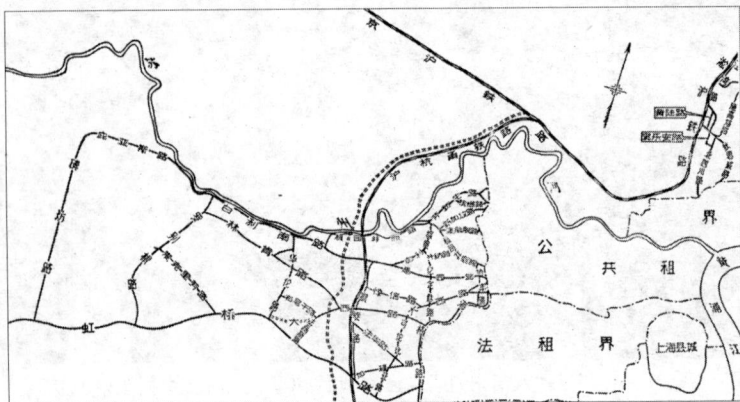

上海公共租界越界筑路简图

以上问题解决不久,日本侵略者又进一步协助汪伪组织夺取沪西越界筑路地区的警权。这个地区本来不属于租界,西方殖民者恃强筑路,所以称之为"越界筑路",而新马路筑成后,警权即被侵占,虽经中国历届政府交涉,终于不能收回。现由伪组织提出交涉,日本侵略者为之撑腰,租界当局不得不破例地同他们举行谈判。1940年1月,租界当局与伪方人员达成协定二十六条,成立了所谓"沪西特别警察署",名为"共同管理",实际上伪组织派特务潘达为"署长",其中重要员司均由日本人担任,租界当局不过是博得个"体面下场"而已。

工部局被迫增设日籍高级职员　至此,公共租界北以苏州河为界,西至极司斐尔路、海格路而止(今静安寺以东地区),范围大大缩小了。但是问题还未解决,不久日本侵略者又借口租界内抗日气氛仍旧十分浓重,租界当局取缔不力,又要求改推日本人为工部局总董。工部局又被迫同意加推日本人冈崎为副总董,渡正监为副总裁。根据工部局的组织条例,以董事会为最高议事机关,由董事九人推选一人为总董,下设总办一人,副总办两人,负责执行董事会的决议。另设总裁一人,其职权在总办之上,有机动处理局务之权。如今加派日本高级职员两人,名义上虽系副职,但是他们有实力为后盾,因此发言权也最高。至此,公共租界工部局徒拥虚名,整个行政权都在日本侵略者的控制之下了。

公共租界,顾名思义本为英、美、日、意四国的"共管租界"。此时,帝国主义已经分化为以英、美、法为一方,日、德、意为另一方的两个敌对阵营,租界关系也就随之而变得更加复杂。1940 年 5 月,意大利宣布参加德国作战,于是公共租界进一步形成了"同舟敌国"的新局面,英、美、法三国侨民与德、意两国侨民互相断绝通商往来,互相展开宣传战,三国防军与意大利防军互相戒备,有随时发生军事冲突的可能。此时日本对欧洲战争尚未卸下"中立"伪装,它忽摇身一变,变作一个"和事佬"的模样,想顺手牵羊地把公共租界全部夺取过来。5 月 20 日,日本驻沪海军司令邀请各国海军司令举行会议,讨论上海今后的局势。日方表示:你们既已形成了交战团体,无法继续合作,可以委托第三国暂时代管租界,一切问题留待战后解决。他们所讲的"第三国",当然是"夫子自道"。由于英、美、法三国司令主张维持租界现状,日方巧取租界的阴谋没有得逞。

驻沪英军撤走　　1940 年 8 月 1 日,驻沪英军开始撤走,所遗东区及中区防务,均交美国海军陆战队及万国商团美国队接管。日本侵略者对此非常不满,因此日美两国水兵经常在租界上发生冲突,巡捕只能望而避之。

9 月 3 日为欧战发生后的一周年纪念,租界当局自我解嘲地宣称:"一年来租界中立地位仍能保持,可以告慰市民。"事实上,从 1940 年下半年起,租界当局事事仰承日本侵略者的鼻息,与南京伪组织的处境没有多大差别。例如:7 月 5 日,在日本侵略者的压力下,工部局总办费利浦将国民党市政府寄存租界的土地局卷宗三百十二箱全部移交伪市府土地局;8 月 1 日,法租界公董局同意日方派员在马斯南路(今思南路)邮局检查邮件;11 月 8 日,法租界当局片面撕毁 1931 年与国民党政府签定的"租界法院协定",将第二特区法院移交伪方接收;12 月 23 日,日本宪兵由法籍巡捕带路,将国民党市府寄存于蒲石路(今长乐路)的田地房屋捐册底册全部运走。这些事件,哪一件是"中立者"所当同意的呢?租界当局所吹嘘的"中立",与南京伪组织所吹嘘的"独立自主",不是同样可笑的吗?

美国总统下令撤退美侨及在华海军　　当然,西方三国并不甘心放弃上海租界,还在作最后的挣扎,企图苟延残喘。7月下旬,工部局总董凯自威致函有关各国驻沪总领事,请求他们帮助解决租界所面临的严重危机。那些洋大人们平日神气十足,此时却都胆小如鼠,议了几天也议不出一个所以然来。8月1日,他们才作出了十分可笑的决定:授权工部局加强与驻沪各国防军的联系,制止恐怖行为,维持租界治安。其实,这种授权又有什么必要?当时并不存在工部局与驻沪各国防军联系不够的问题,如果各国防军比日本侵略者的枪杆子更硬些,租界就不会有危机,既然硬不起来,光说废话是不能解决问题的。

英军撤走后,租界上剩下来的就只有少得可怜而又孤掌难鸣的美国防军。事情摆得很清楚,租界被日军侵占只是时间问题。当美军接管英军防区时,美国驻沪总领事即向美侨发出劝告,叫他们及时遣送妇孺回国,否则将来航运受阻,撤退妇孺就有困难。劝告发出后,美国妇孺及年老侨民纷纷乘轮离沪。到了这个时候,租界上还有不少人就像把头埋在沙漠里的鸵鸟一样,认为日本侵略者一定不敢跟既富且强的美国开战,上海公共租界全部将由美军接管,市民仍可安居乐业。此论一出,租界人口并未因危机严重而有所减少,特别是美军防区被称为"安全区",房屋顶费直线上升,出现了前所未有的最高记录。

10月上旬,国际局势日趋紧张,美国总统罗斯福下令撤退在华海军和美国侨民。上海人亲眼看见,长江一带的美国军舰源源集中到上海来,随后又从上海港开走,美国驻沪海军陆战队也都偃旗息鼓地开出去了。

英国派专轮来沪撤侨　　11月30日,日本首相东条气势汹汹地发表了敌视英美的谈话,英国政府加派战舰增援新加坡、香港等远东殖民地,并派专轮来沪加速撤侨。上海英美籍商人纷纷结束业务,大量抛售房地产和大型建筑物。美国银行通告各存户,对存款不再负安全之责。到了这时候;"日美不致开战论"、"上海租界安全论",应当可以休矣,但是那些资产阶级幻想家们还另有见解,硬说美国态度转趋强硬,是对日本好战者的当头一棒,警告他们头脑不要发热,并举 11 月 15 日日本加派来栖为赴美特使一事,作为日本外强中干的例证。另有一些幻想家,认为美国可能卷入战争漩涡,但又断言上海租界具有一百年的悠久历史,日本一国岂能独占,其最后命运,将留待战后解决,过渡时期,将由瑞士、瑞典等中立国家代管。以上两种论调,经常在"洋旗报"上反映出来。另外有些人却又认为,上海危机不是军事性的而是经济性的,这种论调反映在投机市场上,12 月上旬,黄金黑市价每十两由二万二千余元锐落到一万四千元,大米黑市价每石也回落到一百七十元(以上行情,均以"法币"计算。"法币"是国民党中央、中国、交通、农民四银行所发行的纸币),这可证明投机商人对上海局势的估计,与上述那些幻想家大致相同。

外国轮船停止来沪 但是,时局的发展完全不是幻想家们所幻想的那样。12 月 1 日,刚开到上海的荷兰轮船"芝沙辣克"号突然接到香港急电,来不及在上海卸货,便又急匆匆启椗出港,开回香港。驻沪英商怡和、太古两轮船公司停止发售客票,限于 12 月 3 日以前一律开回香港,其在港沪途中的客货各轮,一律掉头折回香港。从 12 月 3 日起,所有往来于沪港之间的英、美、荷等国轮船,均不开来上海。这时,上海和外洋的交通,就只有不定期航行的一艘法国轮船和悬挂巴拿马国旗的"马拉松"号、"雷梦那"号、"鲍亚卡"号三艘轮船来维持,而这些都是不搭客的货轮。

米粮平粜 上海租界经济性的危机,自国民党军队从上海撤退之日起,即已露其端倪,以后步步趋于深化。日本侵略者首先禁止米粮进入租界,其目的不仅在于自己要征收军米,更重要的是想造成租界混乱,以便乘虚而入。由于内地粮食来源断绝,工部局总董凯自威商请华籍董事何德奎、虞洽卿等出面,邀集所谓"绅商巨子"、"社会闻人"组织"平粜委员会",从越南采购米粮入口,专供平粜之用,所需经费由上海市商会所属各行业分摊代垫,采购手续由工部局负责。上海人称呼这种米为"洋米"或"西贡米"。

自从平粜米发售以来，上海各报经常报道"米粮存底甚丰，民食可保无虞"，用以稳定人心。当然，租界当局和"闻人"、"巨子"之流不会关心上海市民的生活问题，他们害怕粮荒引起暴动，从而动摇他们的统治地位和阶级利益。其中还有人利用平粜米免税进口，假公济私，夹带私货，从而囤积居奇。丑事流传，人言啧啧，这在当时已成为半公开之秘密了。

当时除进口洋米外，上海附近各县还有不少的米贩子，冒险越过日军的封锁线，偷运米粮进入租界，上海人称呼这种米为"国产米"或"大米"。这一时期，租界上各米店经常出售两种不同的米，售价也有区别，大米价超过洋米价约50%。

粮食问题是租界上的首要问题。在开始发售平粜米的时候，米价定得不高，也不限制购买数量。随着通货不断贬值和米粮来源日益困难，米价逐步提高，而且限制每人购米不得超过五斗，于是各米店门前出现了排队买米的"一条龙"。

自从有了平粜米以来，除了办理平粜的"大慈善家"昧着良心大发其"国难财"而外，米店老板也都"生财有道"了，他们偷偷地把碎米和劣质米掺入洋米内，把换出来的好米用黑市价售出。由于米粮紧张，租界巡捕利用职权，堂而皇之地走进店堂里去，违法购买平粜米，却悄悄地从后门走出来，这种现象越来越多。至于那些钻在排成"一条龙"人群中的"黄牛"（指欺诈、套购牟利的投机者），捷足先得，套购牟利的事，就更无足为奇了。

由于米粮存底日益枯竭，租界当局严禁平粜米运出租界，各米店必须依照限价出清存米；同时派出大批捕探捕捉违反限价和囤积居奇的奸商。但这些措施都不能从根本上解决问题，反而加深了上海市民的紧张情绪，排队购米的现象有加无已。

另一方面，上海租界除政治性的绑架案而外，经济性的绑架案也因生活高涨而日益加多。此外，"剥猪猡"、"剥田鸡"、"抛顶宫"（剥猪猡是指劫夺大人身上穿的衣服。剥田鸡是指劫夺小孩身上穿的衣服。抛顶宫是指劫夺行人的帽子）和其他小偷小窃事件，随时随地都有发生。

以上情况说明：上海这个帝国主义冒险家所赞赏的"乐园"，中国地主资产阶级所称道的"天堂"，已经危机重重，面临末日，无法在四面炮火中维持其"孤岛"的地位了。

太平洋战争爆发后的上海

日军开入公共租界　　1941年12月8日4时许，上海人在床上听得轰轰隆隆的大炮声，接着又有掠空而过的飞机轧轧之声，大家以为日军又在举行拂晓演习。天蒙蒙亮的时候，大炮声和飞机声响得更震耳了，于

日本海军陆战队进入上海租界

是大家匆忙地爬起来，互相打听发生了什么事情。隔不多时，市民从街头上、从电话中得知日本已向英美两国宣战，停泊浦江的英国炮舰"彼得烈尔"号已被击沉，美国炮舰"威克"号升起白旗投降。太平洋战争爆发了。

　　这是一个细雨濛濛的早晨。上午10时左右，日军从苏州河各桥梁分

路开入公共租界，东自外滩外白渡桥起，西迄沪西越界筑路地段，每一道街口都有日军放哨。这些日本兵有的戴眼镜，有的蓄着短短的胡子，有的在抽香烟，一律都是横枪而立，不声不响，就像木雕泥塑的人儿一样。

街头上出现了"上海方面大日本陆海军最高指挥官"的中文布告。布告上说明日军进驻公共租界乃是为了"确保租界治安"。从语气上看来，似乎日军进驻租界乃是"保护租界"而不是接收租界，而且仅以公共租界为限，法租界不在其内。

在日军进入公共租界的时候，法租界当局急忙派出大批越籍、华籍巡捕沿爱多亚路（爱多亚路为公共租界、法租界的交界马路，今改延安路）南端布置沙包、铁刺等路障，并把法租界与南市毗连的铁门全部关闭起来。法商电车和公共汽车也一律停驶，因而法租界与界外交通完全断绝。以上措施，当然不是针对日军施行警戒，而是协助日军维持租界治安，阻止中国人由公共租界或南市涌入法租界来，但是，站在路北的日军岗哨一个个怒目而视，频频摇手示意，法租界当局这才知道他们没有"协力"好，反而惹"皇军"生了气，于是忙不迭撤除一切障碍物，开放交通。说时迟，那时快，法租界刚告开放，路北行人和各色车辆就像万马奔腾一样，穿过马路进入法租界，大有争先恐后之势。这是因为，法租界未被日军占领，大家认为比较安全的缘故。

太平洋战争爆发后日军进入租界

这是日军开入公共租界后的第一个镜头。当天正午 12 时，日本哨兵忽又全部撤退，两租界公共车辆恢复行驶，但行车不相衔接，各自在爱多亚路分界处掉头。

值得注意的是：日军开入公共租界之前一瞬，日本驻沪总领事陪同日本海陆军代表各一人往见公共租界工部局总董李德尔，嘱其"协助皇军，照常工作"。立谈片刻，他们便匆匆作别，对于日方是否将接收租界行政或变更租界现状,并无一语道及。因此,那些洋人们就像身入梦境一样,迷离惝恍,身不由己,只得对外宣称:"要求日方协力行政、治安,并遵照日方意旨,执行原有职务。"在日本军事占领下,公共租界工部局依然存在,里面办事的英美籍职员原封不动,不但如此,日方还通知租界上一切司法、银行、报馆、学校、工厂以及其他机构均须维持现状,照常工作。日本侵略者究竟玩的是什么把戏,大家相顾茫然。

是日上午,苏州河各桥梁曾一度封锁,仅日军可以通过,中午日军撤除岗哨时,才又重行开放。值得注意的是,日军禁止虹口区日本侨民过桥,如有必要,须向军部领取特许证,西方侨民也照此办理,只有中国人不受限制。这又是使人莫测高深的事情。

日军占领上海公共租界

更奇怪的是,日军控制公共租界后,立即下令严禁"七十六号"特务擅自在租界上杀人捕人,"违者重惩不贷"。汪记伪组织也下了一道通缉流氓特务吴四宝的命令,指为"肆行不法,作恶多端。"以前"七十六号"特务在租界上杀人绑票,不正是受到日本侵略者的鼓励和嘉奖的吗?那个杀人魔王吴四宝,不正是因为"肆行不法,作恶多端"而受到日汪的重视和提拔的吗?日本侵略者如此翻云覆雨,变化多端,就更加使人百思而不得其解了。

日本政府突然向英美宣战,日军公开进驻公共租界,南京伪组织立即派出大批接收人员,打算分途进行接收。他们认为日本人对于租界上的海关、银行、工厂和英美人所办的大企业等这些财经部门不容他人染指,至于文化、司法等冷门机关,在他们看来应当可以由"国民政府"接收了,因此"司法行政部长"李圣五派人接收第一特区各法院,"宣传部长"林柏生派人接收华人所办的各"洋旗报'。

当"司法部"接收人员到北浙江路接收第一特区地方法院时,大门口已有日本兵站岗。他们拿出部令来交涉,日本兵接在手里睃了一眼,并不答话,就把那张部令撕得粉碎,扔在地下。他们还想再讲两句话,只见日本兵目露凶光,挥手叫他们滚开。他们做梦也不曾想到,日本侵略者要把上海法院改造为国际性的"上海特区临时法庭",这个"法庭"仅与工部局合作,既要脱离重庆政府的司法系统,又要与南京伪组织绝缘。日本侵略者还拟留任该院原院长郭云观及书记官长查良鉴,因两人不知去向,特命工部局警务处出了一张布告,悬赏一千元找寻他们的下落,但此后并未找到。

关于各"洋旗报"的问题,伪方接收人员实际上连边也没沾上。原来在日军开进租界的那天,各"洋旗报"已将当天报纸印好,因局势突然大变,只得停止发行。报馆的编辑部人员照例上午不到馆,到馆的经理部人员正在为报馆前途提心吊胆之际,一个自称是"日本支那派遣军上海陆军报道部"派来的班长酒井中尉,奉"部长"秋山中佐之命,吩咐各报照常出版,一切人员照常工作,洋旗不必卸下,所用外国公司的名义也不必有所变更。

酒井去后约一小时,有一队全副武装的日本海军陆战队人马,身穿黑色呢制服,开到被称为上海"文化街"的山东路、汉口路、河南路、福州路一带,施行军事封锁,并将各报一律封闭。但是当天下午,文化街忽又解除了封锁,各报一律启封。日本侵略者在文化街上又是这样变化莫测,究竟为的什么,当时谁也搞不清楚。

事后才知道,这件事情牵涉到日本陆海军的内部矛盾。早在中日事变前,中国人盛传日本国内有一种"陆主海从"的传统,陆军对于军国大事独断独行,海军只能追随其后。此次发动太平洋战争,海战应以海军为主,于是海军将士提出要与陆军分庭抗礼,不甘屈居其后。上海为沿海之区,关于上海租界的一切措施,海军坚持应由他们作主。陆海军在接收问题上互相争吵,形成了尖锐的对立。对于"洋旗报",陆军主张暂维原状,海军则一定要以武力接收。事情闹到这一步,于是日方外交人员出面来做和事佬,邀请陆海军务派代表一人举行紧急会议,协商统一步骤、分权管理的问题。陆军代表在会议上作了让步,同意划分陆海军在上海公共租界内的警备区,沿黄浦江一线由外滩至虞洽卿路为海军警备区,在此区

日本在上海虹口建立的日本海军特别陆战队司令部

域内,海军有权处理一切,其他地区则均为陆军警备区。关于"洋旗报",陆军坚持已经派员作了处理,不得再有变更,以免影响陆军威信。最后采取折衷办法,"洋旗报"暂由陆军管理,一年后移交海军管理。这便是日本海军从文化街撤退和各报启封的原因。

但是,日本海军并未完全不过问"洋旗报"的事情。日本驻沪海军也有一个报道部,"部长"为海军大佐镰田。1942年1月11日,镰田派了一个名叫吴泽民的"嘱托"(嘱托等于顾问),在虹口三幸村料理店招待各报记者,这个小汉奸发表了一大套莫知所云的怪议论,先拿黄种人和白种人作了一番比较,说什么"我们海军方面的意见,白种人可以被征服,而黄种人则是绝对不可以被征服的。白种人外强中干,黄种人则外柔内刚。黄种人最反对战争,但是到了不得不拿起武器应战的时候,则愈战愈勇,决不中途屈服"。接下去谈到中日问题。他说:"中日之战,乃是由于双方不良分子包围双方政府所演成;战而不决,必至两败俱伤;同为黄种人,何苦相煎相迫。现在日方颇愿以公正的态度,找公正的中国人出面来讲话。我是福建人,生于友邦,长于友邦,对中国事不甚了解。但有一件事是极其了解的,这便是:中日永久之和平,非由蒋委员长主持不可。希望渝方

有人出面来同我们握手。我们海军已从两件事表示出初步的诚意：一、租
界上的重庆分子，本可一网打尽，但我们没有动他们的一根毫毛；二、申、
新两报（申、新两报，即《申报》《新闻报》）复刊后，仍然维持其原有的抗日
立场，听说两报暗中仍接受渝方津贴，并且受到渝方传令嘉奖，我海军对
此采取了不过问的态度。"

听了这个小汉奸的讲话，很难看出他是中国人还是日本人，但有一点
是容易看出来的，他是日本侵略者方面一个不折不扣的播音机。他发表
了许多怪议论还不够，最后有两句更怪的话。他说："老实说，像梁鸿志之
流，岂足以为中日谈判和平的对象！像吴四宝那个家伙，莫说中国人恨之
入骨，日本人也欲得之而甘心。"

这个小汉奸所说的梁鸿志并非真指梁鸿志，显而易见，是指梁鸿志的
继承者汪精卫。

谈到末了，这个"播音机"落入本题，大谈其中日"和平"之道。他说：
"中日问题一切都好商量，只有东北问题比较难办，那就是中国不肯割让
东北，而日本则认东北为生命线而不肯放弃其要求。但这也不难别谋解
决之方。日本可将缅甸或越南让给中国以补偿中国的损失。事实上，也
只有日本人才能守住东北以防止苏联的东侵势力；日本人为中国看守门
户，在中国方面也并非一件吃亏的事情。"

谈到这里，日本侵略者的狐狸尾巴终于露出来了。原来，这是他们对
蒋介石诱降的又一次试探。他们接受了希特勒第四次调停中日问题的意
见，打算以让出越南为中国割让东北的交换条件，就借这个小汉奸之口，
把这个意见传播出来。关于银行、钱庄和金融事业的问题，太平洋战争爆
发之日，上海各公私银行一律停业。当天，日本宪兵本部大队长国口大佐
在国际饭店召见各银行负责人唐寿民、吴震修、周作民、林康侯、朱博泉、
袁履登、吴蕴斋等。谈话刚开始，国口便破口大骂他们倚仗租界的恶势
力，支持重庆政府的法币，不用南京伪组织的"中储券"，脸色非常难看。
随后他表示要对各银行尽保护之责，劝告他们提前复业。他又平下脸色
来说："以前的一切误会，都由双方隔膜而起。以后经常见面，就没有什么
不能谅解的问题了。"12月10日，除中央、中国、交通、农民四行外，其余
各银行、钱庄一律复业。

日德同床异梦的微妙关系　　由于日军开入公共租界而未开入法租界，当时有人认为，法国维希政府已向德国投降，日法两国不存在战争状态，日军没有理由占领法租界。这是书呆子的一种天真看法。实际上这个问题牵涉到日德两个法西斯国家的微妙关系，其中另有内幕。

从表面看来，在国际舞台上掀起一股反共逆流，在军事上东西互相呼应，这是德日两国互相勾结的基础。但是，这两个国家一开始便各怀鬼胎，步调并不一致。希特勒反对日本把日军主力用在中国战场上，他四次调停中日战争，再三劝告日本迅速结束

日本战车进入上海租界，完成戒备。

这场战争，移师进攻苏联。1941年6月，他背信弃义地进攻苏联，遭到红军的坚强抵抗，更感到有催促日本履行轴心条约，出兵夹攻苏联的必要。10月间，他派特使魏特曼到东京，商讨结束中日战争和移师攻苏的问题。这是希特勒对中日战争所作的第五次调停。

但是，日本侵略者为了自身利益，不肯按照希特勒的指挥办事。日军于1938年8月、1939年7月两次在中苏边境张鼓峰、诺蒙坎等地向远东红军进行试探性的挑衅，均被红军击退。他们感到进攻苏联在军事上没有制胜的把握，即使能够制胜，日本也不过是希特勒手下的一个小伙计，而西伯利亚一片荒凉，得之如获石田。相反，日本如不北进而南进，利用西方国家被希特勒打得遍体鳞伤的时候，乘虚夺取它们在南太平洋的殖民地，不会遇到坚强的抵抗，而那边的资源非常丰富，久为日本侵略者所垂涎。日本侵略者多年来提倡"亚洲门罗主义"，排斥西方势力，要把亚洲

变成日本的独占舞台,南进政策也正符合这个目的。他们又认为:德国在西方建立"欧洲新秩序",日本在东方建立"亚洲新秩序',彼此平分天下,这是德日两国分工合作的基础,德国不能加以干涉。

希特勒特使魏特曼在上海的幕后活动　　魏特曼在东京无法完成使命,便由东京到北平观察形势。太平洋战争爆发前夕,他又由北平到上海。此时驻沪日军正在讨论进占租界和在上海建立最高机关的问题。日军当初打算把法租界同时接收过来,成立"上海武官府",管理民财各政,统率陆海空军,其职权和设在殖民地的总督相同。魏特曼知道这个消息,马上向日军建议,日军进入租界后必须以安定人心、维持生产为急务,因此应尽可能使上海保持"国际都市"的面貌,对法租界更不必有所更张。他说这是转达希特勒的意见,希望日方郑重考虑。此时正是希特勒纵横欧陆不可一世的时候,日本侵略者对于希特勒的意见,也自不能不予以重视。日本侵略者对于它所侵略的对象,往往利用傀儡组织,施行间接统治。对于上海租界,利用"国际都市"的外貌,以行其军事占领之实,也正符合他们的当前利益。至于战后分赃,中国问题当然会由它作主。因此,经过一番考虑后,驻沪日军终于接受了希特勒的使上海保持"国际都市"之面貌的建议。

日军进入公共租界的一天,魏特曼由百老汇大厦搬到国际饭店。他看到日军步哨林立,租界人心惶惶,便又进一步建议撤退步哨,开放交通,恢复生产,一切保持日军占领前的状态,才能符合"国际都市"的条件。当然,恢复生产,使上海原有的工业设备和劳动力为日本的战时经济服务,对日本侵略者十分有利。日本侵略者更进一步想到,既要保持"国际都市"的面貌,就不妨索性大变戏法,用日本所标榜的"王道精神"来麻醉上海市民。于是他们决定暂时不许日本人由虹口进入租界,免得他们以战胜者自居,引起上海市民的反感。以前他们利用"七十六号"特务破坏租界秩序,捕杀抗日分子,此时他们自己成了租界上的主人,就要反过来维持租界秩序。对于抗日分子,日本宪兵可以直接采取行动,不必假手于人。他们又鉴于"七十六号"作恶多端,人人切齿,禁止他们在租界上继续活动,不但可以收买人心,而且可以把这批匪徒过去的所作所为都写在南京伪组织的账上,正是一举两得之计。

上海昙花一现的"武官府"　　日本侵略者原来拟议中的"上海武官府",不久在虹口区成立了。首任"武官长"是陆军方面的永津中将。它不作为统治上海的公开机构,但在实际上却拥有控制一切的最高权力。"武官府"成立后,日本海军方面认为与"陆海军平分秋色"的协议不符,于是也成立了一个"海军武官府",并要求陆军在他们所成立的"武官府"之上冠以"陆军"两字。这场官司一直打到东京,此时日本政府正提出"对华政策一元化"的方针,告诫侵华陆海军必须服从东京的领导,不得另搞一套。同时,日本内阁新成立了一个变相的"理藩部",其名为"兴亚院",设总裁一人,由首相兼任之。该院在中国占领区内分设华北、华中、华南三个"联络部",每部设长官、次官各一人,均由军人担任。"华中联络部"设于上海,事实上等于"华中大总督"。日本政府命令驻沪陆海军取消"武官府",一切事权移交兴亚院"华中联络部"办理。

日本政府派来的首任"华中联络部长官"为海军方面的津田中将,这又引起了陆军方面的极大不满,他们不肯撤消"武官府",遇事采取直接行动,而置"华中联络部"于不顾。但是,陆军内部又有矛盾,上海有个"防务司令部",是指挥陆军的最高机关,哪里容得"武官府"高踞其上,因此"武官府"被迫改名为"上海陆军部",并改由新晋级少将的川本为部长。这样一来,这个部就下降为收集情报与收买"重庆分子"的特务机关,与成立初期的原意大不相同了。

上海日军种种做法,事前未向上级请示。12月8日下午,南京日军总部参谋长后宫中将来沪视察,看见公共租界工部局的屋顶上并未升起太阳旗,不禁勃然大怒,要砍下几个脑袋来示儆。经上海陆军人员向他说明内幕,他才转怒为喜,点首称善。日军进驻公共租界后,对中国人所办的各行各业,任其照常营业,对各项公用事业,更不许其中断。而对洋商所办的工矿企业,则立即派人"保管",所悬英、美国旗要卸下来,代之以太阳旗。对汇丰、麦加利、大通、有利等英美银行,虽仍许其营业,但营业时间限制每日两小时。华商银行、钱庄营业时间仍旧,中央、交通两行不久也都恢复营业。先施、永安、新新、大新四大百货公司和大世界游乐场、各电影院、戏院、舞厅、书场以及茶楼酒肆一律照常营业。总之,公共租界的一切景象,都与"一·二八"以前没有多大区别,只是市场常有波动,各米

太平洋战争爆发后,日军占领了欧美列强在上海的产业。图为日军占领上海英国麦加银行。

店、煤球店都排成了一字长蛇阵,各银行挤满了提取存款的人群。

工部局禁止市民储存一个月以上的米煤 日本侵略者藏起军刀,堆上笑脸,要把上海滩造成东方的"王道乐土",上海人都知道这是一张画皮。大家估计这种日子不会太长,多则一年半载,少则三五个月,他们就会剥去画皮露出青面獠牙的原形来。但是,谁也没有猜中,他们的这张画皮仅仅过了一天,就已自行剥开。12 月 9 日,工部局仍由总办费利浦出面出有布告,不许市民储存一个月以上消耗量的米煤,逾限必须自行呈报,违者一经查明,当予以没收的处分。上海人看了这张布告,认为灾难临头,无不申申而詈。吃饭是人们生活中的第一件大事,中国人向有储粮备荒的习惯,除了城市贫民食无宿粮外,一般中人之家,无不备有三五月之粮,特别在战火中的上海租界,米粮来源断绝,存粮更为重要。因此,人人视布告为具文,谁也不去登记,日本侵略者也只能不了了之。

宣布取缔"恐怖"事件的八条办法 12 月 10 日,工部局又出了一张更加骇人听闻的布告,规定取缔政治恐怖事件的八条办法:一、倘有恐怖事件发生,即将该地区住户代表拘送日本宪兵队,从严惩处;二、对于发生政治暗杀案之地段,予以无定期的封锁,完全禁止出入;三、在上述地段周围广大地区内,同样禁止通行;四、倘因居民合作捕获犯人,则对上述限制及严厉办法,得全部或一部解除之;五、倘公共场所、军事机关、粮食或日用品堆栈有人放火或捣毁时,同样施行以上处分;六、凡暗杀犯或放火犯向本局自首者,得宣告无罪或缓刑,七、凡知情不报者,予以最严厉之处分;八、凡供给情报因而拘获犯人者,给以(日本)军票二百元以上、一万元以下之奖金。同时,法租界由法国驻沪总领事马杰礼亲自具名,照布告原文原封不动地抄下来在法租界公布,只有一点不同,那就是奖金为法币八百元至四万元,这是因为法租界当局没有日本军用票,但其折合率与日本军用票二百元至一万元完全相等。

以上八条办法,是向德国"卐"字匪徒学的。当时,德军已侵占捷克、波兰及法国广大领土,在敌军的铁骑下,各国爱国人士崛起反抗,使德军防不胜防,于是德国占领当局采取"人质"的办法,强迫手无寸铁的和平居民把破坏德军行动的爱国人士清查出来,献交德军处理,否则将在出事地点进行集体屠杀,以资报复。上海方面,自日军进占公共租界以来,国民党军统仍留下不少人潜伏在两租界内,执行所谓"锄奸"任务,因此随时随地都有发生"恐怖事件"的可能。此种灭绝人性的人质办法,只有自称为"拯救欧洲文明"的德国法西斯匪徒才能想得出做得到,也只有自称为"东方王道精神"的日本军国主义者才会仿照而行。这个办法出笼后,上海市民人人自危,两租界立即笼罩在一片白色恐怖之中。

当时法租界未被接收,有人称之为"天堂中最后的一片乐土"。其实,法国本土已被德国侵略者占领,上海法租界好比海外孤儿,法租界当局对日本侵略者也只有更加"协力",才能保持残局,凡公共租界工部局或日本宪兵队所出的布告,同样可以见之于法租界,只是尾巴上换了法国人签名而已。

日军进入公共租界只有两天,便做了两件坏事情,但他们还嫌不够。自12月11日起,各银行限制提存,每户每星期提取存款不得超过五百元。此项措施引起了银根异常紧缩,百业因之凋敝。对于敌性侨商,限制尤为严格,不论大班或公杂人员,每人每日仅许提存二十元。对于工部局洋员,凡因故离职或辞职者均不再以洋员递补。过去洋员月薪最高,且按生活指数不断加薪,此时则宣布逐步减薪,因此洋员都预感末日将至,但亦束手无策。

日本侵略者一面叫工部局这个傀儡机构代它执行一切任务,一面自己也出面来发号施令。12月16日,日军司令部张贴布告,重申取缔恐怖事件办法三条:(一)如有政治恐怖事件发生,日军得将该处交通遮断,(二)日本宪兵得拘禁附近住户代表处以重罚;(三)接近案件发生地点,得施以长期封锁,直至破案之日而止。

日军进驻公共租界时,一度禁止虹口日侨进入租界。不到几天,这项禁令取消了,接着就有大批日侨越过苏州河桥到南京路、福州路一带,高视阔步,吃喝玩乐。还有不少日本浪人伪装便衣侦探,借口搜查抗日分子或违禁物品,深夜破门而入,在居民家中任意翻箱倒箧,攫取财物而去。至此,日本侵略者假仁假义的一切伪装,都被抛入东洋大海去了。

在太平洋地区称霸一时的日本海军。日本先后侵占了马来亚、新加坡、越南、缅甸、印尼及太平洋的很多岛屿。

日首相东条发表直接向蒋诱降的谈话　　日本侵略者发动太平洋战争后,12月9日在南中国海击沉了英国远东舰队的旗舰"威尔斯亲王"号,12日占领九龙,又在马来亚登陆;19日日本舰队驶入马尼拉湾,占领关岛,在婆罗洲登陆,占领槟榔屿;23日占领威克岛,在仁牙因湾登陆;25日占领香港,1942年2月15日占领新加坡,3月8日占领仰光。日本侵略者在很短时间获得了一连串的军事胜利,不免得意忘形,但是他们的陆军主力仍然被牵制在中国战场上,陷于战略相持的苦境。他们迫切希望从这种胶着状态中解脱出来,腾出双手在东南亚和南太平洋抢夺更多的东西。

12月13日,日军对长沙发动了第三次争夺战。随后中日双方发表了互相歧异的战报,一方说已经攻下长沙，一方说长沙仍在坚守之中。1942 年元旦，日方邀请德意等国驻沪记者乘飞机到长沙上空视察，证明日军确实占领长沙。1 月 11 日，重庆政府发表中外记者视察团在长沙停留四昼夜的报道，证明长沙并未陷落。1 月 15 日，南京日军总部公布："长沙战役已告结束，日军任务终了后于 4 日退出长沙。"日军退后，国民党第九战区司令长官薛岳吹嘘"湘北大捷"，长沙上演"薛仁贵征东"一剧以表其功。其实，"湘北大捷"是国民党的虚伪宣传，"战长沙"一剧也是日本侵略者对蒋迫降、诱降的又一次表演。

与此同时，日伪双方虽仍高唱"共存共荣"、"同甘共苦"，但日军把持上海租界的一切事权，不许伪组织过问，汪精卫正如哑巴吃黄连，有说不出来的苦。12 月 25 日日军占领香港，汪精卫令各地方伪组织开会庆祝"友军胜利"，同时在上海、南京两地举行"大东亚解放大会"，极尽阿谀奉承之能事。29 日是汪精卫发表艳电三周年，他又下令举行"庆祝友邦胜利大会"，并遵照日方的指示，通电呼吁实现"中日全面和平"。

1942 年 1 月 23 日，日本首相东条发表谈话说："重庆如能改变其意态，则日方极愿接受其任何和平建议。日本

日本的"桐工作"指示。日本把拉拢重庆的工作看得很重要，制订事变处置机密指示。

虽与重庆交战五年，但仍视中国为姊妹国而未改变其与重庆言和之心情。"这些话完全否定了 1938 年 1 月 16 日日本政府"不以国民政府（蒋介石）为和谈之对象"的宣言。

继东条发言之后，上海日本陆海军报道部分别发表对蒋诱降的论调，如谓："中国乃日本目前之敌，但非永久之敌，且为将来之友"，"日本的真正敌人乃是苏联而非中国"，等等。

汪精卫在日本驻南京大使重光葵（1941 年 12 月 19 日，重光葵调任驻南京"大使"）的指使下，也不断发出"宁渝合作"、"中日全面和平"的呼吁。

如此国际都市

日本侵略者实施疏散人口　　日军进驻上海公共租界时,上海市区人口约在三百万以上。日本侵略者认为租界人口过度集中,市民的生活物资供应给他们带来了很大的困难,因此想把非生产人口疏散出去,留下产业工人为他们的战时经济服务。

　　1941年12月28日,日本宪兵队发表公告:"凡人民欲由上海警戒线外迁居界内者,须得本队许可,由界内迁出者亦同。但回籍人民不受此项限制。"这就是限制外来人口进入市区的初步措施。30日,日本侵略者指使两租界当局发表劝告人民回乡的布告。接着便有大批专办回乡手续的"旅行社"出现。但是,上海市民大多是无乡可回的,即使是有乡可回的客籍市民,则因家乡受到日本侵略军的破坏,田庐化为废墟,亲戚故旧惨遭杀戮,因此也都成了无家可归的海上飘零客了。于是日本侵略者恶狠狠地采取恐怖政策,压迫市民回乡。

市中心区的两次大封锁　　12月下旬,上海市民所提心吊胆的封锁事件,在租界最繁华的南京路、浙江路一带出现,但报纸并未公布其事。封锁理由是说这个地区经常发生炸弹伤人案,显有"抗日分子"暗中捣乱。他们并未举出任何一个事例,大家知道这是一种虚构的借口。封锁地区周围布置了沙包、铁刺等障碍物,断绝了交通,只留下几道缺

"孤岛"时期市民与小贩在封锁线上买卖交易

口由日本宪兵把守。封锁线内市民所需柴米菜蔬和日用品等等,都被断绝供应。幸而日本宪兵不久就撤退了,改由巡捕接替,而巡捕是可以"讲斤头"的,只要给以一定的好处,不但货畅其流,人也可以偷出偷进。上海巡捕当街收买路钱的风气自此而始。

首次见报的第二次封锁事件是在闸北区、杨树浦临青路的一段。封锁理由却不是当地发生了什么政治恐怖案件,而是为了编组保甲,以便稽查人口。封锁日期自 1942 年 1 月 4 日起,至 27 日止。这一事件表明,日本侵略者可以假借任何理由,随时随地进行封锁。

1 月 14 日,市中心区南京路、英华街(今京华路)一段突然又被封锁,先施、永安、新新、大新四大公司均被查封。据说这些大公司在日军进驻租界前,曾注册为美商,挂过美国旗,因此受到查封。事实上,日本侵略者明知它们不是真美商,挂旗也不过为了保护产业,但他们认假作真,一概视为敌产而予以查封。过了三天,才又予以启封。

日军开进租界时,侈谈尊重私有财产,一再劝告市民安居乐业。曾几何时,他们就经常在最热闹的市中心区进行可怕的封锁,对中国人的产业进行明知故昧的查封。日本侵略者这个反面教员教育了上海市民,在敌人的刀锋下,任何保证都是空谈。日本侵略者原拟将上海粉饰为"国际都市",利用工部局进行间接统制,来达到它掠夺物资财富、利用中国原有生产工具和廉价劳动力为他们的战时经济服务,只因他们在南太平洋打了几次胜仗,就自以为无敌于天下,气焰不可一世,很快就露出了本来面目,而上海的所谓国际化也就像泡沫般幻灭了。

伪组织接收第一特区法院　　南京伪组织交涉收回上海公共租界无效,所派接收人员又都碰壁而归,他们便向南京日军总部提出要求,希望统一租界上的法权和教育制度,以维持他们这个政府的起码的威信。日军总部对于伪组织不能不稍假词色,而驻沪日本陆军对于司法、教育两个部门也较少兴趣,因此表示同意。但日本海军坚持上海必须保持"国际都市"的面貌,不能让伪组织插手。直至东京大本营提出"对华政策一元化"的方针,说服了海军,2 月 2 日,南京伪组织新任"司法行政部长"赵毓松才派人接收了设在上海公共租界内的江苏高二分院、最高法院分庭和上海第一特区地方分院。

在此以前，江苏高等法院第二分院院长徐继震被日本宪兵找到，叫他回院照常供职。徐表示他在司法界任职已有十五年（徐继震于 1926 年参加上海会审公廨，国民党政府在上海公共租界成立江苏高二分院后，他一直连任该院院长），屡次请求退休，现在局势既有变化，应该可以让他退休了。日方向他解释说："你不愿做南京政府官吏，我们可以谅解，现在上海各级法院仅与工部局合作，不受南京政府管辖，你以超然之身，出而维持现状，这又有什么不可以呢?"随后就由工部局出具委托书一纸，委托他"继续执行业务"，这位"超然派"便于 12 月 23 日回院恢复办公。1942 年 2 月 2 日该院被南京司法部接收后，赵毓松对他补发了一纸任命状，于是这位"超然派"又只得继续供职而搭上了这条黑船。

日本侵略者查封上海五大书店　　关于统一教育制度的问题，由于设在上海租界内的各级学校，均定于 1942 年 1 月 5 日提前放寒假，日本侵略者便决定先从检查教材入手。1941 年 12 月 26 日，上海商务、中华、世界、开明、大东五大书店均被查封。日方派出大批日籍检查员分往各书店检查各级学校教科书及一切存书，并规定取缔书刊条例四项：一、凡宣传共产主义或有抗日言论或足以扰乱治安之刊物，一律列为禁书，不许发售；二、凡写有"东三省"字样的历史、地理教科书及图表，即使在"九·一八"之前印行，也都在禁书之列；三、凡被列入禁书而书店认为不应列入者，可由书店申述理由，于 10 日内申请复审；四、几经检查员检查认为无问题，而日后发现有问题者，仍应由书店及原著作人负责。

在日籍检查员执行任务以前，各书店当事人已先行一步自己作了检查，将所有进步书刊均收藏起来。

当时，南京伪教育部正在根据敌伪需要，重新编印各级学校的教科书。对于原来的自然科学教材，照旧应用，对于社会科学教材，特别是历史、地理、国文等门，则大加变更。中等以上学校，以日文代替英文为必修科。教材根据中日两国"同文同种、共存共荣"的原则，灌输奴化思想，特别是日本侵略者所提倡的"建设东亚新秩序"，汪精卫所标榜的"和平、反共、建国"三大纲领，均写进新教材。在所谓"国定教科书"（国定教科书是指伪组织所编订的新教科书)未编印前,原有教科书大多列为禁书,学生几乎无书可读。

检查工作于1942年1月10日结束,1月15日五家书店又被启封,准其恢复营业。由于禁书与非禁书很难划分界限,各书店索性把检查通过的非禁书也都收藏起来,停止发售,以免引起风波。各店只陈列一些古典书籍和文具、仪器之类的东西,聊以点缀门市。

在检查书刊的同时,日本侵略者还派出一批日籍财务人员去检查各书店的"敌性"股权,并清查各店职工有无"抗日分子"混迹其间。这些日员对中国情况不甚了了,因此杯弓蛇影,疑神疑鬼,张冠李戴,笑话百出。有一位浙江籍姓蒋的股东,他们疑为蒋介石而拟没收其股票,后来查出此人乃一公教人员,总共只有五股,才一笑而罢。

户口登记和工人数调查　　自1942年2月1日起,两租界奉日本侵略者之命,同时办理户口登记。日本侵略者非常性急,要开特别快车来办好这件事情,所以2月1日虽为星期日,工部局也不得不破例照常办公,当天就发出登记表,限市民于次日填好,3日交还,以凭核对。登记法规定,如有误报或漏报,均将处以重罚或驱逐出境;外来旅客须加保单;凡非正当职业而无居沪之必要者,一律强制回乡。至于无户可归的流氓、乞丐,则拟设法收容,组织充当苦工。

上海租界本为藏垢纳污的地方,表现在男女关系上,就是"租小房子"(指非正式配偶而有同居之关系)的风气盛行,一个人往往化名为两个人或三个人分居几处,所报姓名、年龄、籍贯互不相同。这种风气是日本侵略者所不禁止的,他们想得非常周到,在办理户口登记之前,叫工部局物色几个口齿伶俐的女人,在电台上连续广播几天,说明凡属个人私生活而不影响社会治安者,决不予以取缔,"租小房子"者不必有所顾虑,但必须老老实实地写出真实姓名,工部局保证代守秘密,但谎报或隐瞒不报则是不可以的。

上海租界从来没有办过户口登记。对于一个拥有三百万以上人口的市中心,要在一两天之内完成全部的市民登记,不免手忙脚乱,因此公共租界工部局动员全部巡捕、侦探乃至万国商团团员,挨家挨户分发表格,法租界把邮递员也都调来使用。这一天,上海市民的心情都很沉重,不知道日本侵略者又在捣什么鬼,因此街市行人稀少,市场一片冷落。

对于外国侨民,同样也要办理户口登记。2月13日,公共租界发表调查户口的结果:界内共有中外居民1,586,021人,其中中国人1,528,239人,日本人33,345人,美国人404人,英国人2,764人。同月19日,法租界发表:界内居民共有854,380人。合计两租界人口共有2,440,401人,其中中国人2,352,852人。加以南市人口647,411人及闸北、沪西两处人口,全市人口约在三百万左右,流动人口未计算在内。

这次调查户口,由于时间非常匆促,两租界当局只是奉行故事,而日本侵略者也无法发动更多的人力来复查核对,因此漏报人数很多,发表的统计数字显然并不准确。

早在调查户口之前,工部局即奉日本侵略者之命成立"华人疏散委员会"。为了鼓励人口外迁,工部局规定优待办法,自1月18日至25日,凡市民申请回乡者,均给以半价舟车票。日本侵略者拟将上海市人口限制在两百万以内,对于失业者、流氓、无业游民及非生产性的城市贫民,均在强制疏散之列。由于半价优待的办法缺乏效果,25日以后又改为全部免费。2月1日日方自己公布,自日军进驻公共租界之日起,至1月20日止,上海市民回乡者共有六十万人。

事实上,上海租界人口并未因疏散人口而有所减少,相反,新流入的人口数量很大,主要由于上海市为国际观瞻所系,日本侵略者的行动不能不有所约束,因此去者少而来者多。而上海周围警戒线的日本哨兵,也像租界巡捕一样收买路钱,即使日方军事机关所签发的迁入许可证,也未尝不可以花钱买到手,所谓专办回乡手续的"旅行社",不久也兼办迁入许可证了。

自2月20日起,工部局又奉日本侵略者之命进行上海工业及劳工人数的调查。上海市民把这一措施和疏散人口的政策结合起来,于是又发生了种种"想当然"的推测,有的说日本侵略者准备把上海工人迁往东北,而将上海作为一个军事设防城市,有的说将在上海抽壮丁充当他们的炮灰,有的说上海将有人头税出现。其实,日本侵略者采取以上措施,其目的在于:一、加强政治控制,清除抗日分子;二、准备实施计口授粮和日用品配给制,以减轻城市负担;三、准备调整工业生产,为他们的战时经济服务。

恐怖演习　　　在强制疏散人口的同时,公共租界又有广大地区被日本宪兵封锁。封锁线东自河南路,西至虞洽卿路,北自苏州河,南至爱多亚路,这条封锁线正是上海人口最稠密、产业最集中、商务最繁盛的市中心区。封锁日期自 2 月 14 日开始,正是中国民间所重视的农历大年夜。此外日本宪兵还把两租界接壤的大部分交通要道用铁刺、沙包等障碍物堵塞起来,只留下大世界、同孚路(今改为石门一路)几条通过线,人们往来于两租界,必须兜一个很大的圈子,而且所谓通过线是在重重障碍物之间留下一道仅可容身的缺口,行人必须鱼贯而过,车辆不能通行。封锁的原因没有正式公布。日本侵略者口头上宣称,在这个地区内经常发生恐怖案,"显然仍有暴徒捣乱"。事后查明,日本宪兵队在永安公司屋顶花园

日军在上海的夜晚持枪而立

暗藏炸弹多枚,又派浪人多名分往黄浦区米高梅等舞厅投掷手榴弹,然后以此为借口,进行广大地区的封锁。这次大封锁给上海市民带来了很大的痛苦,他们对于日本侵略者自己制造借口的卑劣行为,无不切齿痛恨。

2 月 15 日,日本侵略者攻陷新加坡,上海日人兴高采烈地准备举行一次"祝捷提灯游行大会",游行路线必须经过市中心区,因此大封锁区于 17 日解除了一部分,19 日又解除了一部分。3 月 10 日,北京路,南京路、

浙江路、山东路、广东路等处封锁区才全部解除。

接下去,日本侵略者不断发出宣传:"由于重庆分子在租界内活动如故,使上海市民深受封锁之苦。为确保租界治安,组织'公共租界市民联合会',在这个基础之上推行'保甲制',协助日本'皇军'根绝恐怖行为,这对上海市民是有必要的。"听了这种宣传,上海人才恍然大悟日本侵略者要制造借口在广大地区进行封锁的原因。

当封锁区尚未完全解除的时候,日本侵略者宣布自2月26日起,继续举行二十天的恐怖演习,此后仍可不定时间、不定地点举行。日方将演习内容公布于下:一、警哨一声,表示这个地段发生了"恐怖案",于是出动大批军警,遮断当地交通,地段内行人、车辆均须停止不动,以免恐怖犯乘机脱逃;二、凡目睹"恐怖犯"者,必须狂呼"恐怖"二字,唤起居民共同拘捕;三、凡目睹或耳闻当地发生"恐怖案"者,应立即报告附近"官宪"或"自警团",电话用户更须注意;四、出事地段内一切行人及居民,必须认清"恐怖犯"的声音、面貌、服装及其逃走方向,当军警到达时,自动向之报告;五、凡奋勇捕获"恐怖犯"或与"官宪"协力捕获"恐怖犯"者,无论个人或团体,得由"官方"授以奖金,六、对于以上规章拒不遵守者,予以严厉处分;七、演习时伪装"犯人"左臂缠有红色臂章,不得施以暴行。

日本导演者所编造的这出"捉迷藏"闹剧,首先在虹口区举行。3月4日,乍浦路、武昌路口有"暴徒"四人狙击行经该地之日军两名,开枪后逃走无踪。10时5分,有一日人向附近日本宪兵队报告,隔了两分钟,又有一人前往报告,于是宪兵队及海军陆战队纷纷出动,由宪兵队长永田少佐亲任指挥,日本领事馆警察署、工部局警务处、闸北警察分局均派员警参加,封锁当地交通,并"动员"地段居民协力拘捕。10时15分,"行凶暴徒"均被捕获,11时半解除封锁。日本侵略者选择这段地区进行首次演习是有用意的,这里接近市中心区,又靠近北京路、外滩一带,外白渡桥也在封锁线内,可以引起市民及外侨注意。

演习完毕后,日本侵略者发表公报指出演习中发现的缺点:一、市民缺少协力,很少以电话向"官方"报告或协力拘捕"暴徒"者;二、目击事件发生,兜捕"暴徒"或传达报告者殆无一人;三、保甲自卫团缺少积极动作。不言而喻,上海市民对于日军层出不穷的野蛮暴行,久已切齿痛恨,对于他们导演的这种捉迷藏戏法,无不嗤之以鼻,除由日本人自拉自唱而外,更有何人肯同他们"协力"!

　　紧接首次演习后,3月7日,宁波路伟宫舞厅又有定时炸弹爆炸,舞客受伤者十三人,据说其中有日人两名,一人伤重致死。出事后,日本侵略者将天津路、四川路以西,江西路以东地区封锁。上海商业储蓄银行也在封锁线内,被迫停止营业。这是继除夕之后的又一次大封锁。封锁地区虽较前次为小,但封锁时间则较长,特别是这一地区号称"上海银行街",银钱业所受的影响较大。这次封锁到3月22日才解除。

　　第二次恐怖演习,时间为3月9日,地点在南市老西门。此后逐步推及租界市中心区,演习时间较短,由数分钟到半小时不等。一次在南京路、河南路演习时,日方派便衣侦探多人混入人丛中,观察居民和行人是否协力兜捕"暴徒"。他们找不到一个如法炮制的人,不禁恼羞成怒,于是强迫一批行人站在路旁,面墙而立,在他们的背上各画一个"十"字。随后捕房警备车风驰电掣地开到,死拉活扯地把这批人塞进车子里,然后开到虹口宪兵队,关进一间既黑且臭的暗室里。他们提心吊胆地过了一夜,第二天才被提出来进行集体审讯。"问官"是个不懂中国话的日本军曹,并无译员在场。只见"问官"满面怒容,口中叽哩咕噜地说了些听不懂的话,最后拍着惊堂木连声怒斥道:"伊克,伊克!"由于言语不通,大家都木立不动,"问官"的气就更大了,他把惊堂木拍得震天价响,不停地大声呵斥:"伊克,海亚苦伊克!"这时才走出一个译员解释说:"你们还站在这里干什么,走吧,快走吧!"

　　当然,法租界在日方的压力下不能置身事外,3月17日也在华龙路(今雁荡路)举行了一次恐怖演习。这是法租界最短的一条马路,而且演来更不逼真,不过是"等因奉此"跑跑过场罢了。

　　自有大封锁和恐怖演习以来,日本侵略者把这个灯红酒绿的"十里洋场"变成了步步荆棘的恐怖世界,不少市民因此深居简出,呆在家里听听短波广播,盼望早些"天亮"("天亮"是当时家喻户晓的代用语,指抗战最后的胜利)。但是,在那些日子里,日德侵略者正在横行一时,因此大家都怀着一股"长夜漫漫何时旦"的苦闷心情。

所谓战时经济统制政策

"节约"电流　　太平洋战争爆发前,上海虽已成为与内地隔绝的孤岛,但是海洋交通尚未断绝,海外物资尚可运入。多财善贾的大商人,鉴于欧洲局势岌岌可危,海运随时有中断之虞,而国民党政府通货膨胀的趋势又已日益加速,于是纷纷加码向海外采办大宗货物,以备在物资断档中垄断居奇。另一方面,国民党军从上海撤退时,并未估计到日本侵略者会与英美等国宣战,认为租界安全可靠,官方物资也未尽量内迁。由于以上原因,上海物资存底之丰,超过以往的任何时期。

日军进占租界时,本拟将租界内物资全部接收,但他们又想到这些东西都已成为囊中之物,而且他们还要戴上"上海国际化"的假面具,企图安定人心,维持正常生产,因此对统制经济采取了逐步渐进的手段,不使市面立即发生波动。

1941年12月9日,也就是日军进占租界的第二天,工部局出有布告,禁止市民存储一个月以上消耗量的米煤。只隔了一天,日本侵略者又放了第二炮,一面强迫中国公私各银行开门营业,一面限制市民提取存款,规定每户每三日至多只能提取五百元。这一措施目的在于收缩银根,防止物价上涨,但其副作用却又造成了人为的紧张,引起了存户排队提存的后果。虽然日本侵略者授意各银行宣布对于续存之款及新存户均不受此限制,但也不会再有人肯把活钱送到死库里去了。

同一天,各外国银行和外商堆栈均被日军封锁,不许提款提货。这些外国行栈的主顾,绝大多数都是中国人,这对中国存户又是一个严重的打击。后来日本侵略者宣布中国存户可以出具证明文件申请发还,但是经过一段冻结时期,存户所受损失很大,也就无法补偿了。

从12月10日到15日,工部局又奉日本侵略者之命采取了一系列的"节约"电流的措施:一、电灯用户须根据最近三个月的用电量,定出一个平均数作为标准,以后用电不得超过标准数,凡超过一度以上者,处以电费二十五倍之罚金,凡接连超过两次者,予以停止供电的处分(1942 年 6 月,又公布了继续压缩用电量的规定:各商店、住户均须按过去半年的用电量定出一个平均数,照此数再减少 55%,违者科以罚金,并将超过量在下月用电量内扣减,如再有超过,则停止供电);二、商店不得用霓虹灯做招牌或广告,并限于夜间 9 时前打烊。舞厅、酒吧间限于 10 时前打烊;三、各十字路口所用指挥交通的红绿灯一律关闭;四、公共汽车、电车均缩短行车时刻,规定上午 7 时半至 9 时半,下午 12 时半至 1 时半,下午 4 时半至 6 时为行车时间,余均停驶。这些办法公布后,上海市民只得提早就寝,市面立即呈现了前所未有的暗淡气象,上海这个"不夜之城"消逝了。这些办法对于勤俭持家的用户和小户人家,打击更要大些,因为他们平日节约用电已经做到了最大的限度,现在再加限制,就只有不张灯之一途了。自 1942 年 2 月 1 日起,日本侵略者又推行日光节约运动,强制市民将时针拨快一小时。

平粜米逐步减少售量,不断提高售价

12 月 16 日,工部局宣布平价米每人限购三升,售价提高至(法币)四元,三升以上不许搬运。这种限购政策,严重威胁劳动人民的生活,因此买平价洋米的队伍越排越长,黑市米每石立即涨至一百七八十元。

由于日军进入租界并对英美宣战,上海海运完全中断,洋米无法入口,因此平价米有坐吃山空之势。为了缓和这种趋势,日本侵略者采取了逐步收缩的办法,售出量逐步减少,售价不断提高,质量显著下降。12 月 19 日,平价米每人限购三升未变,售价提高至四元一角。1942 年 1 月 10 日起,日本侵略者又下令裁并各米店,规定公共租界米店由以前的七百余家减为二百五十家,指定其中一百二十五家发售平价米;法租界米店则限制为一百五十家。同日,为了防止一人一户多购,日本侵略者又想出了一个新主意,凡购买平价米者均须在手指上涂色,星期一大拇指,星期二食指,星期四中指,星期五无名指,星期六小指,星期三及星期日均停止发售。

1 月 26 日,平价米限购三升,售价提高为四元三角。2 月 2 日起,每人限购二升,售价三元。2 月 7 日起,规定市内搬运食米不得超过二斗。

2月9日起,每人限购平价米一升,售价一元六角。2月23日起,洋米每升售价一元七角,碎米一元四角。3月8日起,发售平价米的日期规定为星期一、星期三、星期六三日。3月28日起,每人限购洋米一升,售价二元,碎米一升,售价一元七角。是日(3月28日)为发售洋米依次递减数量的过程中惟一提高数量的一次,目的在于清理仓库,但在碎米中杂有泥沙和黑色粒屑。4月15日,洋米每升改售二元九角。4月17日,每人限购一升半,售价五元。4月24日,数量如前,售价提高为六元三角。4月27日,售价继续提高为七元二角。4月28日,再提高为七元六角。

这笔账就写到这里为止。

日本侵略者在发售平价米的问题上采取这种办法,自以为做得很高明,可以防止米价突然上涨。但他们没有想到米价有起无落,全市共见共闻,而米价不稳定,其他物价又怎么能够稳定得下来呢?1942年春节开市后,黑市米价突然狂跳到二百八十元一石,各项物价也就万马奔腾地向米价看齐,大大加速了货币贬值和百物昂贵的趋势。当时,除了买平价米的队伍越排越长而外,买平价煤、平价油也无一而不要排队。

当时,排队买平价米的主要是工人、店员、小学教师、小手工业者、摊贩、失业和无业者以及城市贫民。天还没有亮,他们就赶到米店门外去排队,而人人赶早,个个争先,半夜里就有人去赶"烧头香"。这样争先恐后也不是没有原因的,各米店9时才开门,12时就关门,在短短三小时之内,在人潮滚滚之中,谁要是排在后面,谁就会吃闭门羹空手而归。

这一年寒潮提早过沪,气候特别寒冷。买米的一字长蛇阵中有不少的老弱妇孺。他们半夜去排队,站在尖厉的冷风下,每天达八九时之久,已经站得腰酸背痛,困顿不堪。好容易钟点到了,米店的门开了,而凶神恶煞般的巡捕也就赶来"维持秩序"。他们手中挥舞着篾片或皮鞭子,没头没脑地向人堆中打下去,每天总有不少人被打得头青面肿。

在那些日子里,街头巷尾经常发现冻饿而死的路倒尸,特别在菜市场人群拥挤的地方,这种尸体更多。一夜北风,又不知死人多少。善堂山庄来不及收殓,往往任其暴露达数日之久,见者无不酸鼻。

同时,租界上又出现了城市贫民抢东西吃的现象。他们实在饿得发慌,只得埋伏在大饼油条店的附近一带,出人不意地窜出来,抢去购客手中所持的食物,等到购客赶过来,他们早已把抢到手的东西狼吞虎咽般吃到肚子里去了。他们一不怕巡捕,二不怕坐牢,坐牢总比饿死好些。但巡捕房是不肯做赔本生意的,对于这种无油水可揩的犯人,只好置而不问。

尽管大多数人在死亡线上挣扎,但是还有少数人大吃大喝,挥金如土,特别是日本人成了这个"国际都市"的时代宠儿,南京路、霞飞路一带大酒店、大舞厅、大百货公司经常吐纳着高视阔步的东洋人,其中有西装革履的绅士,也有高髻木屐的女人。日本军官经常乘坐 1942 年新型漂亮汽车,携带着花枝招展的女郎,招摇过市。

日本侵略者限制私人汽车行驶,并举办市内物资登记　　日本侵略者对上海租界的战时经济管制,首先见之于限购米、煤,限制银行提存,限制市民用电等等。此时汽油因军用频繁而异常缺乏,出租汽车首先停驶。1941 年 12 月 23 日,工部局奉命出有布告,规定私人汽车除特许发证者外,一律不得行驶。医生有优先发证之权。是日公共租界仅签发私人汽车许可证六百张,法租界三百张,从此市内私人汽车寥寥可数了。有人发明了一种用木炭代燃料的汽车,一度在街头出现,这种木炭汽车不但升火要费去很多时间,而且木炭也很缺乏,因此通行不久就被淘汰了。又有人改装汽车为马车,也因饲料难得而昙花一现。于是人力三轮车和脚踏车代之而起,截至 1942 年 1 月止,全市脚踏车骤增至 42,389 辆,平均每日申请领脚踏车执照者总在千人以上。

12 月 23 日,工部局还奉命发出登记市内物资的布告,凡市内一切重要物资包括米、食油、汽车、五金、橡皮、药品、木材、燃料、颜料、油脂、建筑器材等均须登记,非经许可不得移动。英美籍外侨公私财产除登记外,还不得转移,如确为中国人所有而又有证件证明者亦包括在内。

从 12 月 30 日起,租界电车减少停车站头,公共汽车时开时停。1942 年 1 月 11 日,英商公共汽车全部停驶,所有员工均被给资遣散。

公共租界宣布工厂倒闭及工人失业人数　　1 月 30 日,公共租界警务处发布消息说,自去年 12 月 8 日以后,界内工厂倒闭者共有二百一十家,所雇工人 22,340 人全部失业。交通运输工人(包括扛运脚夫、汽车司机)、机械工人、成衣匠等,失业者共达 36,850 人。在此时期内,公共租界发生罢工事件十三起,法租界及沪西区发生二十起,参加罢工者共有 5,938 人。以上为公开数字,实际情况尚不止此。

1942 年 2 月 1 日,工部局又奉命发出布告,除日商及日本当局所统制之工厂外,凡雇用工人达三十人以上而欲于本年内营业者,其所需工业原料,须向该局社会工业处登记配给。

禁止郊区米市和国产米进入租界 日本侵略者的统制经济政策,首先遇到黑市米的问题无法解决。上海郊区有不少米市场收购来自农村的米粮,运入租界内牟利,这是一种半公开的营业。1942 年 3 月 9 日,黑市米每石涨至三百元,日本侵略者授意工部局禁止郊区米市场营业。3 月 14 日,工部局进一步公布中国国产米不论数量多少,一律严禁运入租界。日本侵略者认为,禁止郊区米市场营业,禁止中国国产米运入租界,是彻底消灭黑市米的有效办法。当时工部局所发售的平价洋米,数量日减月削,远远不能适应三百万市民的需要,而洋米来源已告断绝,不久将无米应市,只能靠国产米来解决租界内的民食问题。不料日本侵略者竟然如此丧心病狂,自己吃的是中国农人耕种出来的白米,却不许中国人自己吃,甚至把食米列为禁品而不许贩运,这就是他们在"国际都市"里所表演的"王道精神"。

郊区米市场被封禁后,代之而起的便是成百成千的直接在农村购运食米的米贩子。为了对付米贩子,日本侵略者在上海四郊布置了大封锁线,除用铁丝网等障碍物阻断交通外,还蓄养了一种利爪尖牙的军用警犬,上海人称之为"大狼狗"的,每晚放出来在封锁线附近窜来窜去,不少米贩子和未领得许可证而偷进租界的人口,不是被日本哨兵开枪打死,就是被狼狗咬得遍体鳞伤。但是,尽管日本侵略者封锁得如此严密,还是不能达到消灭黑市米的目的,因为封锁线周围长达数十里,不可能封锁得水泄不通,每晚还是有人冒着生命危险偷偷地爬进来,而日本哨兵也不是不收买路钱的。

米贩子越过封锁线后,就把食米交给同伙的女贩子,叫她们分途到市区兜售。女贩子不能当街叫卖,走到偏街僻巷或弄堂里,一看四面无人,就压低着声音叫道:"大米要哦,大米要哦!"这种细如游丝的声音,随时随地都可以听见。市民悄悄地把她们叫进门来,秘密进行交易。在她们宽大的裤脚里、紧束在腰间的裤腰带里,以及在上身棉马甲里,到处都缝有密密层层的口袋,口袋里装的都是白米。有的做过多次交易,彼此成了熟人,就可以按时按量地送上门来。这种交易,在隆冬或春寒季节,身上不妨穿得厚些,是可以混得过去的。

由于黑市米难关重重,来处不易,所以在日本侵略者禁止国产米搬运的一天,黑市米即涨至四百元一石,第二天(3月15日)又暴涨至六百元一石。

日伪以政治压力推行"中储券"　　日本侵略者统制经济办法的第二步是改革币制。汉奸梁鸿志组织"维新政府"时,曾成立"华兴银行"发行通货,为日本侵略者的战时经济服务。汪精卫伪组织成立后,又成立"中央储备银行"以代国民党政府的中央银行,只是中间嵌有"储备"二字以示区别。它所发行的"中储券"名为"新法币",而将中央银行所发行的货币称为"老法币',两者等价使用。伪组织为了推广"中储券"的发行,规定海关、税收机关和法院诉讼费一律只收"新法币",而且"新法币"可以无限制地购买外汇,等价兑换"老法币"。但是租界市民都叫这种"新法币"为伪币,人人拒绝使用,一直到日军进入租界后,此种情况并无变更。

1942年年初,伪组织取得了租界上的教育、司法行政权后,又进一步向日本侵略者提出了"统一货币"的要求。日本侵略者也感到货币的发行权操之于重庆政府,他们无法控制,而用日本军票购实物资,不但不易被中国人接受,而且这笔账将来总是要算的,如果用伪币代替军用票,将来就可以不管这笔烂账,因此对于这个要求,愿意予以支持。

日本侵略者对于沦陷区的货币政策,也是采取逐步变更办法的,在开始的一段时期,允许新老法币同时使用。他们除发行日本军用票吸收沦陷区的物资而外,还通过伪币换回法币,以便向中国内地套购物资。

自1942年2月14日起,工部局奉日本侵略者之命宣布所收捐税仅以"中储券"为限。这是他们用政治压力强迫推行伪币的初步措施。3月9日,日本正金银行挂牌规定日本军票对伪币的兑换率为一对五,同时工部局强迫租界上各银行、钱庄对存户分别立户,当天以前的存款、欠款,概以"老法币"计算。上海人知道这是日伪准备进一步改革币制的先声,并且逆料无论怎样改革,对新老法币都不会带来好处。此时国民党政府财政濒于破产,依靠印刷机器,大量滥发货币,法币贬值不断加速。日本侵略者的以上措施,不啻火上加油,因此当天市场上起了极大的波动,货价早晚不同,纱布、杂粮、日用品和证券市场的股票行情一齐上涨,原来一根大条子(一根大条子等于十两黄金,一根小条子等于一两黄金)值一万四千元左右,当天涨到一万七千元,第二天涨到一万九千元,第三天再涨到二万元。黄金价格与战前每十两一千元比较,恰恰上涨了二十倍。

一直到这个时候,"中央储备银行"等价收兑老法币的规定尚无变更。

自3月14日起,"中央储备银行"忽然挂牌,凡以法币兑换"中储券"者,每人以三百元为限。大家知道,敌伪又在耍花样了,币制前途一定有很大的变化。但是市场交易仍以法币为本位,不过将货价不断提高,以补偿币值可能再降低的损失。因此敌伪的这一花招,提高的是物价,新老法币同样受到打击。3月30日,日本大藏省(财政部)驻沪财务官小原、南京伪组织"中央储备银行"日籍顾问木村联合发表书面谈话称:"自3月31日起,南京财政部将废止新旧法币等价流通,并修正货币整理办法,但并不禁止旧币流通,以后交易,可照当时行情折合。"他们又在话尾附加说明:"最近旧币贬值,物价飞涨,如以新币作为标准价格,应依原价降低三成,否则日本总领事与工部局将对奸商严加制裁。"

根据以上谈话,上海人清楚地看出,日本侵略者预定把伪币与法币的兑换率暂定为七对十,而法币之所以未被禁止流通,是由于可以套购内地物资的缘故。小原是日本政府的官吏,木村也不过是伪组织的财政顾问,他们两人公然代替伪组织发号施令,可见日本侵略者对伪组织的看法,已经降低到视若无物的程度了。

4月15日,工部局宣布平价洋米每升改售"中储券"二元二角或法币二元九角,这是公开打破新旧法币等值交换的第一步。依照这个比率,法币价格为伪币的七七折。以后逐步递减,5月20日改为七一折,22日改为六六折,23日改为六一折。24日为星期日无市。25日又改为五一折。由于货币比率急剧改变,引起了市场上的更大波动,其波动之烈,为上海开埠以来所未有。

从 4 月下半月起,报纸上充满了买卖证券、焙赤、西药、颜料、房地产以及银号开张、商店加价的广告。商人讳言加价,一律用"调整售价"、"改订新价"等字眼来代替。这也和当时国民党打了败仗,讳言战败而用"调整阵线"、"转移阵地"等字眼来遮羞一样。

当时各商店仍用法币标价,首先用 C.R.B 标价(C.R.B 是"中央储备银行"英文的第一个字母,因此成了伪币的代称)的是外国人开设的商店,而法商水电公司、法商公用事业,也纷纷步其后尘。

当时上海市民预计新老法币的最后兑换率将为一对四,因此"中央储备银行"门前出现了"黄牛"排队挤兑的现象。伪行规定每人收兑以三百元为限,按照当天"官价"五一折计算,于是投机市场又出现了法币的黑市价,法币降至伪币的三、五折。5 月 20 日,金价每十两还在二万元(法币)左右,23 日猛升为三万五千元,24 日再升为四万元。外币(当时"证交"市场的外币黑市买卖只有美钞和港币两种,美钞称为绿纸,港币称为红纸)、纱布、华洋股、五金、布匹、百货就像脱了缰的惊马一样,一致直线上升。日伪所推行的货币改革,迅速造成了市民重物轻币、抢购物资的社会风气,对他们自己并无任何好处。从 5 月 24 日起,工部局通告各公寓和百货公司,均须以伪币定价。27 日,正是日本侵略者宣称在浙东展开攻势占领金华的一天,上海中国、交通两银行被迫改组后复业,中央、农民两银行仍被封禁。同一天,伪财政部长周佛海宣布法币与伪币的兑换率稳定为二对一,这就是伪组织改革币制的最后底牌。

堆积如山的金圆券

从 5 月 27 日起,投机市场带头,改以伪币为支付本位,法币照当天的市价折合。当天开出来的行情,将原值法币一百元的股票一律改为伪币一百元,如照伪组织所定的折合率计算,等于跳了一倍。尽管新老法币的比值被固定下来,但是各项物价仍然继续上升,其速度之快与幅度之广,超过以往的任何时期。尽管各商店每日忙于调整货价,但是上门购货的顾客还是像潮水般涌进来。每天门市打烊后,商店老板忙于把收进来的钞票扫数向厂家补进货物,不肯把钱锁在铁柜子里过夜。厂家收进货款后,也急如星火地扫数购进原料,不能稍有延迟。总之,当时商业盈亏不是以货币来计算,而是以实物来衡量。

伪财政部继续宣布,自6月8日至21日,按照二兑一的比率无限制地收兑法币,逾期将禁止法币流通,但法币辅币券(辅币券即不及一元的角票)仍可行使。农民银行钞票不在收兑之列。这是伪组织所谓统一货币的最后结果。

6月17日,工部局公布平价米只收伪币而不再收法币。同一天,在日本"军管理"之下的各工厂、公司也宣布采取同一办法。

限价政策破产　6月21日,伪财政部长周佛海发表谈话称:今后凡有收藏法币者,一经查出,除全部没收外,并将予以严厉之惩处(后来伪财政部又公布,法币收兑期延长一个月)。至此,日伪改革币制的政策因大施政治压力而告完成。如此改革币制,徒然刺激物价疯狂上涨,有百害而无一利,因此敌伪方面又想用政治压力来抑平物价。6月17日,工部局奉命作出硬性规定,一切物价均应按照5月28日(即发表新老法币的比值为一对二的第二天)的法币定价,减半折收伪币,不得擅自提高,违者予以重惩。这个政策当时被称为限价政策。说来好笑,当时带头破坏这个政策的不是别人,正是日本侵略者自己。他们控制下的公共租界公用事业,不迟不早,恰恰在实施所谓统一币制的一天,借口成本高涨,不得不调整价格,电话费照法币原定价改收伪币并另加50%;电灯、自来水、电车费均照法币原定价并另加100%。如以伪组织所公布的兑换率计算,公共租界公用事业在一天之内就涨了三四倍之多,岂非自己打自己的耳光!此例一开,各商店有的把货物藏起来,只留少数次货点缀门面,有的则停止标价,任意索取高价。6月29日,工部局严令各商店必须用伪币标明货价,不得混水摸鱼,于是他们便以无货应市为理由,情愿关门歇业。日本侵略者寻思无计,只得答应商人提高售价。因此,限价政策在刚开始的时候,就以无法执行而告吹。

统制物资的项目　　在统一货币的同时,日本侵略者进一步加强了对物资的统制。在此以前,3 月 19 日,租界上忽有所谓"五金(包括钢铁)统制筹备处"出现,并发出通知,当天要在南京路中和银行大楼召开筹备会,凡属铁、钢事业之行业,均须派代表出席。这一机构归何人领导,主持者何人,见者无不茫然,因此并无一个行业派人参加会议。

接着,又有所谓"华中非铁五金工业统制协会"发出通告称:"现奉当局令,办理非铁金属原料及制品登记,自 3 月 22 日起至 25 日止。凡持有此项物资者,须向各同业公会登记,转报本会,否则一经查出,即予充公。上述各项物资移动时,均须领取搬运证。本会设于南京路中和银行大楼。"这一机构与"五金统制筹备处"设在同一地点,究由何人领导,主持者何人,所称当局究竟是指日本侵略者或工部局或伪组织,都讲得不明不白;而以上海租界地区之大,五金行业之多,在短短四天之内,如何能够完成全面登记? 不登记有被没收的危险,登记了岂不又有被强制收买或被征用的危险? 在这些问题没有得到澄清以前,自以暂时观望为宜,因此直到 25 日也无一人前往登记。那个统制协会只得另发通告,将登记日期延长三天。

同一时期,由日本人主办的"统制协会"、"同业公会"纷纷出笼,纷纷发出指示,如"橡胶原料进口业同业公会"设在爱多亚路二七四号,限有关行业于 3 月 20 日至 22 日登记存货,嗣后非经核准不许移动,凡欲移动者须由同业公会转向各统制机关申请;"工业化学原料同业公会"设在静安寺路三一二号;"制钉业同业公会"设在香港路银行公会二〇八号;此外还有"钢铁业统制协会"、"日华机器同业公会"、"日华皮革工商业统制协会"等等,有如雨后春笋,令人目不暇给。日本侵略者采取的这种做法,上海商人只有置之不理才是上策,因此,这些通告和指示,都成了放不响的潮湿爆竹。至此,日本侵略者才认识到由日本统制机关直接出面来统制物资是办不到的,只有通过中国人自己的同业公会来办理登记和申请手续,工作才能展开,因此催促各行业凡未成立同业公会者,均须迅速成立。

3 月 27 日,日本侵略者正式发出公告,凡使用、制造、贩卖以下各项物资者,均受统制,倘无"兴亚院"许可,一概不得移动。统制物资包括下列各项:一、钢铁,二、非铁金属,三、矿石,四、棉花及棉制品,五、羊毛及羊毛制品,六、麻及麻制品,七、皮革属,八、橡胶及橡胶制品,九、木材,十、矿油属,十一、煤炭,十二、工业药品、颜料及油漆,十三、油脂及树胶,十四、医药及其附属品,十五、机器及其附属品,十六、米及食粮,十七、铁桶,十八、纸类。

这个布告是用"上海方面日本陆海军最高指挥官"的名义发布的。同时,新任"兴亚院华中联络部"长官太田在江西路、福州路口汉弥登大厦(今福州大厦)设立"物资移动管理处",通告租界内各工商企业主前往办理登记、申请手续。至此,日本侵略者在上海统制经济和搜刮物资的真面目,才全部暴露出来。

现在应当总结一下。日军开入公共租界后,为了防止物资散失,所以要用"国际都市"的面貌来维持租界秩序,要用"王道精神"来麻痹上海市民,并且企图进一步控制一切生产。接着,他们就用冻结物资的政策,作为统制经济的先声。他们虚伪地宣称,这是防止物资转入"敌性国"之手,似乎只要取得"非敌性"的证明,仍可物归原主,自由买卖。此时日本侵略者所接收的"敌性"企业,有的由陆军管理,有的由海军管理,有的由军事机关直接派监理官管理,有的由军事机关委托日本同性质的机构代为管理。到1942年3月下旬,在东京政府的指示下,他们才把管理权统一起来,除军事性企业仍为"军管理"外,余均移交"华中联络部"接管。他们所统制的物资,从敌性到非敌性,从军事工业到民用工业,从重工业到纺织工业,从原料到制成品,几乎无所不包,一网打尽。自此以后,所有未组织同业公会的各行业也都被迫组织起来,所有在法租界内的工厂、店家当然也包括在内。

在日本侵略者公开实施统制经济政策以后,投机市场起了更大的波动。3月20日,黄金价因有黄金将被统制之谣,一度狂泻至每十两一万六七千元,而不在统制之内的华商股票则一律直线上升,升至有行无市。凡被统制的物资,不论厂单、现货,都只有抛出而无收进,而美金、港币等则出现了扶摇直上的局面。

日本侵略者加强镇压上海市民

伪组织在苏浙皖三省实行清乡　　太平洋战争爆发前,日本侵略者曾指使伪组织在苏、浙、皖三省沦陷区大举"清乡",首先划分若干"清乡区",建立封锁线,随后办理清查户口,颁发"良民证",无证者不许居住。又有所谓"通行证",居民如欲由甲地往乙地,必须领取"通行证"才能放行。最后成立"保甲制"以加强对人民群众的控制,至此"清乡"才告结束。

伪组织清乡分为三个时期:1941 年 5 月为开始时期,同年 9 月为复查时期,12 月为完成时期。南京伪组织成立了"清乡委员会",汪精卫自兼"委员长",以陈公博、周佛海为"副委员长";李士群为"秘书长",汪曼云为"副秘书长"。日伪举办"清乡"具有双重目的:一方面是政治性的,在于清除潜伏城乡的游击队,搜查民间枪支,逮捕"抗日分子";一方面是经济性的,在于封锁物资,禁止棉粮等农产物出境,以供日伪搜刮。在此时期,汪精卫模仿蒋介石在江西"剿共"的腔调,讲什么清乡工作必须"三分军事、七分政治",闻者无不为之掩耳。

1941 年"清乡"时期,汪精卫身着"陆军上将"制服,走马看花在江南

汪精卫身着军装视察"清乡"

清乡区兜了一个圈子,召集当地伪军训话一番,并将戎装照片在报上发表,就算完成了视察和检阅工作。1942 年 12 月 18 日,汪下令调李士群为江苏省政府主席兼江苏保安司令,李将伪省府由镇江迁往苏州,继续办理"清乡"未了事宜。在那些日子里,江南一带民间值钱的东西,都被"和平军""清"走,甚至农民的耕牛也被这些活强盗"清"到肚子里去了,因此人们把这种清乡叫做"清箱"。

加强对市民的控制　　日本侵略者在上海租界办理户口登记,上海市民怀疑是在租界上变相清乡和办理保甲的先兆。果然,户口登记刚告结束,1942 年 2 月 20 日公共租界就成立了一个"保甲筹备委员会",指定工部局华董、上海闻人袁履登为"会长",着手保甲的编组工作。3 月 8 日,工部局劝告市民必须迅速成立"保甲自警团"。3 月 9 日,开始分发户口表。于是街头巷尾议论纷纷,有的说"自警团"将代替租界巡捕的职务,巡捕将调往战区改编为军队;有的说"自警团"也有直接充当炮灰之可能。后来这些传说均未证实。这是因为日本侵略者在中国战场上虽然兵力不敷使用,泥足虽然愈陷愈深,但是他们对伪军也不是很放心的,甚至对他们监视甚严,不敢派到主要战场上去。由此可见,他们不会在上海征兵。

4 月 5 日,工部局进一步宣布,界内市民凡年满二十岁至四十五岁之男子,均有当"自警团"之义务,但医生、公务员、教职员及新闻记者均可免役。又公布称,自 5 月 1 日起,凡欲通过日军警戒线者,均须出示市民证或县民证;上海市民证未颁发前,须向日军领取临时通行证。于是又有封锁壮丁准备征兵之谣。其实,这是日本侵略者清除抗日分子和限制人口流入市区的一种措施。

从 5 月 15 日起,日本侵略者派出一批医护人员,当街注射防疫针,打针后给以注射证一纸,市民外出时必须携带此证,无证不许通行。日本海军陆战队及工部局警务处出动了"防疫巡逻队",逐段检查行人的防疫证,并规定买平价米及购买舟车票者,均须出示此证。市内如有一人染疫,其附近地区即被封锁。

这些办法虽然规定得非常周密,但是执行起来并不彻底,因为市内任何医生均可开具此项证纸,持证者可向公共租界卫生处换领注射证,市民只要找到一个熟医生,就无须注射而能取得这种纸头。如无熟医生,那也不打紧,租界上有一种出卖注射证的新生意经,每证取费一元,这种证件并不限购,要多少就有多少。法租界卫生处也做这种买卖,他们简化手续,只要付出二元,便可买到一张空白证纸,让你自己填写。

5月中旬,工部局第二次发表统计,自1941年12月8日至1942年5月5日,上海疏散人口已达一百万。这也言过其实,他们没有把流入的人口列入统计表,如果出入相抵,上海人口并未显著减少,这是因为内地沦陷区的情况比上海更坏,新沦陷区不断有人迁入上海,而日本"皇军"同样收买路钱,临时通行证也是花钱可以买到的。

5月11日,公共租界正式公布了"联保长"、"保长"、"甲长"的名单和"自警团"站岗的分布表。内开:苏州河以南公共租界分为A、B两大区,共辖7个"总联保",32个"联保",400个"保",4,854个"甲",共有人口913,514人,其中编入自警团者10,450人。5月18日,"保甲指导委员会"成立,由工部局日籍"警务处长"渡正监召集"保甲长"授予委任状。6月上旬,公共租界开始发给市民证,此项证件,市民必须随身携带。此外还颁发户口表,将每户全体家属的姓名、籍贯、性别、年龄一一填入表内,粘贴墙上,以备随时核对。日本侵略者还推行所谓连坐法:一人有事,全户连坐,一户有事,全甲连坐。此时租界人口略有减少,除"总联保"、"联保"无变动外,对于"保"、"甲"作了些许调整,据公布,公共租界内共有居民61,705户,人口883,089人,共设397个"保",4,770个"甲"。

对于组织"自警团"的问题,法租界当局持有不同意见,认为"自警团"没有经过军事训练,无力镇压"暴徒",如被劫去臂章,反将引起严重事故。此项意见未被日本侵略者采纳,责成他们必须迅速成立"自警团",因此他们也就"等因奉此"照办起来。自5月31日开始,法租界编组"保甲",两星期内完成。据公布,法租界共有居民40,624户,人口747,307人,共设264个"联保",1,038个"保",4,499个"甲"。

法租界虽然尾随公共租界编组"保甲",但在某些细节上却要表示他们的"独立性",例如法租界未设"总联保"一级,户长得以女性充当,"自警团"改称"民警团"等。公共租界"自警团团员"年龄规定为自二十岁至四十五岁,法租界则规定为自二十五岁至三十五岁。

公共租界的"总联保长"七人都由汉奸闻人担任。"联保长"由"总联保长"推荐,"保长"由"联保长"推荐,"甲长"由"保长"指派。被推荐和被指派的"保甲长"均不得拒不接受,否则将被逐出租界。他们所推荐或指派的"保甲长",绝大多数为商店老板,因为商人要开门做生意,有辫子可抓,而且可以利用他们的店堂设立"保甲办事处",无须另找房屋。

根据工部局的规定,除医生、公务员、教职员和新闻记者外,凡适龄男子不分等级,不论贫富,均有担任"自警团团员"的义务。"自警团团员"与人口约为一对九之比。"自警团团员"每日轮值站岗两小时。可是这些规定都是一纸具文,实际上去站岗的,有的是老板所指派的店员或学徒,有的是户长所指派的家庭佣人,有的是户长临时雇用的"职业站岗人"。这些人站在自警亭里看小说,打瞌睡,钟点一到,抽腿便走。

自 1942 年 6 月颁发"市民证"以来,公共租界几乎没有一天不举行不定期、不定地点的恐怖演习,特别在静安寺以东、成都路以西一段,举行的次数更多。此举目的在于检查市民是否随身携带市民证,凡未携带者一经查出,就被带往巡捕房处罚。有不少市民不愿携带这种可耻的证件,如无必要,情愿杜门不出,因此当时市面比平日冷落不少。

万国商团被解散　　6 月下旬,两租界调查户口全部完成,保甲长分别指定,并开始发给户口表,日本侵略者认为对租界市民的控制力已大见增强,即将公共租界万国商团全体官佐 158 人、团员 1,491 人全部解散。这个多年来为西方殖民者服务的半军事组织,成立于 1853 年 4 月 8 日,当时团员仅有二百人左右,1900 年扩充至一千人。他们虽曾帮助满清王朝攻打过太平天国起义军,五卅运动时帮助殖民者镇压过中国人民的反帝爱国运动,而在日军进驻租界后,他们又帮助日本侵略者办理调查户口,推行保甲制度,但最后终因主子有了新工具而被一脚踢开。

不久日本宪兵队责成各区"保甲长"通告全体市民,限于 8 月底以前缴出家中所有抗日、排日性的各种书刊。有些市民为了避免文字狱,除古典书籍外,把长期珍藏的报纸、期刊、图书和教科书自行销毁,这对上海的文化事业是个不小的损失。

抓工人和壮丁　　在 6 月下旬颁发"市民证"的时候,两租界又一次发生了拉夫的谣言。工部局虽一再出布告否认其事,但有不少人亲眼看见日本宪兵抓去了很多劳动人民,当中也有少数长褂子朋友,把他们死拉活扯地强塞在一辆辆的大卡车里,不知开往何处。尽管日本侵略者仍然矢口否认此项消息,但在老闸区有一"联保长"出有布告,白纸黑字地写着:"当局派人招募夫役,原以无业游民为限,如有误被拘去者,请将情由见告,以便转恳当局查明释放。"事后查明,日方目的不是拉夫而是"征工",一方面挑选中国技术工人带往国内为日本军需工业服务,另一方面又将具有强度劳动力的壮丁派往军事建筑部门强迫施工。战后知道,在日本国境内,有成千上万的中国工人受尽折磨而死。

编组保甲完成后,接下去便是计口授粮,由"保甲长"率领所属户长携带户口证及房捐票到附近巡捕房领取购米证,凡无户口证者不得购买"户口米"。自推行计口授粮制后,第一期"户口米"迟至 7 月 6 日才开始发售,每人凭证可购白米一升半,碎米半升,售价为"中储券"五元。自发售"户口米"之日起,严禁再有黑市米交易。但是"户口米"都是粗糙不堪或已发霉变质的米,因此黑市米并未因禁令加严而消灭。

两租界解除宵禁　　9 月 16 日,公共租界因"市民证"发布完毕而解除了宵禁,法租界如法炮制,不在话下。

法租界办理保甲本来是被动的,而既办之后,他们却从中找到了生财之道,公然按户征收"筹备保甲自动捐"。法租界当局出有布告,强调此项捐款出于市民"自愿"。他们把"市民证"叫做"身份证",在发给证件的时候,每人附带征收登记费五角,外加派司套一元。以上费用,一律称为"自动纳费"或"自愿捐款",这跟满清王朝的"乐捐逼死民命"颇相类似。

自从法租界发明此项"自愿捐"之后,公共租界不甘落后,也于 10 月 5 日举办所谓"劝募保甲捐"运动。此外还有警防设备捐、民警捐等等,均由"保甲长"指名强派,多者数万元,少亦数十元,不许讨价还价。

在以上种种强化统制、加强镇压的恐怖气氛之中,不但有大批爱国人士被捕,而且一批批的青年学生也被捕,其中以大学生为最多。学生中甚至包括十四五岁的中学生,因为他们不愿做日本侵略者的顺民,不惜冒极

法国巡捕房外景

大的生命危险,忍受长途跋涉的艰苦,离开上海转往内地。他们有的取得了家长的同意,有的瞒着家里人而自己下决心走上了光明的大道;有的安全到达了目的地,有的被日本哨兵半途拦回而备受折磨。重庆政府对于这些爱国青年是不会关心的,延安人民政权却在日本侵略者的封锁线外设立了不少联络站,给了他们在旅途中的很大照顾和方便。

日本宪兵队的种种酷刑　　这一时期,日本侵略者派人非法检查邮政,偷听电话,并派大批便衣侦探分布于舞厅、餐馆或公共场所,如果发现抗日分子或认为有抗日嫌疑者,就由日本宪兵直接前往逮捕。在法租界捕人,则由法国巡捕房派巡捕导往。他们大多在深更半夜采取行动,因此有多少人被捕以及何人因何事被捕,外间很少知道。

日本侵略者在沪机关有总领事馆、陆军、海军、兴亚院华中联络部、特务机关五个系统,每个系统又有分门别类的小单位,政治任务主要由驻沪宪兵总队负责。日本宪兵在沪设有两个分队,沪南分队设在法租界贝当路(今衡山路),沪北分队设在公共租界天潼路。日本侵略者自推行保甲制后,就在两租界大肆搜捕,其目的想把抗日爱国人士一网打尽,因此日本宪兵出动频繁,租界上出现了前所未有的政治恐怖高潮。

日本宪兵队所用酷刑很多,一般为局部烧伤和熏辣椒烟两种,前者用香烟头烧炙手部或背部,被烧处立即烧成一块伤口,有坏死或化脓的危险;后者用辣椒烟灌入鼻孔内,引起剧烈呛咳。重一点的是用橡皮包着的木棍打人,据说被打者只有内伤而无外伤。更残酷的是用电刑或狗咬,电刑可使受刑者浑身发出强烈的痉挛,口中发出惨厉的呼声。狗咬是在受刑者的身上涂上一种香料,这种香料能够刺激军用狼狗的嗅觉,然后把他带往四周布有障碍物的空地上,把狼狗放出来。狼狗嗅到香气,就张牙舞爪地猛扑过来,受刑者无路可逃,身上的皮肉被狼狗一块块地咬下来,咬得遍体鳞伤,痛得满地打滚,血流不止。

以上这些酷刑,已足令人谈虎色变,但是进一步还有灭绝人性的水火之刑。火刑分为两种,一种是把烧红了的烙铁插入肛门内,一种是强迫受刑者跪在刚从火炉里拿出来的一块红铁板上。这两种火刑好比古代的炮烙之刑,烧得受刑者皮焦肉烂,死去活来。水刑是在施刑之前,叫受刑者平卧在一条板凳上,双眼用布蒙盖,然后利用犯人呼吸之顷,用冷水从受刑者的口腔里、鼻管里,一滴一滴地灌进去,一直灌到受刑者腹部凸起犹如鼓胀病,水从口鼻两窍倒流出来,证明不能再灌为止,然后再把受刑者的肚子当作凳子,叫人使劲地坐下去,又站起来,再坐下去,再站起来,如此连续不休,使得受刑者的七窍像喷泉一样连水带血喷射出来,以致晕绝。直到此时,他们还要用燃烧着的香烟头刺烫受刑者的肌肉以测验是否装死,如果确已失去知觉,就用冷水把他噀醒,带入牢房收押。

还有一种不是酷刑的酷刑,这就是四个宪兵聚拢来作一种练手劲的"游戏"。他们把一名"犯人"叫出来,每人握其一手一足,然后把他抬起来,上下左右地摇来摇去,就像活人做的浪桥一样。约摸练了三五分钟,他们练得累了,就猛地把"犯人"摔到老远的地上,跌得头破血流,然后他们才嘻皮笑脸地扬长而去。

凡是坐过"东洋牢"的人,谈起所受酷刑和狱中一切非人待遇,无不痛恨入骨。以日常生活而论,即使不在审讯时间,蹲在暗无天日的牢房里,也使人有度日如年之感。日本宪兵队拘留所是臭虫、白虱、跳蚤、蚊虫的"联合殖民地",被囚者带上手铐脚镣,毫无抵抗之力,就只能任其"择肥而噬"。这些拘留所大多是用木板子搭起来的,每逢冬天,凛冽的北风从板缝里钻进来,吹得满屋子就像冰天雪窟一样,冻得实在难受。可是夏天的情况也不见得好受些。由于门窗紧闭,被囚者数十人像沙丁鱼般挤塞在一间屋子里,热得汗流浃背,臭气熏蒸,恍如置身于九幽十八狱。日本侵略者规定每日两餐,开饭时间上午9点半,下午4点半。吃的是杂粮做的饭,一小碗或者饭团两个,而且都是发霉发臭的东西,大家都因吃不饱很快地就消瘦下来。被囚者必须盘腿而坐,不得侧身而卧,不许彼此交谈。每天必须扫地、倒马桶,而东洋牢也有所谓"龙头","龙头"指挥别人劳动,自己却安坐不动手。因此凡是一旦被捕入狱的人,尚未经过审讯,就已饱尝"人间地狱"之苦了。

日本侵略者开庭审讯时,问官有两副迥然不同的嘴脸。在开审的前一瞬,他们装得十分和善,有时在客厅或办公室接待你,甚至款以便宴,汽水、糖果、威士忌酒、茄力克香烟,应有尽有。口里讲的都是些甜言蜜语,什么"同文同种姊妹之国"啦,什么"中日友邦共存共荣"啦,千方百计地引诱你把所参加的抗日团体和组织情况和盘托出,许以立即恢复自由。当你临危不惧拒绝出卖人格时,他们马上坐堂审案,严刑伺候,像上面所讲的那样。这种软硬兼施的两套手腕,有时由一人扮演,有时由两人分扮,后者一个扮红脸,一个扮白脸。当红脸人百般拷打而一无所得时,下次就由白脸人出场,如此更番交替。

日本侵略者除宪兵队而外,还有五花八门的特务机关,加以此时汪伪特务"七十六号"又在恢复活动,所以被捕者的家属和亲友们,往往呼吁无门,吉凶莫卜。

"活见鬼"的防空演习　　　日本侵略者除办理保甲制、举行恐怖演习以加强对上海市民的控制而外,又宣布举行防空灯火管制,进一步控制市民的夜间活动。

1943年8月8日,日本侵略者在报上公布,自本年8月25日起,本市举行灯火管制演习十天,每天自下午7点半到9点半。管制时间一到,各民户室外灯火必须全部熄灭,但室内则不许熄灯,须用黑布罩遮没灯火不许外露。商店要照常营业,住户要照常生活。布告公布后,上海投机商人又立即发明了出售防空遮光纸和黑布罩的新生意经。25日举行首次防空演习时,两租界警务、防空、救火、卫生各部门一齐出动,日军放步哨,自警团站双岗,电车装设防空灯,黄浦江停止夜航,俨如战时遭受敌机空袭的城市一样。日本飞机升空巡视全市防空情况,在警戒疏忽处投下红绿信号。是日演习结束时,天空乌云四合,月光隐没不见,突然发生了一阵雷雨,市民指为日本侵略者的不祥之兆。

次日报上发表日本防空司令部的评语,认为"闸北情形欠佳,其余各区防空成绩尚属良好"。但又称:"市民应有持续性的遮光设备,演习时室内应照常营业及工作,不得以熄灯了事。"其实,这一天的防空演习是一幕浅薄可笑的表演:在日本侵略者的监视下,忙得满头大汗的保甲长挨门挨户大叫关灯,如果动作稍迟一点,就要受到一顿臭骂。法租界则出动机器脚踏车巡逻队,到处周密巡逻,对于不关灯之家,抄下门牌号码,接着便有罚款通知单送上门来。日本侵略者虽规定演习时间商店要照常营业,居民要照常生活,可是演习之前的一瞬,大街小巷的行人听得一声警报,立即提着慌乱的脚步,于7点半之前赶回家来,此时全市一片漆黑,商店无业可营,只得关上排门打烊。住户在保甲长的吼声下,也只好熄灯就寝。

这次演习,法租界有民户数百家灯光外露,就被罚停供电流一天。全市十天演习结束后,还有不定期举行的灯火管制,比如9月22、23日静安寺路附近施行局部灯火管制,即其一例。

自10月1日起,日本侵略者又宣布继续举行灯火管制十天,对违反管制者处罚更严,第一步断绝电流,收回市民证,第二步拘送法院究办,第三步驱逐出境。演习时间有犯罪行为者,照战时刑律加倍惩处。

第二次演习比第一次演习更逼真。第一声警报发出后,当街路灯减去一半光度,但对公共车辆及行人仍许其通过;第二声警报发出后,路灯全部熄灭,人车均不许通过。日本飞机随即升空侦察,在警戒疏忽处投下红绿信号。

上海市民都骂这种演习是在"活见鬼"。上海既未建筑防空壕,而日本侵略者也没有足够的飞机升空作战,仅凭灯火管制,岂能保障安全?日军占领上海租界之初,曾用暴力强迫非生产性市民疏散回乡,而现在却绝口不谈疏散人口了。因此上海市民都认为日本侵略者进行灯火管制,其目的是想利用中日人杂居，避免盟邦飞机轰炸，利用中国人掩护日本人。同时又利用防空演习，把他们囤积在虹口、闸北一带仓库里的物资搬运到法租界来，以保障物资安全。上海市民的这种推论不是毫无根据的，在那些灯火管制的黑夜里，确实有运货大卡车辚辚而过，彻夜不息，如果不是搬运物资，那又是为了什么？

10 月 8 日，日本防空司令部提前发表第二次防空演习批评，认为以法租界的成绩为最佳，但又谓法租界灯火全熄，商店停止营业，殊与演习之原旨不合。最后声明：今后防空演习随时可以举行，将不另发通告。

法租界当局深以得到表扬为荣，法国驻沪总领事公然发出布告，将成绩归功于保甲人员及全体市民之协力。在第二次防空演习中，法租界跌毙自警团团员黄仲达一名，租界当局召集麦兰区全体保甲人员，于 10 月 25 日举行追悼会，警务处派员致祭，并给其家属抚恤金一万元。

日本军刀下的"敌侨"

美国战俘被解来沪游街示众　　日军进入上海公共租界时,对于西方殖民者的统治机关工部局,仍许其继续存在,其中英美籍高级洋员,仍许其照常供职,对于租界上的英美籍侨民,仍许其照常居住、照常工作、照常营业,这种对待敌方官员和敌侨的态度,在战争史上是史无前例的。但这只是日本侵略者一刹那间的魔术表演,随着时间的推移,他们的狰狞面目就掩盖不住了。

1941 年 12 月 10 日,日本侵略者宣布银行限制提存,对于中外存户有所区别,外籍存户每人每日只许提取二十元。按当时物价计算,二十元只够一天买小菜之用。平日养尊处优的西洋人,处此矮屋下,只得勒紧裤带过日子。12 月 23 日,日本侵略者开始办理英美侨民财产的登记。1942 年 1 月 20 日,开始登记英美侨民。23 日公布,公共租界共有英侨2,764 人,美侨 404 人。

日本向英美宣战后,以破竹之势连陷香港、新加坡、荷属东印度(今印度尼西亚)、缅甸、关岛、威克岛,他们就自以为无敌于天下,公然发出了"一亿(当时日本人口的数字)决斗,打倒英美"的狂妄叫嚣,并在报纸上不断吹嘘"堂堂皇军的赫赫战果"。1 月 12 日,日本运输舰冒着太平洋上飞机轰炸和潜艇袭击的双重危险,将在威克岛俘获的美军 1,200 人,于 23日运抵上海。24 日上午 8 时,驻沪日军押解这批战俘由公和祥码头登陆,经百老汇路、闵行路、吴淞路、海宁路、北四川路、南京路、虞洽卿路、爱多亚路、外滩、白渡桥兜了一个大圈子,折回公和祥码头上船。这是一次使白种人大丢脸的游街示众。

二次世界大战前,日本虽系世界五大强之一,但由于西方国家对有色人种的歧视,特别是英美两国与日本在侵略中国的问题上存在共管与独占的深刻矛盾,早已引起日本侵略者的刻骨仇恨。日军进入租界后,便想乘机报复,使白种人在往日扬威耀武的上海大大丢脸一番。2 月 1 日,日本侵略者又将北平、天津、秦皇岛所俘美国海军陆战队204人运抵上海。他们打算集中英、美、荷等"敌性国"留在上海的侨民和所有战俘,在举行"皇军祝捷提灯大会"的一天,举行一次更大规模的白种人游行,同时,又叫留在上海的印度、菲律宾、泰国、伊朗、阿富汗、土耳其、缅甸、马来亚、爪哇、中国、日本及伪满等十二个国家的侨民,组成所谓"东方民族代表团",参加游行队伍,沿途高呼"建立东亚新秩序"、"亚洲是亚洲人的亚洲"、"白种人滚出亚洲去"、"打倒英美"等口号,以示东方民族的"同仇敌忾"和"团结一致"。

日本侵略者提前于2月17、19两日分别解除了南京路一带的大封锁,就是为了作好游街准备。但他们没有考虑到德意两国民族也是白种人,这种敌视白种人的行动和口号,都是他们的盟友所不能忍受的。当时在上海的希特勒密使魏特曼,竭力加以劝阻,认为轴心国当以反共反苏为其共同任务,不宜将问题转移到种族仇恨方面,尤其反对把敌侨和战俘同等看待。由于德国出面来反对,日本侵略者只得将此举作罢。

日本侵略者此计不成,便又反过来邀请有代表性的英美等国侨民在福州路都城饭店举行座谈会,叫他们发言表达对日军优待敌侨的感想,并用录音机把他们的谈话收录下来,以备随时广播,让全世界人民认识日本"皇军"的"王道精神"。

2月15日新加坡陷落时(日方宣称:此役俘获英国及殖民地兵士81,000人,并将新加坡更名为昭南岛),日本侵略者得意忘形之余,公然发表怪论说:"世界陆军以日本为最强,德国次之,中国及苏联又次之,英国则远远不够格"云云。

2月下旬,日本宪兵队公布在公共租界破获"国际间谍机关",捕获间谍多人,皆英美著名人士及工部局前任职员,其中有《密勒士评论报》主笔鲍威尔、英文《大美晚报》主笔奥柏、《远东》杂志主笔伍德海等。

3月1日,日本侵略者下令英美籍侨民缴出所藏军火、武器。4月16日,又下令征用敌侨汽车。

工部局洋员纷纷解职　　日军开入公共租界时,取消了工部局洋员特有的高薪制,并规定洋员离职后不再补用洋员。那些洋员往日作威作福,俨然天之骄子,此时对日本人却又非常恭顺,奉命唯谨。相处不满一个月,日本侵略者就没有好声好气对待他们了。1942 年 1 月 5 日,工部局总董李德尔(美籍),董事明思德(美籍)、卜洛克(英籍)、沙卜(荷籍)均被迫辞职。日本侵略者假惺惺地用工部局的名义表扬他们过去服务的功劳。他们还留下总办兼总裁费利浦(英籍)做活招牌,但局中一切实权均操于总董冈崎、首席副总监渡正边(两人均日籍)之手。又过了一个多月,就连这块活招牌也不要了。3 月 1 日,日本人暗示费利浦自动退休(费利浦与冈崎有私交,退职时冈崎叫他秘密离开上海,所以后来未被拘入集中营)。至此,工部局成了清一色的日本人的独占机关。

上海海关税务司一职,向由英国人梅乐和担任。他也站脚不住,改由日本人岸本广吉担任。

日本侵略者将上海外侨划分为"敌性"与"非敌性"的两类。属于"敌性"者有英、美、新西兰、加拿大、澳洲联邦、南非联邦、海地、哥斯达黎加、洪都拉斯、危地马拉、尼加拉瓜、多米尼加、古巴、巴拿马、荷兰、比利时十六国的侨民,其中约有半数国家并无侨民在沪。"非敌性"者为墨西哥、埃及、希腊、哥伦比亚、巴西、厄瓜多尔、巴拉圭、伊朗、伊拉克等国的侨民。德、意两国为日本的盟邦,自无待论。苏联因当时与日本订有"中立条约"而被列为"非敌性国"。

日本侵略者登记英美侨民及其财产　　日本侵略者对"敌侨"的态度,也是逐步改变,步步加紧。在开始的一个阶段,仅办理敌侨登记而未予以圈禁,登记者也仅以英美两国侨民为限,年龄未满十四岁者可免登记。英美两国侨民无例外地都按照日方指定的日期,到日本宪兵队排队登记并领取外侨身份证。根据领证人数,英籍成年男侨共有 2,681 人,女侨 2,412 人,美籍成年男侨 700 人,女侨 477 人,都远比第一次登记的人数为多。对于"敌性国"的公私财产,也一律办理登记,并不许擅自转移产权。登记完成后,日本侵略者委托性质相同的日本机构代管英美两国的公私产业,如银行由银行业代管,房地产由房地产商代管等。截至 1942年 1 月 8 日,日本侵略者共计接管了"敌性"工厂五十一家,一律挂上了"大日本军管理"的招牌,并派日籍会计员为监理官。对于"敌性"纺织业工厂十八家,则令其全部停止开工。

日本侵略者冻结"敌性"外商银行、堆栈的存款、存货,使上海资产阶级暗中叫苦不迭。他们不信任本国银行和本国货币,往往向外商银行存入外币,尤以向美商银行存入美币者为最多。他们长期租用外商银行的保险箱,用以存放黄金、珠宝、契纸、有价证券和一切贵重东西,以为可以高枕无忧。不少工厂企业主和囤户把大宗原料、货物存在外国堆栈里"保险"。太平洋战争爆发前,美商银行还趁火打劫地作出规定,存款不但停付利息,还要倒贴一笔保管费,每月按周息半厘计算(1941 年 4 月起)。日军占领租界后,这些存款存货就都成了"敌产"而被他们冻结起来。

中国人在租界上的房地产,照例要向比商义品银行挂号,取得权柄单,作为管业的凭证。比利时也是日本的"敌性国",因此这些房地产都被视为"敌产"而予以封冻。后来也要出具证明文件才能解冻。日本侵略者改派日商恒产公司(会社)代替比商义品银行为挂号商。

德日矛盾继续发展　　1942 年 2 月 1 日,日本侵略者在上海设立了"敌国俘虏收容所",共计收容了英美籍俘虏 1,500 人。其中有威克岛被俘美军、太平洋战争前留在上海未及撤走的英美两国炮舰水兵以及由天津运来的美国麦克斯队士兵。美籍俘虏占 94%。该所所长大寺宣称,他们采取"生活军队化"的方法来管理敌俘。被俘士兵每室十八人,少校以上军官每室一人。每人每月准许对外通信一次。前面讲过,日本侵略者拟在上海公共租界举行一次使白种人大丢脸的大游行,由于德国人出面劝阻而作罢。但是这件事情严重伤害了日本人的自尊心和德日两个帝国主义国家之间的相互关系。日本侵略者认为日德两国应当立于平等地位,你建立你的欧洲新秩序,我建立我的亚洲新秩序,平分天下,各得其所。如果你要干涉亚洲事务,像往日英美人那样,是日本人所不能容许的。

日本侵略者占领公共租界后,有少数中国企业主曾经挂过德国"卐"字旗,企图保全产权,日本侵略者却不买这笔账,立即予以查封,并且公开地谴责这些企业主不应利用德国人来压制日本。

日本侵略者并不讳言日德两国之间存在矛盾。驻沪日本海陆军报道部长镰田、秋山两人曾分别向各报记者发表谈话。谈到世界形势,他们公开表示:"世界陆军以德国为最强。英美等国是不堪一击的。这样一个强国,加上一个雄心勃勃的元首,将来战胜苏联之后,日德两国由远友变作近邻,就难免没有新的问题发生。"他们对于苏联红军英勇地进行卫国战争,表示非常惊讶。当然,苏联如战胜德国,对日本更为不利,因此他们在语调中经常透露"坐山观虎斗"的一种心情,希望苏德战争长期地打下去,以消耗双方的实力。此时德国法西斯正在张牙舞爪,横行一时,所以日本侵略者对于他们不能不给以尊重,例如将排斥白种人的口号压缩为"击灭英美",将"把白种人的势力赶出亚洲去"的口号改变为"中日满关系不可分",以及不接收上海法租界,终止白人游街等等,都是迁就德国人的具体表现。

自1942年3月1日起,日美两国开始交换遣返侨民。

在那些日子里,日本侵略者虽不便把排斥白人的方针政策宣之于口,但是却又策动一系列的反对西方帝国主义的"群众运动",以向白人示威。他们经常把中国自鸦片战争以来所受的西方殖民者欺负、压迫的历史大肆宣传,以煽动中国人的民族感情。3月5日,他们在上海举行了"东亚民族大会",把以前所组织的亚洲十二国代表一齐搬了出来参加大会,汪精卫派陈公博、丁默邨两人出席了会议。这个会议歌颂日本"解放东亚,保卫东亚,战功彪炳,所向无敌",并且胡说什么东亚各被压迫民族对于日本"誓抱同甘共苦之决心,期达共存共荣之目的"。

敌伪在沪宁两地举行"扑灭英美人侵略大会"　5月31日,南京伪组织奉日本侵略者之命,邀集上海经济汉奸和"闻人",在跑马厅举行"扑灭英美人侵略大会",主席团为陈公博、赵正平、冯节、孙鸣岐、姜文宝、凌宪文、陈孚木、闻兰亭、袁履登、周邦俊、王伯庸、陈亚夫等。

南京方面,除于6月3日举行"扑灭英美人侵略大会"外,并于6月6日成立"东亚同盟中国总会",以汪精卫为会长,陈公博、李士群、罗君强、李凯臣、陈孚木、凌宪文、许力求为常务理事,陈孚木兼任书记长。又以人民团体的姿态,成立了"中华民族反英美协会"。

跑马厅赛马前的情景

上海方面，8月29日举行了"鸦片战争百年纪念会"，同时举行了一次"反英兴亚大会"。

为了进一步麻醉和欺骗上海市民，驻沪陆海军报道部经常召集各报记者提示宣传方针，说什么"中日为同文同种之国，日本对中国绝无领土主权野心"；"日本圣战之目的，乃是解放多年来被白种人压迫的东方民族，为黄种人争气"，"日本决定帮助中国人收回租界，废除不平等条约"，等等。

上海市民对于日本侵略者的手段和作风，业已领教多年，对于他们的真面目，也认识得最为清楚。所谓"东亚新秩序"的实质，就是要把白人的势力赶出亚洲去，代之以日本人的霸权和统治地位。所谓"无领土主权野心"，就是在吞并中国条件未成熟之前，制造许多傀儡政权，以达"分而治之"之目的。所谓"帮助中国人收回租界"，就是要驱逐白人而使各地租界变成清一色的日本殖民地。

日本侵略者侵吞中国民族资本的措施　在经济方面，日本侵略者还提出了"中日产业不可分"的口号，其具体条件为"中日合营"，规定日本人资本占 51％,中国人资本占 49％。显而易见,这是吃掉中国民族资本的一个毒计。当时日本侵略者组织了一个"华中振兴会社",由日本财阀儿玉谦次任总裁,下设矿业、水电、水产、内河汽船、电讯、房地产、蚕丝、都市汽车、上海瓦斯、华中铁道、华中盐业、中华轮船、淮南煤矿等专业机构,将华中公私企业一网打尽。所以上海工商业者都意识到,所谓"合营"不过是吃掉的代用语,关于他们的产业和产权的问题,只能留待战后去清算,此时有理也是讲不清的。

工部局卸任总董范克令的遭遇　　1942 年 8 月 7 日,一个外国人搭乘法租界二十二路公共汽车(自日本侵略者限制电力及限制使用汽油以来,电车减少班次,每晚 9 时归厂。英商公共汽车全部停驶,法租界公共汽车仅有二十二路照常行驶,余均停驶),拿出一张一元破钞买车票,售票员拒绝接受。这本来是一件极其平常的事情。但是中国售票员公然敢于在租界上挑剔洋人,就显得事情并不平常。如果这位洋人能够认清当时的新环境,换上一张钞票,问题也就可以解决。但是这位洋人不识时务,仍旧使出一贯骑在中国人头上的威风,不但不肯换钞票,而且口中还在不干不净地骂,骂得售票员一时性起,一面示意司机煞车,一面挥手叫车上乘客一律下车。这位洋人仍旧不服气,端坐车中不动。

一辆空荡荡的公共汽车,车中坐着独一无二的外国人,车子外看热闹的中国人越聚越多,这对高贵的白种人是一种难堪的侮辱。俄顷之间,又来了一位中国查票员,上了这部空车,问明原委后,也就很不礼貌地责备洋人说:"你不买票就得下车,不下车就得带到行里(行里指巡捕房)去!"这位洋人受了这种抢白,不禁火冒三丈,他不以正眼相觑,兀自坐着不走。

查票员是一个说得到做得到的人,下车招了一个巡捕来。巡捕命令洋人下车,洋人兀自不理不睬,巡捕也恼了,就像老鹰抓小雀一般把他抓下车来,并且当真地带往麦兰路巡捕房去。

巡捕房照例是左祖洋人的,这次却也一反常例,法籍巡长马格龙打电话问法商电车公司(公共汽车属于同一公司),怎样对付这个不肯买票的外国人。那边的回答是,把他扣起来!

这位洋人知道再顶牛下去,自己就会吃眼前亏,因此在捕房里说明了自己的姓名和过去所担任的职务。捕房听得他是卸任不久的公共租界工部局总董范克令，这才引起惺惺相惜，让他安然回家。

9月25日，范克令延请法籍著名律师普莱梅向法国领事公堂提出诉讼，要求赔偿名誉及精神损失费二千元。他的申诉理由是：这张破钞不是假钞票，银行曾出示禁止挑剔破钞，而且这张破钞还是在法商电车上找下来的。使他特别生气的是，法籍警长马格龙对他太不礼貌了。

范克令的这场官司毕竟输到底。此案于10月9日开审，10月30日法国领事法庭裁判官琴格宾宣布："范克令误用外国人的权力，因此应忍受败诉之苦，赔付诉讼费用。售票人有拒收破钞的理由。原告所称由法商电车上找来，殊无确切之佐证。"

不过法国人毕竟也是白种人，对于一个白种人因为付车资的一件小事受了种种折磨，最后还得赔付败诉费用，也不免暗抱同情。10月23日本案将判决时，法租界警务处长费伯尔劝告法商电车公司负责人："以后慎勿轻拘外侨，如有必要，只须索阅身份证或检查臂章，以凭追究。"

此后范克令也就无技可施，报上不再发现他的大名了。

"敌侨"　　"敌侨"的臂章制度是从1942年10月1日开始实施的。日本侵略者规定，一切"敌性国"侨民凡年满十三岁者，均须佩带红色臂章，臂章上写有一个英文字母以代表不同的国籍：A字为美国，B字为英国，N为荷兰，其余各小国一律用X字为代表。自10月5日起，工部局一般洋员也要佩带臂章。自10月15日起，凡佩带臂章者均不许进入各种游艺场所，包括戏院、电影院、舞场、夜总会、酒吧间、回力球场、跑马厅、跑狗场等。事隔不久，法租界迈尔西爱路法国总会（现为茂名南路锦江饭店对过的接待处）也出有"禁止英美人入内"的通告，这虽是多余的一件事，但与黄浦公园禁止华人入内的通告，正是不同时代不同对待的鲜明对比。

自实施臂章制度以来，被称为"敌侨"的外国人便由以前的特权阶级降为被歧视的"少数民族"。在日本侵略者未把他们圈禁在集中营以前，他们依然抱着得过且过的心情。汽车被日本人"征用"了，他们就踏动着双轮自行车,每晨上街买菜,黄昏时候,常见双双情侣,并肩驰骋于沪西郊区一带,他们真有一种"不堪回首"之感。

11月9日,日本驻沪陆海军"最高司令"出有布告,将"敌侨"的不动产全部冻结起来,并规定:"凡敌侨不动产产权之移让或变更,不论真正权利者属于何人,在未解除敌产处分前,一概视为敌产,违者军法从事。如确非敌产,自本月10日起,至1943年2月9日止,应将证明文件呈交新敌产管理委员会,申请解除敌产处分,逾期概不承认。"

11月13日,日本侵略者又有布告调查一切"敌产",包括动产及不动产,日期自16日至25日。并规定:中国人的银行、钱庄所存"敌侨"存款以及"中立国"人代管此项存款者,均须代报。凡"敌侨"一切家具之转让或移动,包括风扇、火炉等件,均须事先取得日方允许,违者军法从事并没收之。凡有短波收音机、摄影机、望远镜者,均须自动交出。倘有人代收各物,隐匿不报者,重惩不贷。

与此同时,日本侵略者将所占英美人的大型建筑物更改名称:汇丰银行大楼改名"兴亚大楼",亚细亚火油公司大楼改名"善邻大楼",字林西报大楼改名"大同大楼",有利银行大楼改名"共荣大楼",美国总统轮船公司大楼改名"同文大楼"。

1943年2月15日,日本侵略者将第一批"敌侨"圈禁于浦东"敌侨集中营",被圈禁者以男丁为限,妇孺仍可留在家中。日本侵略者准许"敌侨"携带罐头食物入营,因此市面上的这类食物被他们搜购一空。不少外侨在入营之前访问中国朋友,请其照顾妻室儿女。15日上午,入营"敌侨"先到老闸区捕房报到,捕房空地上挤满了佩带红色臂章的外侨,他们的家属前往话别,展开了一幅生离死别的凄凉图景。

上海的大赌窟——证券大楼

证交市场复业 上海素有"冒险家乐园"之称。"八·一三"以前,以国民党四大家族为首的财政金融垄断集团,在上海从事内国公债和各种有价证券的投机买卖,早已通国皆知,丑声四播。中日战争发生后,这批显贵随着国民党军的撤退而远走高飞,但是又有各省市的大地主、大富豪、下台军阀和大官僚避难来沪,做了投机市场的新顾客,加上留沪未走的豪商巨贾,所以投机队伍仍然很大,投机事业颇不寂寞。

日本侵略者进占公共租界后,上海各行业恢复得最快的就是证券市场。这个市场设在汉口路证券交易大楼,表面买卖华洋股票,暗中兼营黄金、外币、公债等投机交易,除纱布在爱多亚路另有市场外,这里几乎无所不包。上海局势发生突变的第二天(1941年12月9日),这个市场就半公开地买卖黄金、外币、华洋股票和内国公债。是日开盘不久,忽传美钞将被日人没收,因此市价暴落,法币十元可兑换美钞一元。客户纷纷抢购黄金,曾把金价每十两哄抬到三万元的新高峰。但是,俄顷之间,又传日本侵略者将统制黄金,于是客户又纷纷脱手,金价一路狂泻至八千五百元而止。下午开盘时,又传统制黄金之说不确,金价又回涨至万元大关以上。这种七嘴八舌的谣言,大起大落的行情,造成了大鱼吃小鱼的大好机会,实际上这些都是有人暗中在操纵的,这就是投机市场无风生浪的本色,也是资本主义社会弱肉强食的一个缩小镜头。

此时日本侵略者忙于掠夺中外大企业和重要物资,证券投机并非囤积物资可比,因此置而不问。他们对上海市场作了一番了解,察觉到上海游资过度集中,一定要开放一条出路,而把游资引导到证券投机市场,对他们统制物资的政策有利无弊,因此12月22日,工部局许可证交市场正式复业,规定华股可以自由买卖,但洋股、外币以及国民党所发行的公债,均属"敌性"范围,不在许可之列。对于黄金能否买卖,则无明文规定。事实上当时这个市场以黄金交易为最热门,从12月16日至30日,金价盘旋于一万三千元至八千五百元之间，波动不算太大。洋股、外币也有秘密成交，只是不公开喊价而已。

证券大楼巡礼　　这个时期，国际舞台上正在进行着空前残酷的第二次世界大战，而这个大楼的争夺战也打得并不含糊。每天上午9时前（日本侵略者的战时钟点拨快一小时，所以那时的9点钟是8点钟），就有形形色色的人们，跨着飞快的脚步，像潮水般涌进这所大楼来。一进这所大楼的大门，就使人感觉到黑市之黑，果然名不虚传，从大门口走到电梯间，是个宽阔的甬道，两边没有一处可开窗户，光线无从透入。甬道尽头东西两面设有两架电梯，投机者

交易市场内人头济济的情景

就在这里展开了战斗的序幕，他们必须拿出冲锋陷阵的全副勇气，才能挤得上。一直要挤得铁门拉不上，电梯开不动，连大力士也挤得透不过气来，电梯才在一片扰嚷声中十分勉强地爬上去。

　　这所大楼共有八层，底层为证券经纪人议价的"场内"，第二层为交易所办公室，均不许客户出入。第三层至第八层分布着一家家的证券字号，大者占有三室至五室，小者只占一室，不论生张熟魏，均可入内问津。各层楼的每家字号里都挤满了经纪人、捐客、客户和观光人士，都是人上堆人，挤得像沙丁鱼一样。行情波动愈烈，客户到得愈多，连门外走廊上也都站满了人。室内最引人注目的是一块大黑板，经纪人站在那里，不停地用粉笔记录着各种热门股票的行情，行情时刻变动，有的直线上升，有的直线下降，有的曲折盘旋。每当行情升降到一定幅度的时候，这种股票就

得暂停交易,以便抽出时间办理交割,这种情况叫做"涨停板"或"跌停板"。但在停板后仍有少数"暗盘"交易出现,不受停板价的限制,这种交易叫做"黑市"或"场外交易"。

投机交易造成的市面影响　证交大楼的投机交易,对全市可以产生各种不同的影响。

第一是对交通的影响。

证交大楼是装置电话机最多和使用电话最频繁的地方,也是全市声音最嘈杂的地方。每家字号的柜台上、桌子上都摆满了一排排的对讲机、外线机,每架机子都不停地使用着,无论打进打出都得耐心等候。字号里的经纪人和捎客之流都是打电话的超级能手,他们能够五官并用,两手各持一个话筒,跟两个不同的对方讲话。除星期日和例假外,每天上午从9点到12点,下午从1点到5点,都是这所大楼进行交易的时间。在这些时间内,全市各大工厂、大商店随时随刻都要打听证交行

交易市场内排列密集的电话

情的升降幅度,以便决定物价的升降;同时还有部分客户从外面打电话来问行情,因此各家字号里报行情声、问话声、成交声交织一片,震耳欲聋。在这些时间内,一般市民要打电话就很难听到表轨声,甚至接通一次电话要等半小时之久。

每天证交开市前和停市后的一段时间内,市中心区南京路、汉口路一带,交通特别拥挤,各种车辆往往排成一字长蛇阵,交通警很难掌握调换红绿灯的正确时刻。由于车辆拥塞,行车的速度也大大降低。

第二是对银根的影响。

每逢证交市场金、币、股票和公债掀起一片涨风的时候,客户一面倒的趋势能够把市面游资的大部分吸收进来,使得银根转紧,拆息提高;而当大户逢高吐出,止涨转跌的时候,又能够把游资赶出去,造成银根转松,拆息下降。这两种趋势虽然交替出现,但由于通货恶性膨胀,涨风比跌风多,跌风不过是偶然现象而已。

第三是对消费市场的影响。

每当投机市场的行情大起大落的时候,总有一些人大大捞了一票。他们及时行乐,挥金如土,这种现象反映到市场上的是:歌台、舞榭、旅馆、酒楼均告客满,高级商品生意兴隆。相反,投机市场一时陷于停顿状态,或者银根骤然转紧,这些消费性市场就要冷落得多。

形形色色的投机人群　　参加投机市场的人群,有"大鱼"、"小鱼"之分。所谓"大鱼",大体上可以分为下面三类:

第一类是南京伪组织的官僚资本,包括"财政部长"周佛海、"中央储备银行副总裁"钱大樾,"江苏省长"李士群以及公馆派(公馆派指经常出入于汪精卫之门的大汉奸,其中以广东籍为最多)的一批大汉奸。他们利用职权,动用大量公款,并通过放款的形式贷与某些私人银行或企业公司,而他们正是这些银行或企业公司的后台老板。他们还采取了"政权"与投机事业相结合的方法,上下其手,狼狈为奸。例如伪组织打算提高金价,他们就派代理人预先在投机市场大量购进黄金;伪组织打算抑低金价,他们又预先抛出,然后逢低补进。他们口中也大喊大叫"必须严办扰乱金融的投机分子",而他们正是投机市场中张开血盆大口吞吃小鱼小虾的头号大鱼。

第二类是有大工厂或大公司为背景,拥有雄厚资金,能够在一定程度上操纵市场的"上海闻人"或"工商界巨子"。太平洋战争爆发后,由于原料供应困难和货币不断贬值,正常的生产业务无法进行,这些大亨们便都转移阵地到投机市场去活动。他们所采取的一个最普遍的办法,就是拿本企业的股票作投机筹码,调度一笔资金,吸收这种股票。投机市场向有一种盲目跟进的习惯,局外人看见这种股票的行情很有窜头,大家纷纷抢购,于是这种股票便因市场筹码减少而继续上涨,当投机市场价格涨到了超过他们企业的实际资财时，这些大亨们又用明收暗吐的遮眼法，或者用今天收、明天吐，收收吐吐的"机动战术"，把他们所持有的大量股票用逐步的而不是突然的步骤抛出来。这时候，局外人又都心慌意乱而纷纷脱手，因而造成了一面倒的下降趋势。等到下降得差不多了，大亨们又采取"人弃我取"的战术，用低价吸收进来。这样一收一放，一放一收，循环不息，别人的腰包空了，他们的钱袋就越装越满了。

第三类是部分投机集团所组织的"多头公司"或"空头公司"，论地区有津帮、广帮之分，论行业有纱花帮、金融帮之别。他们有组织，有计划，资金雄厚，消息灵通，这些都是区别于一般"散户"的有利条件。他们经常选择一种热门股作为投机筹码，多头公司竭力拉抬价格，空头公司则竭力压低价格。所谓多空头并不以股票实物来进行交割，只不过是在纸面上转一笔账而已。当时的热门股有永安纱厂、美亚绸厂、永安百货公司等。他们专做热门股，热门股出进都比较容易，不像冷门股经常"有行无市"，可能造成资金搁浅。当然，这种投机手法也不一定一帆风顺，有时一个实力大的"多头公司"遇到一个实力大的"空头公司"，正是棋逢敌手，杀得难解难分。遇到这种场面时，他们或者采取沉着应战的方针，拖过当前不利的形势，而将所应遭受的损失转嫁给那些气口短、魄力小的"散户"，或者通过和解，双方把行情拉平，以免两败俱伤。

以上三个类型，除第一类利用职权挪用公款者外，第二、第三两类都还是拿自己的本钱去赚别人的钱。另外还有一种人，既无职权可供利用，又不必拿出自己的本钱来，他们可以拿别人的本钱去赚别人的钱。这种人也可以分为以下两个类型：

第一类是有工厂或公司为背景的，他们往往以增资为号召，一年增资一次，其办法分为赠股、认股、溢价股三项。赠股是一股赠一股或数股，认股是由原股东照票面认购一股，溢价股据说是因股票的实际价格超过票面价格甚远，企业的主持人（企业主持人指董事会董事、总经理和大小职员。每增资一次，他们除按"公司法"分得红利和酬劳股而外，还可以利用新收进的股本，进行投机买卖）为了维持股东利益，在市价（市价即证交市场的成交价，为实际价格）之下和票面价格之上规定一个折中价，由原股东照数摊认。凡自愿放弃认股及溢价股之权利者，听其自便。表面看来，由于通货不断贬值,股票的市场成交价与企业的实际资产脱节,每年增资一次,按市价调整一下,是有其必要的。但在上海沦陷时期来增资,就完全是个骗局,企业主持人从原股东的身上搜刮一笔现金,可用以在证交市场中操纵本身的股票,或者用以囤积原料及货物,而所得利润可以假公济私,据为己有。此项增资股的办法,在证交市场中曾经哄动一时。某些企业在将增资之前,这种股票立即疯狂上涨,有时竟至有进无出,后来戏法戳穿,问津者就寥寥无几了。

第二类是无背景的投机家,也想弄个背景来骗别人的钱。君不见,那时报纸广告栏都被什么"企业公司"、"保险公司"、"地产公司"、"股票公司"的广告占去很大篇幅,这些滑头公司在筹备成立之前,先发行五元或十元一股的小票面股票,专以"小鱼"为招股对象,"小鱼"资力虽小,但人数众多,在市场中追逐蝇头之利,往往以耳代目,容易上钩。公司筹备人先与证券商勾结起来,许以分肥,证券商就替他们作义务宣传,吹嘘这家公司阵容坚实,前程似锦。于是"小鱼"纷纷前来认购,而公司股票尚未发行,先用临时收据作为市场中的投机筹码,股票行情已被提高。这种小型股也曾泛滥一时。后来经受骗人揭发,也就一蹶不振而被市场淘汰了。

除以上所述的各种"大鱼"和滑头公司而外,各家证券字号的经纪人和掮客都是理所当然的大骗子和吸血鬼。证交市场规定,客户无论买进或卖出,所付佣金一律为千分之五。如果单靠收佣金,所有证券商都得喝西风过日子。证交这个行业本来就是个口吃四方的行业,他们最大的收入就是靠"吃"。"吃"有三部曲:一是吃盘子,他们对客户报行情时,对买方总是报高一档,对卖方总是报低一档,对双方各刮一点油水,没有油水就不是生意经。如果客户出进冷门股,冷门股开出来的是瞎行情,则所刮的油水更多。二是吃差额,各种股票的进出价都有相当的差额,如某种股票买价一百元,卖价一百二十元之类,差额愈大则他们吃得愈多。三是吃套头,即低利收进客户的存金,高利对客户作信用垫款或抵押借款等等。

总之,证交大楼是上海最忙的一个角落,从事证交事业的人是世界上最忙的人,他们扮鬼脸、说假话,五官四肢并用,眉毛眼睛一动都是暗示,吃盘子不露痕迹,吃人不吐骨头。证交大楼的内幕,是说不完写不尽的,以上种种,不过是一个简单轮廓而已。

工部局忽又取缔证券投机　　1942 年 2 月 14 日,工部局发出布告,规定该局所收捐税以"中储券"为限。3 月 9 日,又令银钱业自本日起,对于存户所存新旧法币,分别立户,以前存欠概以旧法币支付。这是

沪北钱业会馆门景

用政治力量抬新压旧的开始,因此是日市场一片混乱,华股、纱花、布匹、杂粮、日用品全部上涨。市场交易所问者不是物价贵贱的问题,而是货物有无的问题。各商店一日改码数次,早晚行情不同。黄金原来站定每大条一万四千元左右,是日突涨至一万七千元,12 日又涨至二万元。这种情况使人回忆起第一次世界大战后德国马克贬值及 1925 年武汉中央银行宣布现金集中的金融恐慌时代。

　　"中储券"最初在租界内是不通用的。以后,敌伪方面强迫各商店与法币等价使用,但上海市民无人肯把伪币收藏过夜。此次日伪又用政治压力贬低法币,3 月 14 日,伪组织宣布每日每人平兑法币以三百元为限,这无异于在经济上刮起一阵强烈的台风,引起百物上涨,尤以开门七件事涨得最快最多:黑市米涨至每石五百元,煤球每担涨至三十元,食油涨至每市斤八元。证交市场的金钞、证券无一不涨,其中以华股上涨的幅度为最大,平均涨起四倍。美钞与黄金的比值本来是五百二三十元等于一根大条子。4 月上旬又有统制黄金之谣,因此金价转疲,美钞步步上涨,每元涨至法币三十六元,与黄金之比率改为四百六七十元对十两。美钞分为大票面与小票面两种,简称大钞、小钞,同一货币却又产生了两种不同的价格,小钞必须"升水"才能兑到大钞。当时有一种"跑单帮"的客人,专收百元大钞,秘密带往内地,由于这种供求关系,投机商便将大钞的黑市价提高了。

　　由于股票涨势颇劲,带动了金币、公债的上涨,而伪币的实际币值仍在不断降低之中。日本侵略者对证券投机本来采取放任主义,此时感到这种涨风对它也不利,因此 6 月 26 日,又叫工部局下令开始取缔。此后

日本侵略者一再强调称："将以扑灭英美的力量来扑灭不法交易。"但是，日本侵略者打不败狡猾的投机商，在这个大楼里，所谓不法交易就从来没有停止过。在日本侵略者的严令下，当然客户大大减少了，公开喊行情、做买卖的事情也不可能再继续下去了，但是他们却由公开转入不公开，黑市之外又产生了黑黑市。由于一切交易都戴上了双重的黑帽子，吃盘子和玩过手的机会更多了，各证券字号经纪人可以用"黑吃黑"的手段，来弥补他们因营业锐减而受到的损失。

有人问道：这所大楼并非海市蜃楼，经常有巡捕和包打听前来查缉不法交易，为什么他们还敢于我行我素坚持下去？这个问题是很容易找到答案的，他们和巡捕侦探之流也做了一笔额外交易，彼此心照不宣，当巡捕侦探前来巡逻的时候，他们就暂停活动，等到这伙人转身走了，他们照样又活动起来。由于日本侵略者取缔金币交易更为严格，他们就采取散兵线把客户和掮客分布在各层楼的走道上，并且采取机动战，今天在五层楼，明天在七层楼，并无固定场所，巡捕们也就知而不问。又有人问道：日本侵略者为什么不去占领这座黑市大本营或者把它封锁起来呢？事实上日本宪兵也和巡捕们一样是可以用钱买通的，而更大的原因是，日本侵略者根本没有彻底扑灭黑市的决心，偶然把几个进行黑市交易的经纪人带到行里去，结果，坐了一两天的牢，叫他们具上一张结，罚了一笔款子，就把他们放了出来。他们没有一个人像"政治犯"一样受过严刑拷打和长期监禁，而放出来之后，仍做着原来的勾当，也从来没有因吃过官司而洗手不做。当时的敌伪报纸，也经常对投机商进行口诛笔伐。但在报纸的另一版，却又辟有专栏记载投机市场的一切动态，包括当天黑黑市的最高和最低的行情，甚至对行情起跌的趋势作了预测或推论。这就是他们既要当婊子又要起贞节牌坊的两面手法。

房地产投机事业的风起云涌　　由于日本侵略者取缔证券交易，不少客户裹足不往，因此市面游资又向房地产方面开辟新战场，造成了房地产直线飞升的趋势。这种投机性的房地产事业，与战前房地产公司所经营的业务不同。他们首先集中一笔不大的资金，组织一家专以出售新房子为业务的房地产公司，然后购进一块地皮，从设计、打样、领照、包工、购料、施工一步步地做起,不待房屋建成,就采取分期交款、分幢出售的办法,利用别人的价款支付建筑费用,这样资本不大却能获得非常可观的利润。等到全部房屋都有了定户,他们便又另外购进一块较大的地皮,建筑较多的房子,一切作法如前,如此循环不已,他们的生意越做越大,钱也越赚越多。同时,他们还可以把公司股票投入证交市场,吸收更多的资金,进行实物投机与证券投机双管齐下的勾当。

实物投机比金钞证券投机具有更多的有利条件,因此上海投机商便又一窝风似的集中到这个新战场来,所谓房地产公司像雨后春笋般纷纷出现。他们的门槛越做越精,后来房产脱离供求关系和使用价值而成为"踢皮球"的一种特殊商品:不少人买了新房子并不住进去,而是加价出卖,由此一再转让,以致空屋长期封关,皮球愈踢愈高。这种新房子大多为沪西区大花园洋房,问津者大多为下台的大军阀、大官僚和投机市场中的暴发户。由于这一趋势,租界上便又出现了一种怪现象:一方面房荒严重,顶费愈盘愈高,一幢小房子上上下下挤满了十多户;另一方面却又有大洋房空无人居,像被它的主人遗忘了的一样。

上海的一切投机事业,都不会兴旺到底,房地产投机也不例外。当时有两种谣言:有的说,南京伪组织准备发行新公债,用以换回战前发行的旧公债,将对新成交的房地产摊派新公债三成。有的说,日本侵略者将在租界上征用钢窗铁门以供军用(后者不一定是谣言。1942年8月17日,上海市伪社会局开始征集旧金属。8月20日,工部局设立废金属收受所。同时,华北也有所谓"献铁运动")。谣言传出后,房地产投机事业便又逐步走向低潮。

日本侵略者取缔黄金黑市时紧时松　　1942年7月上旬,上海游资又回窜到黄金黑市来,金价突破二万元大关,升至二万五千元。此时证交市场的黄金黑市,就像哑巴用手式代讲话一样,用指头向内是买方进价,指头向外是卖方讨价,大数万元不计,伸一个指头代表一千元,多者类推。客户问价时称金条为"黄鱼",后来因为黄字太露骨,改称"加拉大"或"柴板",这简直成了江湖黑话了。此时日本侵略者的脑筋又变了,他们想起金子这东西,饥既不可以为食,寒又不可以为衣,与其让游资在物资上翻筋斗,使物价越盘越高,倒不如把它引导到黄金投机方面,反而害少利多。因此,他们对黄金黑市又恢复了以前所采取的放任的态度,但只许偷偷摸摸地做,以免影响他们的威信。各报登载金价也未尝不可以,只许写作"同业互做价",似乎"同业互做"和开放黄金市场是两回事情。

市场物价一度回跌的原因　　说也奇怪,自金市半公开以来,7月中旬金价忽由二万五千元的高峰跌到一万九千元,8月7日一度出现一万七千元的最低价。这里面有银根抽紧和租界"清乡"之谣所引起。由于金价回跌,货物也纷纷出笼,棉纱每包由八千余元下落至五千元,成交额也大为减少。百货商店由不标价转入削价求售。房地产业由于挂号比商义品银行通知各业主,必须据实填报产值,似乎证实了提高税率和按值摊派新公债的传言,也就止涨转跌。只有华股的行情变动不大。

租界"清乡"之谣对物资囤户是个严重的打击。如果租界也像苏浙沦陷区一样清起"箱"来,物资被敌人没收,倒不如及早出笼的好。这是当时物资纷纷出笼,物价平均降低三成的主要原因。但市民的日用必需品煤、米、油、盐及菜蔬等,则并不跌价,市民生活仍感威胁。

7月28日,"中央储备银行"宣布借到日金一万万元,日伪方面大肆宣传:"这是稳定新法币的一项重大措施。"

9月1日,上海中央、交通两行在敌伪压力下宣布改组复业。日本侵略者见投机事业由盛而衰,物价止涨回跌,不禁喜形于色,吹嘘他们的经济统制政策行之有效。9月1日,他们叫先施、永安、新新、大新四大百货公司带头再把售价降低一档。上海市民听得有便宜货可买,一大早便跑到四公司门外去排队。铁门一开,人潮就像水闸开放一样一涌而入,外则交通中断(因为马路上站满了要进去买货的人们,各色车辆无法通过,都改道而行),内则水泄不通,工部局忙派大批巡捕到场维持秩序。这一天,马路上站满了衣冠楚楚的一群排队买货的人,和米店外排一字长蛇阵买米的贫民,两者正是一个鲜明的对比。

上海市民都有一种敏感,以为削价必难持久,货物一天比一天少,早去一天可以早抢一点东西到手。这里用"抢"字是有道理的,因为这一天与其说买货,毋宁说"抢货"来得恰当。当天国货公司的铁门被挤坏了,正午提前收市。四大公司改由侧门出入,也都在午后一时打烊。就在四大公司削价的同一天,日伪把邮资提高了一倍。

这一天,那些费了很大气力和时间去"抢货"的女士们和先生们,带回去的东西都是霉坏变质的次货和过时货。皮蛋要敲破才肯卖,每人限买一只,售价四角。凤尾鱼也要开听,每人限购一听。来路货(上海人称舶来品为来路货)和超级国货都被公司收藏起来。次货卖完了,第二天四大公司便以进价高于售价为理由,申请提高售价,工部局不得不予以批准。于是日本侵略者强抑物价的政策又破产了。

9月3日,日本特务机关出有布告,严禁清乡地区物资内移。但是走私之风盛行如故。日本哨兵也常有"开后门"和"塞狗洞"的事情。同时,内地需求物资甚殷,过去贩卖敌货者以汉奸论,如今则无论什么货只要能够运进去就受到欢迎。

大批纱布投机商被捕　这一时期,日本侵略者专心致志地抑平物价,因此游资又回流到投机部门来。10月上旬,丙种公债带头上涨,金价也回升至二万二三千元,股票重露锋芒。日本侵略者只抓物资方面的投机商,对此并不认真计较。10月22日,纱布商有四十余人被捕。

10月下旬,上海又有"币制将进行第二次改革"的谣言,据称日本政府拟统一亚洲各国的币制,将发行一种"大东亚通用币",与伪币之比值为一对五。"财政部长"周佛海发表谈话,否认其事。

上海市民对伪币虽很不信任,但是伪币的发行额还不太大,所以证交市场中各种投机筹码的上升,似乎还有一个限度,金价以二万五千元为顶峰,丙种公债以六十元为饱和点,涨到这个限度,便又回旋下降。但自11月反轴心同盟国在北非开辟第二战场后,形势为之一变,11月20日金价突破二万五千元大关。日本侵略者又怕黄金上涨足以刺激物价,于是又派伪警前往证交大楼捕捉黄金黑市的投机商。上次捉人,曾使金价为之狂跌,这次则不然,一方面伪警在捉人,一方面黑市照样进行,而且越捉越跳,21日跳至二万六千元,22日又跳了一千元。此时一千元还不算小数目,一跳一千元算是一个大跳。12 月上旬,情况愈趋愈下,几乎每天都要跳起一千元。嗣后虽曾一度回落,但到农历年关,又一次大跳特跳地到达三万七千元的新高价。

在敌伪时松时紧的控制下,投机市场从来不是风平浪静的,而物价与投机事业相互牵动,一波未平,一波又起,遂使日本侵略者的战时统制经济的政策一筹莫展。

所谓配给制和限价政策

配给米开始发售　　上海是沦陷区物资集中的大本营。日本侵略者要在上海搜刮物资,就不能不从加强统制、厉行封锁、消灭黑市与实施配给制入手。可是,日本侵略者推行这些办法,在很短时期内都遭到了可耻的失败:统制是不彻底的,封锁奖励了走私,配给是配而不给,给而不足,足而不能用。

日本侵略者在上海施行配给制以前,上海市民所关心的首先是吃的问题。北方传来消息说,日本侵略者在东北只许中国人吃杂粮,米、麦、精粮都要留给关东军吃。日本占领当局在秦皇岛一带限制更严,见民间炊烟升起,也要入户检查,如果搜出米和面粉来,就被当作违禁品而予以没收。南方也有消息说,广州因粮荒严重竟然发生了人吃人的惨剧,据说有不法之徒躲在墙隅路角,遇有胖子经过,就突然跳出来用闷棍打死,然后拖往野外用火烤熟吃,因此,广州市郊区的胖子,必须结伴而行,否则宁可杜门不出。此说似颇离奇,有人怀疑过甚其词,但是报上发表汪精卫老婆陈璧君的一段谈话,对于她的家乡发生此种惨无人理的事件,表示非常痛心(广东伪省府枪毙了三名食人犯,但这三人并非真正食人犯,而是把这一罪名强加在三个死囚的名下,杀之示儆)。上海人提心吊胆地怕有这类事情在上海发生。

1942年7月6日,工部局开始发售第一期配给米,规定市民可凭"市民证"领取购米证,每星期配米一次,每次每人可购食米一升半。上海人看了这张布告,立刻感到惶惶不安。因为根据一般人的食量,一升半米仅供一人两三天之用。上海市民称配给米为"户口米"。"户口米"分段指定米店发售,分批规定购米日期,所以排队买米的一字长蛇阵消失了。以前日本侵略者禁止食米在市区内移动,从这天起,米不过三斗者可在市区内移动而毋须领取许可证,这却为黑市米开了一扇方便之门。

户口米不仅数量很少,而且质量也很劣:籼米杂有泥沙碎粒,白米霉

上海市民排队购买"配给米"

上海市民在抢购"户口米"

糙难以下咽。原来日本侵略者把仓库里所存的碎米、糙米搬出来配给市民,而将好米留给自己吃。更糟糕的是,配给米在数量、品种和售价等方面时有变更,例如第一期配给白米一升、碎米半升,第二期改为碎米一升、白米半升,数量与售价相同而品种不同。8 月 28 日发售第八期户口米时,碎米改为苞米粉。9月21日,工部局宣布配给米改为10日一期,日期延长而数量并不增加。

由于配给米数量不足,引起了熟食品带头的一片涨风。油条每次涨价就加一倍,在涨价的一天,油条还像原样,只隔了一两天,它就越做越小,露出了一副"形消骨立"的可怜相。

黑市米疯狂上涨　　自从推行"计口授粮制"以来,日本侵略者强调要彻底消灭黑市米,严令日本哨兵加强封锁,宪兵加班巡逻,夜间放出更多的狼狗来咆哮咬人。于是米贩子避开正面,绕道爬过铁丝网进入市区。9月下旬,海格路红十字会第一医院(今华山路华山医院)住进来九个血肉淋漓的米贩子,其中有七人被狼狗咬伤,两人被枪击中要害,不治身死。当时医院外科人员表示,这些米贩子都是由于生活被迫而做这种生意的穷苦人,他们所犯的是日本侵略者的"法",幸而有这批人"犯法",上海市民才不致活活饿死,因此医护人员对他们表示同情,并且尽了最大的努力来抢救他们。同一时期,日本侵略者又在市区内大捉米贩子,被捉者大多为妇女,日本侵略者强迫她们裸体跪下,极尽野蛮凌辱之能事。

由于以上原因,上海封锁线内外出现了米价高低悬殊的现象,封锁线外每石二百元,而市内则高达四百四十元,所以冒着生命危险爬过铁丝网的米贩子仍然不绝于途。9月28日以后,日本侵略者出动更多的宪兵分段巡逻,于是米贩子来得少了,而黑市米价平均每天跳起一百元,由四百四十元一直跳到七百六十元。尽管日本侵略者用尽了种种穷凶极恶的手段,但是黑市米并未消灭。

1942年12月8日为日本侵略者发动太平洋战争的一周年,他们正在开会庆祝的时候,黑市米忽跳至一千元一石,这对他们的"王道精神"是个无情的嘲弄。这次米价突然跳得很高,半由于通货膨涨的影响,半因敌伪在苏浙沦陷区大举清乡,清乡区的农产品受了封锁不能运出来。

香烟、食油开始限价、限购　　除食米外,配给制还推行到各项日用品,香烟、火柴首先实行。这些日用品不是采取凭证购买的方法,而是采取按人限购的方法,因此为零售商大开生财之道。例如,香烟规定牌价,每人限购一包。在开始限价限购的时候,一个人跑上十家烟纸店,可以买到十包烟。随后不久,烟纸店老板不甘利权外溢,就把限价烟藏起来,改作黑市价售出。此时除巡捕和包打听等特权阶级而外,任何人休想买到一包限价烟。黑市价香烟则要买多少就有多少。有些高级烟不在限价之列,如茄力克香烟每听售价一百八十元,那就不是一般人所能问津的了。

从 11 月 16 日起,食油也采取限价限购的办法,每人每次限购半斤。油盐店老板不能像烟纸店老板一样把配给品全部独吞,因此市区内又出现了"轧油党",把轧来的平价油用黑市价转售于人,像过去轧平价米的"黄牛党"一样。这一时期,由于供求关系失常,物价也发生了反常现象。例如过去鸡比肉贵,此时鸡价每斤十一二元,反在肉价之下。过去精肉比肥肉贵,此时肥肉因可熬油每市斤售价二十余元,在精肉价之上。过去火腿比鲜肉贵,此时火腿每市斤只有十余元。过去大米比籼米贵,此时籼米因涨性较强而与大米平价,等等。

由于失业、贫困、饥饿笼罩着整个上海市,市内乞丐到处成堆,路倒尸也经常在热闹市区出现。当时日本侵略者厉行所谓"人归于户、户归于甲"的保甲制,任何人没有市民证就没有住居权,但是对于没有市民证的卑田院中人,就只能置而不问。

12 月 8 日这天,驻沪日本陆、海、外三方面的负责人邀请上海的一批经济汉奸,研究当前的经济问题。他们的结论是,要贯彻执行战时物资统制政策,必须消灭一切黑市,要消灭一切黑市,首先必须消灭黑市米,而要消灭黑市米,首先必须增加户口米的数量。1943 年 1 月 11 日,户口米增加到每人每期可购二升半。虽然配出来的仍旧是红糙米和碎米,增加的数量也很有限,但这次总算是他们自推行配给制以来配量不减少反而有所增加的惟一的一次。因此工部局公布,自 1 月 13 日起,一切重要食粮均禁止搬运,黑市米绝对禁止,违者从严治究。在日本侵略者凶狠残暴的屠刀下,马路巡捕也不敢公然收买路钱了,但是黑市米在极端困难的条件下仍未绝迹,相反,在求多供少的情况下,已经回落到七百元一石的黑市米,13 日又回涨到九百元,14 日上午跳到一千二百元,下午再跳到一千五百元。两日之间,跳起一倍有奇,这种直线飞升使得市场上各行各业望尘莫及,因此绸缎业开门不做生意,各商店提前打烊,造成了各业无货应市的局面。于是工部局又派出大批捕探,将黑市米在郊区的"转运站"周家桥一带的米店悉行封闭,并悬赏鼓励市民检举粮食囤户。由于法租界取缔米贩子不力,日本侵略者很不满意,警告他们必须加强协力。

1月27日,日本东亚海运公司所属"筑波丸"从曼谷运来暹罗米一千吨,这是日本侵略者自占领租界以来第一次从海外运来的一批洋米,也是仅有的一次。他们大吹大擂,摄制照片,送交各报刊登。

工部局大捕黄金和公债投机商

日本侵略者对于证交市场的黑市交易,从来没有采取过一种坚定不移的政策,此时为了加强物价管理,感到这个市场也有严加控制的必要。1942年11月下旬,他们派巡捕逮捕了一批黄金和公债的投机商,并规定黄金每市两不得超过二千七百元的限价,首饰店必须挂牌遵行。但黄金并无配给,首饰店的饰金来源也是求之于黑市的,如果黄金黑市消灭,这个行业只好关门大吉。事实上,工部局捉人是一回事,黄金照样有黑市又是另一回事。12月2日,黄金黑市价每两二千八百元,3日涨至三千元,都超过了限价。首饰店推举代表请愿配给黄金,否则让他们关门停业。工部局回答说,关门是不可以的,黑市价也不可以承认,为了照顾你们营业,可以酌量提高限价。于是黄金限价12月2日提高为每两二千八百五十元,3日再提高为二千九百五十元。这种动作表明,日本侵略者一面严厉取缔黄金黑市,一面又承认黄金黑市存在,一面规定黄金限价,一面又尾随黑市而不断提高限价。限价政策刚开始,就被他们自己朝三暮四的手法破坏了。

日本侵略者训练"经济警察"

自1943年1月起,工部局除扩大原有的"物品统制处"而外,又增设了"经济警察署",以日籍总巡五岛为署长。这个新成立的机构,打头一件事就是训练经济警察,以便派往各市场进行监督。他们进一步扩大了限价政策,规定了肉类的牌价。自1月24日起,市区内制造商和批发商对于任何物品,在未经核准以前,均不得擅行加价,并限于2月10日以前将货物成本及售价交"物品统制处"备核。

南京路四大银楼被封　　照往日的经验,农历年关为各行业一年的大结算之期,银行收回欠款,市面银根紧俏,物价趋于下跌。但是1943年之初,由于希特勒德国作战渐趋不利,加以伪币充斥市面,这种情况有了很大的改变。上海各行业在封关度岁之前,即已展开了一次猛烈无比的涨风,涨得最厉害的是布匹,黄金黑市价每两也高达四千元。农历年关既过,2月13日,工部局又一次禁止各报刊登黄金黑市行情。2月16日,封闭了南京路新凤祥、老凤祥、方九霞、裘天宝四大银楼,理由是他们挂牌金价每两三千九百元,超过限价九百元。这样一来,全市各银楼纷纷自动停业,结果,当天工部局又以罚款的方式将四大银楼启封,而当天的黄金黑市价又继续跳到每十两四万八千五百元。至此,各银楼无牌可挂,无业可营,只能开起门来喝西风,倒也乐得逍遥自在。

华商六十五家证交字号全部被封　　2月18日,工部局又将证券大楼最大的"中国"、"永昌"两家股票公司查封,其余各家证券字号也都自动停业。但是,各项华股的黑黑市仍然存在,而且涨风更为剧烈。工部局索性一不做,二不休,3月8日又将华商证交字号六十五家一齐封闭。

伪组织成立"商统会"和"审议会"　　1943年3月,日本侵略者把统制物资和分配物资的工作,交给南京伪组织办理,自己只在幕后控制。他们认为,"强龙难敌地头蛇",采取这个新办法,不但手续上要简便得多,而且可能比直接控制的效果大得多。在日本侵略者的授意下,伪实业部长梅思平提出"改组华中收买、配给机构,撤废和平地区内物资移动之限制"一案,经伪最高国防会议通过,自3月15日实行。这一方案的主要内容是:

　　一、设"全国商业统制总会"为华中收买、配给之中央统制机关,"国民政府"对该总会有指挥监督之权。

　　二、设"物资统制审议会"为"国民政府"对"全国商业统制总会"之指导监督上的咨询机关,担任拟定华中物资统制计划,由"国民政府"所属各有关"部长"、"次长"、"经济顾问"、日方大使及大使馆经济部长、日方海陆军代表等组织之。

三、设"物资统制干事会"为"物资统制审议会"之下属机关。

四、"全国商业统制总会"设理事会,由中国民间财政界人士组织之。理事会决定收买、配给之重要事项。

五、"全国商业统制总会"下,依照物资类别,设立"商业联合会";此项联合会在原则上应由中日双方代表组织之。

六、日商及华商均在其组合及公会下为委员或会员,直接与生产者折冲,收买物资。上级机关视其收买成绩,配给相等物资。

七、改正昭和十六年(即 1941 年)9 月施行之长江下游物资移动取缔之规定,此后除炸药、鸦片及其他少数物资外,和平区物资,和缓或撤销其移动之限制。

八、上海物资搬出入之限制,同样和缓或撤销之。

以上"商统会"及"审议会"均设于上海。"商统会"于 3 月 15 日成立,伪行政院指定以唐寿民为理事长,闻兰亭为监事长,并罗致上海银行界负责人为发起人。随后又在华中沦陷区各主要城市成立了"商统分会";"审议会"设委员长一职,由"财政部长"周佛海兼任。

表面看来,南京伪组织通过这一措施,把统制物资的机构,从日本侵略者的手中接收过来,并且缓和了物资的统制。其实,当奴才的人怎么能够接收主人的权力,这不过是主人交下来的一项差使,叫他们任劳任怨,而最高指导及监督之权,仍旧操之于日本海、陆、外三个系统代表的手里。这些机构名为全国性的组织,其实际控制的地方仅及华中沦陷区,并不影响日本侵略者对中国沦陷区分而治之的政策。

但是,由于伪组织为虎作伥地建立了这些统制物资的机构,这些机构上有监督机关,下有基层活动,而且网罗了一批"民间财政界人士"为其爪牙,就比日本侵略者原有的统制机构严密得多,不能不引起上海各厂商和投机囤户的严切注意。这时,德国在欧洲战场上正在走下坡路,日本侵略者在中国战场上也无力应付长期的消耗战,就想采取"以战养战"的政策,搜刮中国沦陷区的物资以供其所需,自己则全力来从事军火生产。但因交通工具缺乏,盟邦飞机又轰炸不停,莫说中国物资运往日本不易,就是华中物资运往华北也是困难重重,所以日本侵略者搬走物资的原定计划并未完全得逞。

上海黑市米价一度暴落　　由于日伪放松了上海物资的移动,米贩子可以自由进入市区,所以春节后百物平均涨起了二三倍,独有黑市米价从每石一千五百元暴落至一千元,距最高价下降三分之一。3月8日这一天,市区公然出现了黑市米的公开叫卖声,每石讨价八百元尚很少人过问。这是多年以来不曾发现的一种反常现象。

上海商场发现成品市价低于原料市价的反常现象　　另一方面,由于统制和收购政策加强,市场上又出现了各种商品的倒挂现象:色布比白布便宜,白布又比棉纱便宜。有人要问,纱是布的原料,原料加上人工、染料和机器折旧,为什么制成品的价格反比原料低呢？为什么制成品也分为三档:厂盘比批发价高,批发价又比零售价高呢？这是因为,制成品有被限价出售及强制收购的可能,因此,零售商不得不忍痛照限价脱手。原料不在统制之列,于是各厂商都把所存原料收藏起来,而将生产任务压缩到最小限度,表面照常开工,暗中囤积原料。这样一来,生产不断萎缩,原料不断飞涨,而货币又在不断贬值,新产品的成本不断增高,厂商的开价也就不得不步步提高了。

　　过了一个时期,零售商鉴于同一货物,进价高于售价,也就不愿再做这种赔本生意了,于是把质量高的货品收藏起来,而将次品及落令货应市。工部局发现了这一情况,又强迫各商店必须在橱窗中陈列货品,并标明货价,不得违误。这道命令发表后,各商店的橱窗里果然又有五光十色的货品出现了,但都标明为样品,暂时无货应市。日本侵略者为防止小囤户和市民囤积物资,又想出了一种凭旧物购新物的办法:买电灯泡的要交出旧灯泡,买香烟的要交出空烟壳,买套鞋的要交出破套鞋(套鞋要逢雨天才发售,除交出破鞋外,还要出示市民证方能买到),买绸里的必须出示绸面。日本侵略者想把这种以旧购新的制度广泛推行,因此市区内又有收买废品的小贩出现。

"经济警察"上市　　日本侵略者为了加强管理物价,将经过培训的第一批经济警察派往市场,他们有权到各商店查阅账簿,以查核是否照限价收进货款。但是会打算盘的商店老板,早已准备好一本假账簿,恭候经济警察光临。当然,假账难逃真人之眼,这又另有"塞狗洞"的办法来补救。根据当时的行情,每本假账簿老板只要拿出孝敬费五千元来(这种行情,随着物价步步上升,五千元是 1943 年春季的行情),假账就变成了真账,经济警察甚至翻也懒得翻就掉头走了。

这时候,马路巡捕拦在路口收买路钱,经济警察走进店堂拿孝敬费,倒也各得其所。经济警察并不经常到各店家打搅,每隔一定时期才来"查账"一次,这是一种"养鸡取卵"的办法。这种办法同样见之于证交大楼。原来,自从工部局查封六十五家证交字号以来,各家字号门上均贴有"奉令停业"四个字。但实际门还是敞开着的,掮客、客户之流仍可出出进进,不过不能在房间里成交,不能在黑板上写行情。他们采取散兵线,分作几个战场,股票黑市在五楼左面甬道进行,公债黑市在五楼右面甬道进行。遇到经济警察前来巡逻的时候,他们就暂停交易,分途散开,经济警察刚走,他们又聚拢来交头接耳地继续做起生意来了。为此,各证交字号也必须按时向经济警察交纳孝敬费,即可太平无事,甚至连造假账的手续也可以免除。

3 月 19 日,由于"商统会"的成立,日本侵略者公开宣布撤销上海近郊的"经济监视哨"(又称为警戒哨或封锁线),改由伪警接替任务。是日黑市米价继续降至每石七百元,距最高价降低了 50% 以上。但自 1943 年 1 月至 3 月,一般物价则都涨起了二三倍以至数倍不等。

3 月中旬,欧洲战场暂呈胶着状态,协约国的新攻势尚未开始,证交大楼的金、股黑市也就出现了盘旋之局。日本侵略者对统制政策和取缔黑市已经失去信心,便又打算允许证交市场复业,以遏制漫无止境的黑市涨风。他们惟一能控制的是银楼业的牌价,黄金每市两三千元不变。但是,黑市金价每市两已高达四千七百元,所以各银楼仍然无业可营,门前直可罗雀。

日本军用票停发新票　　3 月 24 日,日本侵略者又宣布自 4 月 1 日起,日本军用票停止发行新钞,并规定"中储券"与日元之比率为一百对十八。26 日,周佛海发表谈话称"中储券"与"联准券"之比率也为一百对十八,因为日元与联准之比率为一对一。日本侵略者宣称,这一措施旨在帮助"南京政府"稳定币值，统一币制。其实，此后"中储券"仍然不能在华北行使，"联准券"也并无稳定物价之功，日本侵略者所讲的这一套，不过是睁开眼睛说瞎话而已。

在此以前，日本侵略者在中国沦陷区发行的军用票，除作军事开支而外，还用以强购中国物资。1943年春天，轴心国在东西两战场的军事形势，日益趋于不利，日本侵略者不能不考虑到日后他们如果战败，军用票必有清偿之一日，因此改用"联准券"和"中储券"来开支军费和收购物资，把一笔烂账写在伪组织的名下。他们已将统制政策移交给伪组织办理，此后收购物资既有人代劳，正可乘此收缩军用票的发行。但是上海人知道得很

日本侵略者从1938年开始使用的军用票，无号码，是榨取我国财富的一种手段。

清楚，日本军用票停发新票后，伪币将大量发行，而它的前途必将成为一钱不值的废纸，因此抢购物资之风日益加甚，就是写好定单的交易，交款取货时也要追加三成，否则定单作废，打破了往日必须坚决维持的商业信用。

此时证交市场的丙种公债喊高至一百五十元，投机商预料不久将涨到二百元，造成反二兑一的新比率。公债的背景也是货币，与供不应求的物资不同，如今也变成了可居的奇货，岂非咄咄怪事！国民党政府所发行的法币，也由北帮商人偷运到平津一带收藏起来。同时，美钞每一元涨至七十八元，黄金每十两涨至五万六千元。

百物皆在狂涨，只有米价却在步步下落。自伪警接管封锁线以来，每

天放进来的米贩子不计其数,每人的买路钱只收一元。过去狼狗咬和开
枪射击的危险没有了,但是利润也大大降低了。过去封锁线外米价每石
仅二百元,而市内高达一千五百元。3月下旬,封锁线外米价每石暴涨至
五百余元,而市内反跌至五百余元,两者间的差价几乎扯平。同时,上海
市区内的洋烛、肥皂、火柴、布匹等物则因搬运解禁而纷纷外运,所以这些
日用品,上海价暴涨而内地价锐落,这也是抗战七年来从来没有过的事
情。

南京伪组织对英美宣战

汪精卫飞长春访问伪满,伪满派张景惠飞南京答礼　　1942 年 3 月 1 日,汪精卫为"满洲国"成立十周年发表演说,祝贺"满洲帝国皇帝陛下福体康宁,满洲帝国国运昌隆,反共轴心作战完成最后胜利"。他还恬不知耻地说道:"中满两国人民以前是同胞,现在是同胞,将来也还是同胞。""友邦日本对英美宣战后,中国政府声明与日本同甘共苦,满洲帝国政府也声明与日本同心协力,这是东亚轴心向全世界发扬的共同精神。"

5 月 2 日,汪率领"外交部长"褚民谊、"宣传部长"林柏生飞往"新京"长春访问"康乐皇帝"溥仪,敌伪报纸大书特书宣称:"本日为保卫大东亚纪念日,中满两国元首为历史上之会见。"在这时期,日本政府无论派一个什么亲王、什么大臣到长春访问,溥仪都得亲排"銮驾"到机场欢迎,惟独对这位"邻邦元首"汪精卫,只在内廷等候,即使不是搭"皇帝"的臭架子,也是奴才看不起奴才的一种表现。汪精卫生平以行刺清朝摄政王一事自豪,而他此次所访问的"康乐皇帝",就是当年摄政王的儿子溥仪。大家都还记得,1934 年 3 月 1 日溥仪僭号称"满洲国皇帝"时,汪精卫正在南京行政院长任内,他破口大骂"溥仪没有独立人格,无论其名称为执政或为皇帝,都不能改变其傀儡之本质"。今日他自己也做了傀儡,与溥仪同病相怜,这倒是历史上的一件奇谈。

敌伪报纸写道:"是日上午 9 时半,汪主席着燕尾服,率随员褚民谊、林柏生等径赴帝宫,由来薰门进宫,随员均先降车。主席礼车则开入帝宫内廷,至承先门下车,从正门升阶。康乐皇帝着陆军军装,在吉侍从武官、金侍卫处长左右恭侍下躬迎,旋至便殿欢谈。"以前汪行刺载沣不成,在狱中赋绝命诗一首,其中有"引刀成一快,不负少年头"之句。此次与溥仪会见,溥仪赠以满洲刀一柄,是否对汪的一种讽刺,则非局外人所得而知。

汪此行是百分之百不愿去的,只因日本主子所命,不得不勉为其难。日本侵略者导演这幕丑剧是有作用的,他们正在高唱"大东亚共荣圈",两个傀儡的会见,可以证明"东亚民族之团结",这也是他们自欺欺人的一种作风。

是年(1943年)为癸未年。5月4日是汪的六十生辰。汪回南京时,褚民谊邀请同庚老人多名举行所谓花甲同庆,并将这一年定名为"泰寿年"。汪有《感怀诗》写道:"六十年无一事成,不须悲慨不须惊。但存一息人间世,种种还如今日生。"此诗是感伤还是忏悔,别人可能猜不透,他自己的肚子里当然很明白。

5月28日,就是日本政府派小矶国昭为朝鲜总督的那天,汪又主动地演了另一幕丑剧:派"外交部长"褚民谊为"庆祝友邦伟大战绩专使","参谋总长"杨揆一、"海军部长"任援道为副使,当天飞往东京致贺。

6月8日,溥仪派伪国务总理大臣张景惠、伪第一军管区司令邢士廉飞往南京答礼。汪因自己到长春,溥仪态度傲慢,正在气头上,现在溥仪又不亲身前来答礼,不免气上加气,其实,溥仪认为汪是"行政院长",因此派同级的"总理大臣"来答礼。汪虽心怀不满,也不得不组织"招待满洲帝国专使委员会",并在伪外交部宁远搂设盛宴招待。张景惠、邢士廉和南京伪军政部长鲍文樾往日同为奉系军人(奉系是指"九·一八"事变前统治东三省的张作霖、张学良父子),今天张、邢两人却坐在"外国贵宾"的席位上,彼此交谈起来,要称"贵我两国",不知道他们有什么脸讲得出口。

在张景惠到达南京的同时,日本大特务"梅机关"的负责者、一手制造南京伪组织的影佐少将被调往"满洲国"任职,日本政府派松井少将继任汪伪的最高军事顾问。日本侵略者指使两个傀儡政权进行"亲善访问",目的在于炫耀"东亚共荣圈"的成绩,表现"中日满三国不可分的关系"。在这时期,日本首相东条一面在国会发表演说,"热烈期待重庆反省,使其完全抛弃对英美的依存性",一面指使伪组织在南京、上海等地举行"扑灭英美人大会",宣传过去英美两国如何侵略中国,日本人如何为黄种人争气。但是,此后不久,日本政府将"兴亚院"改名为"大东亚省",使之成为日本内阁的一个部,并调南京伪组织的经济顾问青木回国担任首任大东亚省大臣。这个省(部)的性质和中国旧王朝的理藩部完全相同。日本政府这样做,显然是以亚洲"天朝大国"自居,并十分露骨地把亚洲各国当作它的殖民地。

从 5 月中旬起,日军又在浙东发动新攻势,6、7 两月,连陷抚州、衢州、上饶、贵溪、丽水。7 月 1 日,浙赣两路日军在横峰会师。7 月 12 日,温州又告陷落。8 月 29 日,日军忽又公布:"自 5 月中旬起,日军在中国第三战区(第三战区在浙赣两省边境,司令长官为顾祝同)作战已击毁其军事设备,自本月 19 日起,日军调整防地,自上饶、广丰撤退,并退出丽水、温州。"

日政府派三特使到南京答礼　　1942 年 7 月 12 日,伪组织派"财政部长"周佛海为特使,以"友邦协助改革币制"为由,飞往东京致谢。

由于伪方一再派特使到东京献媚,日本政府乃于 8 月 28 日宣布,派平沼、有田、永井三特使来南京答礼。日本政府从来没有派过三位部长级以上的大员联袂来华,此次如此赏脸,伪组织受宠若惊,特派"外交部长"褚民谊到沪迎接。9 月 22 日,日本"答礼团"到南京时,伪组织发动学生六千人沿途欢迎,"宣传部"发表公报张大其词称:"各界参加游行欢迎者达三万人,全市交叉中日国旗,巨型欢迎标语悬挂通衢,欢迎牌坊到处可见,为首都欢迎外宾从来未有之盛况。"伪府拟请梅兰芳演剧以娱嘉宾,因梅早已蓄须以示不再粉墨登场,此举未能实现。

三特使见汪时,向他祝贺 1940 年 3 月 30 日"国府还都南京",称道他同年 11 月 30 日签署"中日基本条约"及最近公布的"中、日、满三国宣言"。这些例行公事,倒也无关宏旨,只是当天永井发表了一次广播演说,极口称赞中国宋朝末年文天祥所作的《正气歌》,宁愿断头而死,不肯屈膝而生,这种不屈不挠视死如归的气概,十足地发扬了东洋人的"精神"。

大家都知道,日本人口中的"东洋人",包括中日两大民族在内。文天祥正是中国历史上的民族英雄。永井的一席话,正是中国人所要讲的话。但是出自日本侵略者之口,而且讲话的时候,正是他们向伪组织答礼的时候,这就不能不引起人们的惊讶和怀疑。

9 月 27 日,日本三特使启程回国时,伪组织又动员"三万人"热烈欢送,这且按下不表。

10 月 19 日,伪军事委员会改组。除汪精卫仍兼伪军委会委员长外,改组后的伪员名单照录如下:"总参谋长"刘郁芬,"次长"黄自强(陆军)、许建屏(海军),"陆军部长"鲍文樾,"次长"郑大章;"海军部长"任援道,"次长"萨福畴;"航空署长"姚锡九,经理总监何炳贤;"陆军编练总监"叶蓬;"军事参议院院长"萧叔萱,"统计调查部部长"李士群;"参赞武官公署武官长"郝鹏举,"副武官长"苏荫松。

汪精卫提出参战三条　1942 年 12 月 19 日,汪精卫应日本政府之召,率领褚民谊、周佛海、林柏生等飞往东京。22 日入宫谒见日皇裕仁,裕仁赠以大勋位、菊花大绶章。27 日飞回南京时,外间盛传敌伪双方将由"同甘共苦"进入"同生共死"的新阶段。

日本天皇裕仁

此次汪到东京,日本政府对他恩礼有加,随即向他提出了伪组织宣布参战的问题。汪自袍笏登场之始,打着"和平建国"的旗帜,并称伪军为"和平军",沦陷区为"和平区",本来是决定不参战的,而日本侵略者也无意于叫他参战,因为他并无武力基础,参而不战与不参战相等。可是,1942 年 11 月,同盟军在北非登陆成功,开辟了第二战场,纳粹德国的军事优势已不存在,因此日本侵略者又想利用南京伪组织参战,以虚张声势。此举出于汪的意外,但又不敢反对,乃推称将于来年 1 月 14 日召开"国民党六中全会",解决这个问题。

汪回国后,日本侵略者频来催促,一定要提早公布参战,汪被迫无法,乃向日本侵略者提出三个参战条件:一、收回各地租界;二、统一华北政权;三、恢复国旗原状。日本侵略者一一表示同意。

1943年1月9日,汪在"中央政治会议"上提出并通过了参战案。同一天,汪与"日本驻南京大使"重光葵联名发表"关于协力完遂战争之中日两国共同宣言"。日方单独发表声明,承认"退返租界,撤废治外法权"。这本来是一幕并不高明的独脚戏,但也不能不布置排场凑凑热闹。1月10日,以上海市民的名义在大光明大戏院举行大会,推汉奸袁履登、陈彬龢、赵正平、周化人等为主席团,发表了拥护参战的通电。12日,南京"市民"也举行了所谓拥护参战游行大会。伪组织规定每月9日为参战日,以后每逢这一天,各报都要在第一版登载伪国府的宣战命令。

自伪府宣布参战之日起,上海租界禁映英美两国影片。当时又有银行限制提存之谣,周佛海发表谈话否认其事。但有人言之凿凿,据说日本侵略者在上海作过周密调查,上海租界上拥有一亿以上资财者共有七百二十一人,将悉数没收这些人的财产以充军费,因此符合条件的富商巨室大起恐慌。此外又有抽壮丁出国参战之谣,周佛海、陈公博、褚民谊等先后发表广播否认其事。褚民谊说:"中日两国并未谈判军事同盟。中国军队保卫后方,并不出国参战。"

尽管三大汉奸出面来辟谣,谣言照样流行,因为汉奸不过是日本侵略者手下的奴才,奴才的话哪能算数!即使日本侵略者自作声明,也不会有人相信,因为日本侵略者出尔反尔的言论,中国人已领教过多次,不会再有人受骗上当了。

但是日本侵略者无意于抽丁参战倒是事实。日军兵力虽不敷分配,但他们相信中国人不肯打中国人,如果征调壮丁施以训练,授以武器,有朝一日,一定会掉转枪口打他们自己。而且,不但壮丁不可靠,伪军也不可靠,日本侵略者对此也有戒心。

不久,日本侵略者所办的华文报《新申报》发表评论说,"日本皇军为保卫大东亚而流血,中国既是大东亚之一员,中国人怎么可以袖手旁观呢?中国暂时不能参战是事实,但应举国动员,努力增加生产,否则违反了协力完遂圣战的诺言。"从这种论点看来,壮丁还是要抽的,但不是征兵而是征工,一如德国法西斯对法国人之前例。

1943年1月29日,同盟社发表消息说:"当局训令上海劳工北移或

移往日本,尤注意造船业及工厂、机器厂工人。"在此以前,工部局下令调
查上海工人的人数,各工厂均须填造工人表格,送局备查。这些都证明征
工之说并非谣言。

1943 年年初同盟国的大好形势　　正当征工谣闹得满城风雨之
际,也就是德军在各条战线上节节败退之时。1943 年 1 月中旬,德军凌
厉无前的攻势,在斯大林格勒遇到红军的坚强抵抗,被打碎落花流水,成
了一支孤军。1 月 31 日,德军公布,两月来在斯城作战之孤军第六军,自
军长鲍罗斯元帅以下均被俘。在非洲方面,号称德国军事怪杰的隆美尔
元帅,也是屡战屡败,1 月 23 日,德军退出的黎波里。同盟国方面,1 月
14 日至 24 日,美国总统罗斯福、英国首相丘吉尔在北非卡萨布兰卡举行
会议,布置 1943 年的反攻计划。1 月 30 日至 31 日,丘吉尔与土耳其总统
伊斯美举行阿达那会议,土耳其倾向同盟国的趋势日益明显。总之,1943
年是第二次世界大战的一个转折点,日本侵略者鉴于形势日益不利,严禁
上海市民收听短波电台,企图掩盖真相,但苏联电台以英语播送东线及北
非战况,日本侵略者不敢干涉,但以不涉及太平洋战争及亚洲问题为交换
条件。这也是第二次世界大战中不可思议的一件奇闻。

帝国主义交还租界的拔河戏　　关于汪精卫所要求的交还租界
的问题,首先表示同意的是日本的轴心国意大利。1943 年 1 月 18 日,意
政府声明放弃在华租界。

2 月 9 日,伪组织特派褚民谊、李圣五、吴颂皋、周隆庠为"接收租界
委员会委员",指定褚民谊为委员长,并加派罗君强、汤应煌共六人为"撤
废治外法权委员会"委员。

关于交还租界问题,日本于 3 月 14 日,日本"大使"重光葵在南京伪
外交部宁远楼与伪方人员签订"日本交还专管租界实施细目条款之协
定",定于伪府"还都之日"将苏州、杭州、天津、汉口、沙市、福州、厦门、重
庆等地的日租界交还。除重庆外,以上各地均在日军占领区内。

3 月 30 日,苏杭两地举行了接收日租界的仪式,北平也举行了接收
东交民巷使馆区的典礼。

尽管伪组织煞有介事地吹嘘因参战一举收回了租界,但是日本侵略者所控制的上海公共租界,仅在原则上承认从速交还,并未规定交还日期。上海法租界何日交还,也未明确规定。当时法国驻华大使戈斯美正在上海,他自己不出面,叫法国驻南京领事萨贲德代表他签名,送出了交还法租界的照会,这在外交史上是个前无其例的创举。伪组织派夏奇峰、吴凯声、吴颂皋为"接收法国专管租界委员会"委员,定于 4 月 1 日接收上海法租界,不料法方走了日本侵略者的后门,取得了延期交还的允诺,因此法国参赞柏斯颂以代表法国大使馆的名义致函伪外交部长褚民谊,承认于 4 月 8 日先交还厦门、鼓浪屿的法租界行政权,而将交还上海法租界推迟到遥遥无期。

日伪合演的"交还租界"的这出戏,引起了英美两国的密切注意。早在 1942 年 10 月,美国政府曾向国民党政府示意,准备立即举行两国谈判,缔结放弃在华治外法权及解决有关问题之条约,此项谈判尚未进行,日本侵略者先走一步,于 1943 年 1 月 9 日与南京伪组织签订了"退返租界,撤废治外法权"的协定,因此英美两国急起直追,也于同年 1 月 11 日发表了"废弃在华特权"的宣言,同日,美国政府与国民党政府签定了"美国放弃在中国的治外法权及其有关条约的协定"。蒋介石于次日发表"告民众书",厚颜无耻地说:"美国政府对于中国之希望,并无一点保留,全国人民应对友邦优礼、友爱,以期与各盟邦并驾齐驱,分担改造世界、保障和平与解放人类之责任。"中国人民一眼看穿,这些交还租界的做法,不过是东西方帝国主义在中国所扮演的拔河戏,日本希望通过 1 月 9 日条约把国民党政府拉过去,美国则抓紧国民党政府不放。如此而已,岂有他哉。

南京伪组织改组华北政委会　　汪精卫提出的第二个要求是统一华北政权。

南京伪组织成立前,北平有"中华民国临时政府",南京有"中华民国维新政府"。伪组织成立后,"临时"、"维新"两组织便取消了。可是北平"临时政府"改名为"华北政务委员会",表面受南京节制,暗中仍是直隶于日本的另外一个伪国,南北物资交流有关税壁垒,出境要签发护照,完全是国与国之间的关系而不是中央与地方之间的关系。日本侵略者在南京驻有重光葵大使，在北平驻有盐泽公使，也分明是以两个国家对待。上次汪飞往东京时，曾提出以"华北中央化"代替日本的"华北特殊化"，日本政府口头上不能不答应，暗中却又不执行。此次乘日本政府强迫他对英美宣战之机，又一次提出了"强化国府机构，完成华北、华南之统一"的要求，日本政府又一次慨然允诺，因此2月8日，南京伪组织发表了改组"华北政务委员会"的命令：调任王揖唐为"国民政府委员"，以朱深继任"华北政务委员会委员长"，并以"委员"余晋龢兼任"建设总署督办"，"委员"齐燮元兼任"内务总署督办"、"治安总署督办"、"华北绥靖军总司令"，"委员"汪时璟兼任"财务总署督办"，"委员"苏体仁兼任"教育总署督办"，"委员"王荫泰兼任"实业总署督办"。

发表这套命令之前，日汪之间又有一段尔虞我诈的过程。

原来，南京伪组织未成立时，北平"临时政府"的首脑是王克敏，因为王克敏不能百依百顺，在"临时政府"改组为"华北政务委员会"时，日本侵略者改以曾任安福国会议长的王揖唐代王克敏为"委员长"。王揖唐是个奴颜婢膝的奴才，此次改组华北政委会，为什么日本侵略者答应汪精卫撤换他而代之以朱深？这里面另有一段奇文。

王揖唐每星期必打电报向汪报告华北政情。日本侵略者疑心汪王二人互相勾结，而他们是不愿华北伪政权与南京伪组织真正打成一片的。其实，王揖唐久经宦海，岂不知日本侵略者的势力大，汪精卫和他自己一样都是奴才，哪有顾此失彼之理。不过他有一套老官僚的旧习惯，过去任奉天民政长时，每天必写恭楷日记寄呈袁世凯，现在每星期打电报向汪报告政情，也不过是例行文章。他做梦也没有想到这种小事情竟会惹起"超级上司"的疑心。

一天，盐泽公使访王问道："你近来身体情况如何？"王说："自从中国对英美宣战以来，我的精神格外感到兴奋。"盐泽进一步启示他说："六十六岁高龄，应当是安心休养的时候了。"也不知王是真糊涂还是假装糊涂，他回答说："天下兴亡，匹夫有责。"

过了几天，华北派遣军总司令冈村宁次也来看望他，开门见山地劝他辞职养老。王只得表示说："我不是不想下台，只是接替无人。"冈村马上逼紧一步说："你如真心求去，那是不成问题的。"至此，王不得不表示愿意辞职。

汪精卫接到王的辞呈后,决定派自己最亲信的褚民谊接任"华北政委会委员长"。日本侵略者知道了这个消息,暗骂汪精卫好不识相,居然拿了鸡毛当令箭,但又觉得若待南京命令发表后再叫他收回成命,不但于汪的面子不好看,对自己的面子也不好看。于是重光葵气急败坏地跑去见汪,告以"敝国华北将领颇想推荐朱深"。汪平日对日本人总是气在心里,笑在脸上,从来不敢讨价还价,但是这次却一反常态,完全失去了自己控制自己的能力,板起面孔不肯答腔。

重光葵走后,汪召集馆内派秘密讨论。汪付了重大的代价,好不容易交换了一个起码的条件,日本人已经答应得清清楚楚,而现在却又赖得干干净净,是可忍,孰不可忍!他要撤换王揖唐,就是为了要收回华北政权,派自己的亲信人员到华北去,如果去了一个安福系,换上一个安福系(王揖唐、朱深同属北洋军阀段祺瑞手下的安福系),那又何必多此一举?汪自己越想越气,气得面红脖子粗,他手下群奸们也都认为忍无可忍,主张硬着头皮拼一下。最后决定,不管褚民谊能不能到任,先发表命令再说,至少揭破日本侵略者表面尊重中国主权而暗中遇事干涉的假面具,也可一吐憋在心里的一股怨气。这是汪精卫对强权者从来没有下过的最大一次的决心。

不料这个决议又被日方打听得清清楚楚,他们也不免慌张起来,如果伪组织当真使出这一手,他们所提倡的"亚洲人一律平等"、"不干涉中国内政",岂不都会被戳穿!因此重光葵又一次去见汪,说了许多好话,保证朱深一定能够服从命令,并且劝汪不要伤害华北日军将领的面子,因为日本皇军从来就是最重面子的。

日方不管汪同意不同意,2月7日就用飞机把朱深接到南京来,见汪问安、请训。这位老官僚对汪异常恭顺,时时呵腰打拱,口口声声不离"主席"。汪精卫多日来所看见的都是颐指气使的日本人,没有看见过这次同他打交道的和颜悦色的日本钦差大臣像重光葵的一样。而华北一向非他所能控制,他也从来没有看见过华北伪政权的大头子在上任之前先到南京来请训。更重要的是,日本人这次给了他十足的面子,他在势也不能不给日本人的面子。2月8日,他终于按照日本人的意见,发表了命令,任命朱深为"华北政务委员会委员长"。

从 2 月 9 日起,华北伪组织卸下了北洋军阀时代的五色旗,升起了国民党的青天白日旗。但是,华北除换旗外,一切情况无所改变,"南北朝"仍旧分疆而治,汪精卫的"统一"梦没有做成。

关于国旗的故事　　汪精卫的第三个要求是取消青白旗上面的黄色飘带,恢复国民党国旗的原状。2 月 2 日,汪得意洋洋地发表命令说:"国旗上附加黄色三角标记,上书和平、反共、建国字样者,兹以同志、同胞之努力,参加东亚战争,协力友邦日本,为此特颁明令,自本月 5 日起一律除去。至前方使用旗帜之须加识别者,另由军事委员会订正之。"

关于国旗问题,有一段善良的日本人民反对日本军国主义者侵略中国的动人的故事,值得一写。

褚民谊任南京伪组织驻日大使时,有一天心血来潮要到日本农村去参观,他的汽车上插有一面国旗,走到群马县馆林的地方,停在一处休息。有些日本农民见了这面旗子,向他热烈欢呼,有的鼓掌向他问好,有的眼睛里噙着热泪,像迎接多年不见的亲人一样,倒把褚民谊搞得忸怩不安起来。后来乡下人越来越多,当中有会讲中国话的一位乡老走过来问他:"你们贵国是什么时候和我们日本停战讲和的!这真是天大的喜事啊!你们中国人是我们日本人的好邻居,好亲戚。中日两国交战,正如手足相残,我们的内心真有说不出来的痛苦。"

褚民谊做梦也想不到在日本乡下会有这等热情洋溢的日本人,他不能不把事情讲清楚。他承认中国有两个国民政府,"现在同日本和平共处的是汪精卫领导的国民政府,还有另一个国民政府尚在战争状态中"。

此言一出,那位乡老忽忽如有所失,他向群众讲了几句话,于是大家一哄而散。

原来馆林地方有一个人名叫加藤伧夫,是日本士官学校早期的学生。1915 年,他到中国云南去找老同学李烈钧,参加了护国战争(当时李烈钧任云南护国军第二军总司令,由云南出兵到广东,讨伐袁世凯),死于滇桂道上。加藤有老母住在故乡,家贫无以为生,李烈钧按月寄给她一笔生活费,数十年从未间断。这位老母活到九十八岁才死。这件事情,使馆林人民深受感动,认为中国人是世界上最讲信义的民族,对中国人崇拜有加。当他们听到中国还有一个汉奸政府,就都摇头叹息而去。

这件事充分说明:日本侵略者和中国的汉奸败类,是中日两国人民的共同敌人。中国人民应当把好战的日本当权派同善良的日本人民区别开来。八年来中日战争,日本人民同中国人民一样,都是战争的受害者。今天,中日两国人民应当团结起来,世世代代友好下去。

所谓"对华政策大转变"

日首相东条匆匆来华的秘密任务　　1943 年初,上海两租界虽已宣布解严,但是今天检查市民证,明天检查防疫证,今天举行恐怖演习,明天举行灯火管制,这些情况与戒严时期没有多大区别。

上海经常有日苏两国将以戎衣相见的谣言。其实,在当时错综复杂的国际形势下,这两个敌对的国家距离破裂之期尚远,因此两国签定了中立条约,两国渔业协定也一年延长一次。但日本侵略者一面授意上海各报鼓吹日苏两国的友好睦邻关系,另一方面,却又嘱其勿登塔斯社发布的新闻。当时有不少人发生疑问:日本既已加入了反共轴心,上海又是日军的占领区,为什么上海有苏联电台,又有俄文《战时报道》照旧发行! 不但如此,1943 年 3 月 10 日为三十八年前日本战胜帝俄的纪念日,日方为避免刺激苏联,改称为"日本陆军纪念日"。是日南京日军联合中国军校学生在清凉山举行陆空联合实弹攻防演习,事后发表公报称:"此次演习分为南北两军,演习时炮声隆隆,机声轧轧,宛如一场大战,正午始告结束。"这里面没有半个字涉及战胜俄国的往事。日本军人一贯好大喜功,何以对苏联温雅乃尔?

1943 年初,以闪电战横行欧洲大陆的德国,成了强弩之末。1 月 31 日,围攻斯大林格勒的德军全军覆没。2 月 15 日,在罗斯托夫及伏洛希洛夫格勒的德军"完成了有计划的撤退"。16 日,德军又"依预定计划撤离卡科夫"。无论德军所讲的"有计划"也好,"依预定计划"也好,"撤退"也好,"撤离"也好,总之打了大败仗是事实。2 月 19 日,平日善吹法螺的戈培尔先生,在德国体育馆发表了一次无比坦白的演说,承认"德苏开战之初,德国对苏联作战之潜力,未能作准确之估计"。"德国民族今已遭遇此次战争中最严重之危机"。"倘德国赤化,则全欧洲亦不能保"。此项演说,一听而知其为对同盟国的离间之计,但全世界参加反轴心阵线的二十六个国家,已于 1942 年元旦发表了"任何一国不得与敌人单独媾和"的联合宣言,戈培尔的如簧之舌,也就不顶用了。

德军悲鸣啾啾之日,也正是日军忧心忡忡之时。1943年初,日本报纸开始出现了"皇国空前未有的危机"的悲观论。驻沪日本陆海军报道部向上海各报发表谈话,也开始承认日本存在不可克服的先天缺陷。他们并不讳言,立国有四大要素,日本仅具备"强"之一字,余下来的却是"小"、"寡"、"贫"三个字。中国的弱点是"贫"与"弱",却握有"大"与"众"的两张王牌。不管这种论调是否由衷之言,总之他们不再弹什么"堂堂"、"赫赫"的老调了。

早在1942年12月17、18两天,日本驻中国的外交人员在南京召开了"秘密协议会",对太平洋战争爆发后一年来的中日关系作了检讨,会后对日本政府提出了一项综合性报告。报告大意说:"在中国占领区内,日本人欺负中国人,日本官吏欺负南京政府官吏,日本皇军的纪律败坏到了不可收拾的地步。日本的对华政策,陆军有一套,海军又有一套,彼此不相调协,甚至严重对立。"他们作出结论说:"这些情况,在在足以加强中国人民的抗日情绪,而与日本政府实现中日全面和平的目的背道而驰。目前,德国战事渐趋不利,日本亦已面临空前未有的严重危机,今后如欲抽出全力来对付英美,则非与中国谋和不可,而欲与中国谋和,日本的对华政策有再检讨的必要。"最后他们建议说:"今后首先应向南京当局表示好意,对日本占领区的中国人民表示好意,由此筑成中日两国真正合作的基础。"

这个报告是日本侵华战争陷于泥足以来第一次发表的自我检讨的文件。由于和战两难,他们的外交界人士认为今后非用另一套手段来进行欺骗,不足以收拾残局。这个报告引起了日本政府的极大震动,此后便有"对华政策一元化"、"对华政策大转变"的呼声相继出现。

1943年2月13日,日本首相东条突然飞到南京进行"亲善访问",事前讳莫如深。14日东条出现于上海,15日又折回南京。事后,日方情报局仅发表简短公报称:"首相此行,为答访中国汪主席去年岁末之访日,并视察日本在华各机关。"15日南京伪中央社也仅登载东条来华的3日行程:"13日飞抵南京,14日乘机赴沪,15日飞往东京。"

东条此行如果仅系回访性质,不会行踪诡秘,来去匆匆。倒是日本人自己所办的《新申报》透露了一些具体内容。据称:"东条首相准备在日军占领区,首先在上海筑成'中日两国之真正合作地带'。他在虹口召开了日本海军、陆军、外交及居留民代表联席会议。他在发言中要求出席诸人随时随地须充分尊重中国方面之责任,以处理一切问题,俾能确保中日之协力。……政府方面,当此对华政策大转变之际,对于居留民之立场,深表同情。然若有人依据私人欲望,对中国方面压迫榨取者,则必断然整饬之。"(引用《新申报》原文)

日方发表令人迷惑不解的战报　东条返日不久,3 月 23 日日军忽又宣布:"2 月中旬,日军在苏淮区及洞庭湖区发动新攻势,华容、藕池相继陷落,有直趋长沙之势。3 月中旬,该两地区扫荡战大概业已完了。"这个战报非常使人迷惑:日本政府正在侈谈"对华政策大转变",力求实现"中日全面和平",为什么又向洞庭湖岸发动一次扫荡战?这次战役是否完了,日军自己应当知道,为什么又在战报上写上"大概"二字?接着,他们又自作解释说,这是"以战争为和平之手段,以和平为战争之目的"。换言之,这是日本侵略者对蒋介石的又一次军事迫降。

"对华政策大转变"的种种表演　1943 年 3 月 26 日,日本政府将在华特务机关改名为"联络部"。日本特务机关以前不仅导演了东北、华北以至南京等方面的傀儡戏,推而至于侦取情报、私运军火、制毒贩毒、勾结军匪、逮捕和屠杀大批中国爱国人士,凡可以分化中国、毒化中国的一切罪恶勾当,无一不与日本驻华的特务机关有关。此次更名为联络部,把一个臭名昭彰的机关,换上一个温婉好听的名称,而一切内容不变,这就是他们"对华政策大转变"的打炮戏。

3 月 30 日为南京伪组织"还都三周年纪念"。这天上午,汪精卫御"大元帅"戎装在国府路阅兵,下午御海军戎装在中山码头举行观舰式,登上座舰"江宁号",该舰升起了"主席"旗。晚 9 时,南京"外交部长"褚民谊、"满洲国外交大臣"李绍庚、日本大东亚省大臣青木举行互祝交欢广播。南京"驻日大使"徐良在东京帝国大饭店举行盛大宴会,日皇族高松宫,元老重臣东条、青木、近卫、阿部、东乡,及枢密院、众议院议长、议员等,包括以前"赴华三特使"平沼、有田、永井在内,都出席了宴会。"华北政委会"也在同一天举行盛大庆典。主子替奴才如此捧场,这也是"对华政策大转变"声中的一个插曲。

同一天,日皇下诏授给一批汉奸日本勋章,计有:前"维新政府外交部长"陈箓勋一等瑞宝章,前"中央政治会议秘书长"曾仲鸣勋二等旭日重光章,前"华北建设总署总办"殷同勋二等旭日重光章,前"上海市长"傅宗耀勋二等瑞宝章,前"湖北省长"何佩瑢旭日重光章。以上这些人,都已成了冢中枯骨,在汪精卫"开国盛典"的一天,给这批死人以荣典,倒也是一件奇闻。

4月1日,日本首相东条访问伪满洲国。6日,南京伪组织特派陈公博为"访问友邦日本特使",飞往东京致谢。8日,又派周佛海为"访问友邦满洲国特使",飞往长春致谢。一个侵略国,两个傀儡组织,一次又一次的访问,一次又一次的答礼,这又是"日支满三位一体"的丑恶表演。

4月20日,重光葵继任日本外相,前外相谷正之调任驻南京"大使"。25日,汪精卫赠日皇同光大勋章,派褚民谊为特使,率领随员数名飞往东京"捧赠"。

日本政府派东宝歌舞团来沪　　4月中旬,日本政府派东宝歌舞团来上海,在南京大戏院(今改为上海音乐厅)表演"阳春艳舞",有所谓"荣誉座",票价高达五十元,打破了上海游艺场售价的最高纪录。上演前,日方大肆宣传,"东宝"是日本首屈一指的大型歌舞团,此次在沪表演"日支亲善"节目,实为千载难逢之机。他们本想造成一个"万人空巷"的热闹场面,但又害怕有人抛掷炸弹,因此派出大批日本宪兵,会同法租界当局所派的大批捕探,严密保卫剧场,使人望而却步。其中有一项节目:日本女艺人所穿的舞衣,前胸缀以日本太阳旗,背部缀以青天白日旗,经常背向观众,以便引人注目。又有一项节目,由女歌唱家唱了两支中国歌:《蔷薇蔷薇处处开》和《苏州之夜》。"满洲国电影明星"李香兰也参加了表演,其实此人是个日本演员。这是日本政府推行"对华政策大转变"后所谓"中日两国大联欢"的又一次表演。

苏联领事招待各界人士观看战争影片　　就在同一时期,苏联驻沪领事馆发出了一种招待券,招待上海各界人士到亚尔培路霞飞路附近的(今陕西南路淮海路附近)一条弄堂里看露天电影,影片名叫《斯大林格勒的攻防战》。影片一开始,放映出该城战前繁荣热闹的场面,和战后化为废墟作了对比,接着便是苏联红军英勇抗战和德军死亡枕籍的许多镜头。电影内容模糊不清,似系实地拍摄。这张影片一连放映了一星期,苏联领事馆派有专人站在弄堂口招待。观众有中国人也有白种人,后者多为白俄。日本侵略者也派有便衣侦探守在弄堂外。有人被他们拦阻盘问:"你对这张影片有何感想?""你为什么要看这种片子?""你认为欧战最后的胜利属于谁?"传闻有人被日本宪兵捕去,但又未能证实。

日本侵略者释放吴开先回渝　　5月7日,日方又在上海演了一出真人真事的活剧:他们派军用飞机将国民党 CC 系大特务吴开先放回重庆。吴在战前任国民党上海市党部委员、市政府社会局局长等要职,国民党军西撤后,留在上海活动。1942 年 3 月 18 日被日本宪兵队捕去。当时受到日本大特务影佐少将(影佐曾被日本军部调往伪满洲国服务;继其任者先后为松井、柴山等。是年又将影佐调回南京)的特别优待,在虹口六三花园设宴为之压惊,宴后把他送往南京。汪精卫打算任他为南京伪组织的"社会部长",但日本侵略者忽又变计要留着这个活口直接向蒋介石招降,不肯把他让出来。此时日方求和之心更切,就用飞机把他送往广州湾(今广东湛江市),再由该地转往重庆。临行时,日军总部参谋小林少将设宴饯行,并表示蒋介石如肯脱离英美,

国民政府主席林森

日本马上可以撤兵。又说他们迟早将与蒋介石化敌为友,希望早日实现,以便共同反共。这是日本政府"对华政策大转变'以后向蒋介石政治诱降的又一幕(吴开先回重庆后,吹嘘他被捕后如何坚贞不屈,如何乘间逃出,蒋介石竟予以包庇)。

在此以后,蒋的嫡系将领胡宗南于 6 月 6 日举行洛川会议后,即以五十万兵力包围延安,加紧反共步骤。

是年 8 月 1 日,八十二岁的林森在重庆病死了,蒋介石即自兼"国民政府主席"。9 月 8 日,轴心国之一意大利战败投降。12 日,蒋飞往埃及开罗与美国总统罗斯福、英国首相丘吉尔举行会谈。从此,蒋介石公然以"民族英雄"和"世界伟人"自命,狂妄不可一世,日军对蒋的诱降就难于着手了。

南京伪组织进行机构及人事大调整的前后情况 从 1941 年 8 月至 1944 年 11 月,南京伪组织为了精简机构以及集中权力于"中央",作了多次的机构调整和人事变动。这里附带叙述于下:

蒋介石就任国民政府主席后与夫人步出国府

1941 年 8 月 6 日,将"警政部"合并于"内政部",原"警政部长"李士群调任"军事委员会调查统计部长"(这和蒋介石手下的军事委员会调查统计局同样是特务机关,但南京伪组织将"局"升格为"部")。以苏成德(苏成德原为蒋介石手下的"中统"特

务）为"内政部警察署长"。"工商"、"农矿"两部合并为"实业部"，以梅思平为"部长"，梅所兼"浙江省政府主席"，改派傅式说继任。"铁道部"合并于"交通部"，以丁默邨为"部长"，原"社会部"裁撤。李圣五调任"教育部长"。赵毓松调任"司法行政部长"。诸青莱调任"水利委员会委员长"。傅式说、陈君慧、赵尊嶽均被任为"行政院政务委员"。

同年9月1日，调任李圣五为"驻德大使"，徐良继任"驻日大使"，褚民谊回任"外交部长"。

1942年2月28日，调升顾宝蘅（顾宝蘅是国民党"元老"张静江的女婿）为"粮食管理委员会委员长"。

同年4月9日，任陈君慧为"经济委员会秘书长"（"经济委员会委员长"由汪精卫兼任。该会秘书长原由周佛海兼任）。

同年8月19日，调任刘郁芬为"参谋总长"，鲍文樾为"陆军部长"，叶蓬为陆军训练总监，萧叔萱为"军事参议院院长"，陈君慧兼任"水利委员会委员长"，诸青莱为"立法院副院长"，缪斌为"考试院副院长"。

同年9月24日，任任援道兼"海军部长"。同年12月31日，设"国防最高会议"，以"中央政治会议主席"兼该会议"主席"。任陈君慧为"建设部长"。"粮食委员会"改"部"，"委员长"顾宝蘅改"部长"。

1943年1月20日，"省政府主席"改名为"省长"，以李士群、傅式说、高冠吾、杨揆一、陈耀祖为江苏、浙江、安徽、湖北、广东等省省长。

同年4月2日，因刘郁芬病死，调任鲍文樾为"参谋总长"，叶蓬为"陆军部长"，黄自强为"陆军训练总监"。

同年5月6日，调任邓祖禹为"江西省长"，以李讴一继任"首都警察总监"。

同年7月2日，因朱深病死，以王克敏回任"华北政务委员会委员长"。

同年8月6日，赵毓松调任"国府委员"，以沈尔乔继任"铨叙部长"。同年9月10日，调任陈群为"江苏省长"，陈春圃为"建设部长"，陈君慧为"实业部长"，周隆庠为"行政院秘书长"。

同年12月23日，"和平军第一集团军"番号撤销，该"集团军总司令"李长江改任"军事参议院副院长"。任项致庄为"和平军第五集团军总司令"。

同年 12 月 30 日,调任高冠吾为"江西省长",以罗君强继任"安徽省长",张一鹏继任"司法行政部长"。

1944 年 4 月 14 日,因陈耀祖被刺身死,调任陈春圃为"广东省长",陈君慧兼任"建设部长"。

同年 9 月 14 日,傅式说调回南京任"建设部长",项致庄继任"浙江省长"。

同年 11 月 2 日,陈群调回南京升任"考试院长",任援道继任"江苏省长",凌霄代理"海军部长"。

在伪组织多次的人事调动中,汪精卫的伪职越兼越多,蒋介石有一个什么头衔,他也就同样加上一个头衔,而且他的头衔比蒋更多。除"国府主席"外,他身兼"行政院长"、"军事委员会委员长"、"中央政治会议主席"、"国防最高会议主席"、"经济委员会委员长"、"全国清乡委员会委员长"、"时局策进委员会委员长"、"新国民运动委员会委员长"、"中央军官学校校长"、"东亚同盟中国总会会长"等十几个伪职。他又学着蒋介石的榜样,要手下群奸称他为"领袖",公文上写"领袖"二字必须抬行。他特别喜欢别人称他"委座"(这里指的是"军事委员会委员长"),经常把戎装照片分赠给部属或在报纸上发表。他对日本侵略者虽则卑躬屈膝,但对他的手下人却又脾气暴躁,稍不顺眼,立即开口骂人,伸手打人。

伪组织内部狗咬狗的斗争

南京伪组织内部的派系之争　　南京伪组织虽由一批寡廉鲜耻的汉奸所组成，但丑类争权夺利，互相倾轧，也有党同伐异的派系之争。其中主要有"前汉"和"后汉"两大派，"前汉"是指由"维新政府"并入汪记"国民政府"的老牌汉奸，"后汉"是指汪精卫、周佛海从内地带来的"和运干部"。所谓"和运干部"又分为"馆内"、"馆外"两派，"馆内派"是指经常在汪公馆走动的汪精卫嫡系，包括改组派和汪的广东同乡，其领袖为汪的老婆陈璧君；"馆外派"是指以湖南籍汉奸周佛海、丁默邨、罗君强为中坚的原国民党CC系分子，其领袖为周佛海。

陈璧君咄咄逼人的气焰　　陈璧君在伪组织之中大摆"老板娘"

汪精卫夫妇跪像

的臭架子，遇事把持干涉，其气焰远在汪精卫之上。沦陷区人民把这对夫妻比作秦桧和王氏。她把她的兄弟子侄陈君慧、陈耀祖、陈春圃等人提拔为"部长"或"省长"，真个是"满门富贵"，炙手可热。汪精卫曾经被人行刺，子弹留在体内，身体不

甚结实。有时与部属或亲友娓娓深谈，陈璧君就闯进来打断话头说："你们应该让先生(孙中山在世时，手下人不称"大总统"、"大元帅"，而称为"先生"。孙中山逝世后，汪精卫、胡汉民均以继承者自居，其手下人也以

"先生"相称)休息了吧！有话改天再谈。"于是来客只得闷声不响地退出来。有两件事在伪组织内部流传甚广，足以说明这个大奸婆的架子之大。

1941年3月30日伪府举行"还都一周年纪念"时，"参军长"唐圭良身着"上将"制服，向汪夫妇举手为礼，陈大模大样地走过去，就像不曾看见的一样。汪觉得过意不去，从旁提醒说："唐先生在向你行礼呀！"陈冷笑一声说："我早就看见了。"这件事情传开后，一般奸字号人物远远看见"璧老"(陈璧君衣履不整，怪里怪气，一般人称为"璧老"以示鄙薄之意)走过，就忙不迭避道而行，以免当场受辱。

另有一件事，伪组织内部无人不知，其经过情形如下述：

1942年11月27日，陈璧君游罢苏州，要往绍兴去扫墓(汪精卫的先世为浙江绍兴人，其祖墓在绍兴)，"江苏省长"李士群特地替她挂了一节专车，并派副秘书长汪曼云随车护送。车子到了上海站，"中大校长"樊仲云走上车来，一眼看见了陈璧君，便跑过来欠身为礼，随即找了个空位子坐下来。陈璧君非但扬扬不睬，而且没好声好气地问汪曼云："这是替我特备的一节专车呢，还是人人可坐的客车？"汪曼云涨红着脸回答说："请主席夫人息怒，是他自己走上车来的，我实在不好意思把他赶下车。好在车厢很空，就算主席夫人多带一名随员吧！"

火车走到嘉兴站停车加水，又有"考试院长"江亢虎大模大样地走上车来。由于他上了年纪，耳目不甚灵便，根本不晓得这是主席夫人的专车，一屁股坐下来，大有目无余子之概。陈璧君不禁火冒三丈，气鼓鼓地命令汪曼云说："给我把车子开回苏州去！"

汪曼云窘了，急忙赔了许多的不是，低声说，"这是我办事不力，惹得主席夫人生气。"接着咬了个耳朵："此人也是一位院长，请您替他留点面子吧！"

话犹未了，又有三个和尚东张西望地跑进车厢里来，他们一眼发现了江亢虎，不禁喜极而呼："阿弥陀佛，我们何处不曾找到，原来院长坐在这里！"

广东人出门有一种忌讳，遇见光头大不吉利，何况大声叫嚷，更属冒犯尊严。陈璧君这一气非同小可，不禁跳起脚来大骂："今天老娘真晦气，第一个上车来总算向我行了个礼，第二个理也不理我，还有第三个第四个第五个,简直拿我穷开心,把这里当作了他们的和尚庙!"

这时,汪曼云急得满头大汗,只得低声吩咐卫士:"你劝他们到客车里去!"

原来,这几尊活佛是江亢虎到杭州去烧香,事前特约他们在嘉兴上车和他碰头的。和尚们的眼中只知有院长,而不知有主席夫人,他们一个个岸然高坐,好像生了根的木雕泥塑的菩萨,休想移动分毫。汪曼云知道再讲面子事情只会更糟,只得命令卫士们一齐动手,一个挟一个把和尚们硬拉出车厢去。江亢虎看见势头不对,也就敢怒而不敢言。

专车开到杭州站,"浙江省长"傅式说派有军乐队到站欢迎。不知江亢虎是否真糊涂或者想抓一个机会出出气,他首先跳下车来,向傅式说握手道谢,并向欢迎群众举手示意,然后摇头摆尾地走出车站去。

陈璧君在车上看得清清楚楚,不禁歇斯底里大发作:"车子退回苏州去!我一定要退回苏州去!"

这时候,情急智生的汪曼云走下车来,请傅式说亲自上车恭迎,并叫军乐队乌里乌喇再奏高亢入云的欢迎曲,才算结束了这场闹剧。

"馆内派"的前三把交椅和"馆外派"的"三位一体"   "馆内派"的第一号大将是陈公博。1940 年 3 月 13 日,他被陈璧君由香港拉到上海来,此后被任为南京伪组织的"立法院长"。同年 10 月,傅筱庵被暗杀后,汪又派他兼任"上海市长"。

"馆内派"的核心人物是褚民谊。他的老婆陈舜贞是陈璧君的妹妹,相传为陈母养女,因为这种裙带关系,他以浙江绍兴人而被列入"馆内派",且是核心人物。以前汪任行政院长时,褚为院秘书长,经常在办公室内打太极拳,因此有"褚太极"之称。他对京剧颇感兴趣,在南京组织"阳青票友房",自己有时也粉墨登场饰大花脸,因为咬字不正和荒腔走板,人称为"绍兴京戏"。

汪精卫叛国投敌前,褚在上海主持"中法医学院",上海各团体电请国民党政府惩办汪党人物,褚民谊的大名也在其内。褚在上海登报声明,他除办"中法医学院"外,决不参加政治活动,对汪离开重庆一事,本人绝无所闻。不久汪到了上海,他就公开活动,不再过问中法医学院的事了。

"馆内派"的吹鼓手林柏生,曾任国民党立法委员,又是香港《南华日报》和上海《中华日报》的主办人,这两家报纸都是改组派的机关报。《中华日报》于"七七"事变后停刊,1939年7月复刊。林柏生一切模仿汪精卫,其一颦一笑,待人接物,甚至写字作文,无不得其神似,因此颇得汪的信任。

　　"馆外派"的领袖是周佛海。周自参加投敌活动以来,自居为"和运第二号",除汪外不把别人放在眼下。自陈公博到沪后,他不但做不成第二号,连第三号也轮不到他:南京伪组织成立时,汪自封为"行政院长",派褚民谊以"外交部长"兼任"行政院副院长",使他深感不快。当初他的主观愿望是,汪代理伪府主席,自属天经地义,他做"行政院长",却也当之无愧。不料汪既要做"主席",又要兼"院长",还把一个与"和运"无涉的"褚太极"压在他的头上。直到褚调任为"驻日大使",他才取得"行政院副院长"的地位。

　　周佛海当初认为,他与汪精卫同为"和运"的发起人,陈公博"半路出家",褚民谊则在上海才来搭班,汪把他排在陈、褚二人之下,未免太不公平。加以汪氏夫妇经常把一些同乡、亲戚以及"改组派"分子叫到私宅秘密议事,不把他当作自己人,叫他如何不气! 因此他也和丁默邨、罗君强、梅思平等结成另外一伙,同"馆内派"展开了争夺权利的斗争。

褚民谊

　　上海市伪市长一席的争夺战　　"馆内"、"馆外"两派的露骨分化,开始于上海市伪市长一职的争夺战。伪市长兼任"上海保安司令",下辖奉贤、南汇、川沙、太仓、嘉定、青浦、昆山、崇明八个县的八个保安大队(各县大队长均由伪县长兼任),此外还直辖特务大队,补充第一、第二两大队及警卫队共约五六千人,是一支不小的武力。上海市在沦陷区是首屈一指的财富之区。伪市长傅筱庵被暗杀后,周佛海拟就了一套"整顿大上

汪伪时期上海市长陈公博(1940 年
11 月～1944 年 11 月)

汪伪时期上海市长周佛海
(1944 年 12 月～1945 年 8 月)

海"的计划,向汪精卫提出,并且毛遂自荐要兼任"上海市长"。周佛海以
为汪在"中央"总揽一切,在地方上总可让他一手。谁知汪早已内定以褚
民谊担任此席,暗示"上海市长"与"财政部长"二者不可得兼,如果周一定
要当"上海市长",就应辞去"财政部长"。当时"财政部长"兼任"中央储备
银行总裁",手握财政大权,周又不愿丢掉这个肥缺,只得怏怏作罢。汪因
褚的名望压不住周,临时变计改派陈公博为"上海市长",仍命兼任"立法
院长"。命令发表后,周即公开大发牢骚说:"公博做上海市长,就应辞去
立法院长,何以他兼得立法院长,我就兼不得财政部长? 难道今天还是会
馆政治不成!"汪无词以对,只得叫"馆内派"大放空气说:"这是出自日本
人的授意。"

周佛海在群奸中敢于独树一帜与"馆内派"争权,也不是没有原因的。
第一,他是留日学生出身,能与日本人直接交谈,在日本陆、海、外三个系
统中都有一些旧交。日本侵略者要在伪组织内部制造矛盾,以便从中操
纵,所以周的腰杆子也很硬,并非一无凭借。第二,他有 CC 系的老班底,
又与湖南同乡丁默邨、罗君强打成一片,形成了"馆外派"的三位一体。第

三,他掌握了伪组织的财权,在财政金融界也有一定的力量。

周佛海成立税警团　　"馆内"、"馆外"两派的斗争,不仅表现在争夺政权上,而且也表现在争夺军权上。汪仿照蒋介石建立黄埔系的前例,组织了"陆军将校训练团",自任"团长",以杨揆一、鲍文樾、萧叔萱为"团副",叶蓬为"教育长"(叶蓬外调后,以郝鹏举继任教育长)。周也仿照宋子文建立税警的前例,1940年,在"财政部"直接领导下,成立了"中央税警学校"和"税警干部训练班",周自兼"校长",以罗君强为"教育长"。不久又成立了"税警团",周罗二人兼任正副"团长",以熊剑东为"参谋长"。

下设两个分团:"第一分团长"徐肇明驻宁波,"第二分团长"李丽久驻海州。其后,周因兼职太多,将"团长"一职让与罗,并提升熊为"副团长"兼"参谋长"。

熊剑东浙江人,原为军统特务,曾任江南游击司令,驻常熟。1939年被日军捕获,解来上海,因禁于日本领事馆警察署达一年零八个月。他早年在汉口与日本小特务冈村相识,此时冈村已升为中佐,调来上海任日本宪兵队特高课长。他授意周佛海把熊保释出来。不久周即派熊负责训练税警。

税警与伪警在大世界附近的一场混战　　1943年12月19日下午5时许,大世界东首忽然发生了伪警与税警的一场混战,一时枪声四起,子弹横飞,双方互有死伤,路人也被打伤五六十人。这件事的起因是,有税警数人在共舞台看戏不买票,伪警上前干涉,因言语冲突,税警二人被带走。熊剑东得报,认为税警不能让人家欺负,即派税警两连人前往,打算抢回两名税警,伪警察局长苏成德不甘示弱,也派伪警多人前往迎敌,因此引起冲突。苏成德原属"中统","中统"与"军统"在国民党内本属争权夺宠的两个敌对团体,现在苏成德的背景是陈公博,熊剑东的背景是周佛海,因此又牵涉到伪组织内部"馆内"、"馆外"两派的斗争,并非单纯的看戏不买票的军风纪的问题。

李士群毒死吴四宝　　1942年2月9日,报上广告栏内出现了吴致德堂的讣告,上面说:"吴云甫先生已于2月4日在苏州病故。"有人传说,这位名不见经传的吴云甫先生,生前捐款办过许多慈善事业,因此有"吴大善士"之称。不久上海喧传吴四宝死后大出丧及其死因不明的内幕,大家才知道吴大善士就是"七十六号"杀人不眨眼的汉奸特务吴四宝。

吴四宝生前挂着"七十六号警卫队长"的头衔,实际上是个房人勒赎的大绑匪。上海市有名的"财神"被他捉去勒索赎金,因此三四年间,这个流氓一跃而为上海滩上屈指可数的大富翁。上海人都把吴四宝的种种罪行挂在日本侵略者账上,如果没有日本人的包庇和支持,就不可能产生这个狗仗人势的混世魔王。当初日本侵略者利用"七十六号"歹徒镇压抗日分子,对他们的所作所为,不得不采取放任的态度,而当日本侵略者自己能够直接控制上海租界的时候,外间就有将借吴四宝的头为自己洗刷罪名的一种风传。果然1942年年初,吴被日本宪兵队捕去,经过严刑追比追出大量赃物之后,又把他解往苏州交给李士群处理。吴到苏州不久,即因食物中毒毙命。这里有两种不同的传说,一说吴是被日本人先下毒然后送往苏州让他在李士群的家里等死的,一说是被李士群毒死了的。无论两说孰是,吴死后李不敢声张其事,足见他是有难言之隐的。

日本特务冈村毒死李士群　　距离吴四宝之死一年零七个月,李士群步其后尘也被日本特务毒死。

李士群战前本是个无声无臭的CC系小喽啰。他在周佛海、丁默邨的大力提拔下,一步步上升为汉奸特务的大头目,先后任"警政部长"、"军委会调查统计部长"、"清乡委员会秘书长"、"江苏省长"等伪职,其权威之盛,几乎超过了蒋介石手下的军统大特务戴笠。他脱离了恩主老上司而直接与汪精卫挂上了钩,因此周丁二人恨之入骨。他同戴笠唱对台戏,破坏"军统"在上海的地下组织,戴笠也欲得之而甘心。伪组织奉日本侵略者之命,在苏浙皖沦陷区大举清乡,封锁物资不准出境,李是帮助日本侵略者大量搜刮物资的执行者,他乘机大发横财,因此也为日本侵略者所不满。以上这些情况,他自己知道得很清楚,因此平日戒备甚严,经常配带左轮手枪自卫,出门必乘避弹汽车,并有保镖多人跟随。为了防止有人放毒,他从不在外吃饭,家中食物也须经过化验才肯入口。

1943年9月7日,上海发生纱布舞弊风潮,案情牵涉到李,他特地到上海来布置一番。当天就有日本宪兵队特高课长冈村中佐在百老汇大厦住所设宴为之洗尘,并邀请税警团"副团长"熊剑东作陪。李熊二人素有嫌隙,甚至见面也不打招呼,冈村此番请客,据说有为他们进行调解之意。李因日本人请客,不敢不去,他以身患腹疾为词,席间不肯吃东西,冈村亲自端牛排敬客,他又不敢推辞,只夹了餐盘中的一片青菜吃下,即匆匆辞席而去。他回到愚园路家里,便急匆匆延医灌肠洗胃,排除腹中积食。但他回到苏州的第二天,即因食物中毒暴毙,年仅三十八岁。

　　日本侵略者在一年半之间,一连毒死了两个为他们出过死力的汉奸大特务,南京伪组织自汪精卫以下,无不为之失色。汪不敢追究其事,甚至伪组织发表公报,也只说李在苏州得病而死,不敢提到在上海中毒的事。汪在命令中给以治丧费五万元,予以公葬,并将生平事迹宣付史馆立传。

　　事后得到证实,关于李士群被毒毙一事,其幕后人有戴笠、周佛海等。原来,1943年为世界第二次大战形势大转变的一年,周佛海鉴于伪组织前景不妙,暗中与戴笠勾结,戴叫他立功赎罪,首先杀死李士群以除军统的心腹之患。周自己不敢动手,便用借刀杀人之计,通过熊剑东与冈村的旧关系,假手日本人来完成这一任务。李士群死后,汪派陈群继任"江苏省长",梅思平调任"内政部长"。调查统计部改名政治部,汪派黄自强继任"部长"。

伪组织强制收买棉纱棉布

伪组织派员来沪调查囤户　　1943 年 4 月 7 日，伪组织发表命令说："上海近有大规模囤积物资情事，特派财政部次长陈之硕、实业部次长袁愈佺、上海市政府秘书长赵尊岳、商统会监理官陈允文前往撤查。凡金融机关主要职员作投机买卖者，如系官办，暂停营业，立即改组；如系商办，即予封闭。凡经营投机买卖者，交国防会议特别治究，物资则予以没收。"

前面讲过，上海的大囤户和大投机家大多为伪方的大官僚，他们凭借地位，利用职权，向金融机关拖进大宗放款，到上海来进行投机、囤货等活动。这些生意既不需要本钱，又不需要商业经验，稳可获得暴利。另外还有一种毋需动脑筋的"以钱赚钱"的简易方法，这就是先向银行取得低利放款，再用高利放出。当时公开利息只有三四分，暗息则高达二角以上（暗息即黑市中的拆票），而且前者是按月计算的，后者是按日以复利法滚算下去的（即利上加利），因此转手间，可以大赚差额。当然，以私人名义不能向"国家银行"借款，必须由私营银行或钱庄出面，这就是那一时期上海新开设的私人银行及钱庄之多超过以前任何时期的原因。后来，伪组织颁布了财政金融管理条例，不准银行、钱庄兼营其他业务，但是这种规定也无济于事，那些以大官僚而兼大投机家的家伙，除了开设银行、钱庄而外，同时又组织了形形色色的企业公司，由这些公司向他们自己所开设的银行、钱庄转借出来，照样可以过关。

日本侵略者对于这些混水摸鱼的汉奸，表示深恶痛绝。他们把中国沦陷区的一切物资和财富都当作自己的囊中之物，不容他人染指，而且一切汉奸的投机倒把行为，不能不影响他们的战时经济统制政策，因此他们不仅在口头上，而且经常在报纸上著论加以抨击。伪组织撤查囤积物资的命令，就是在日本侵略者的压力下发表的。

日方报纸揭露，单是"中央储备银行副总裁"钱大樾经手的放款，就达三千四百余万之多。日方指名道姓,大家认为这个经济大汉奸将不免于牢狱之灾,但是伪方四大员来沪撤查后,仅由伪组织下令免去其"上海分行经理"的兼职,而"副总裁"一职安然未动。由于兼任伪总裁的周佛海不常在上海,伪副总裁是该行的实际负责人。伪组织为什么必须保全此人,大家都不明白。至于钱大櫆的放款对象为谁,他们干了哪些坏事,伪方也从未发表过。

伪组织发表撤查令后,也不能不"公事公办"一下:"中储"着手收缩同业放款,伪市府经济局命令各银行、钱庄于 10 日内造表填报抵押放款账目,并须加紧收回放款,因此市面银根紧俏,货物大量出笼,黄金黑市价每十两由五万八千元降至五万元,华股也降低了一二成。同时,伪商统会下令登记棉纱、棉布存货,凡未经许可者均不得移动,因此纱布价也下跌。但是,上海市民预料伪组织的所谓"撤查",一定是"查而不撤",而日方报纸的揭露,也将以虎头蛇尾了事。

4 月 12 日伪方公布撤查结果:"振华公司负责人韩拱北有囤积大量物资嫌疑,应交法庭惩处。阜通银行亦有囤集嫌疑,勒令暂行停业。"13 日,所谓撤查大员陈之硕、袁愈佺二人就算完成任务回南京去了。

15 日,日本侵略者所控制的《申报》发表了一篇"捉小鱼放大鱼"的社

抗战时期的申报馆外景

评。日本人自办的《新申报》则公然发表了直接攻击伪组织的文章。它说:"韩拱北在上海原非财界知名之士,阜通亦为新创之五六流银行。此次由梅(思平)部长提案,汪主席公布法令,派大员四人组织撤查团,为上海之空前莫大事件,而处分范围如此窄小,中日经济界莫不引为意外。日方经济界意见,上海物资上涨之主因,乃各金融工商机构之派系的结合及其背后政治势力之操纵,进行广泛的有计划的囤积行为,振华公司、阜通银行渺不足道。今仅处罚五六流之公司、银行,不胜遗憾。……囤积行为如何严重,如何普遍,其铁证事实,不胜枚举。……物资统制之实权方交中国办理,即引起棉纱纱布之大囤集,投机之风大开,非正本清源不可。……此次之撤查团,亦成为各种政治势力之派阀的代表团。闻江苏等省要人之来沪,与撤查囤集事件有关。为国府本身政治之明朗化起见,亟应表明断然之态度。"

此文所指的"派阀",影射"馆内"、"馆外"两派,所称的"江苏要人",是指"江苏省长"李士群。当"撤查大员"到沪之时,李由苏州到上海作了一番布置,并亲自送陈之硕、袁愈佺二人上火车回南京。他向二人拱手作别时,说了一句"两公一路保重"的话,此言出自特务大头目之口,就有人疑心话里有骨头,暗示他们不要公事公办,否则对他们自己不利。同时盛传,派员撤查的提案人梅思平也因接到李士群的警告而辞职。因此,陈之硕等向伪组织呈报撤查案经过时,只得大题小做地把一切罪名归之于韩拱北,并说阜通银行的囤积嫌疑,也是因放款于韩而引起的。

此案引起日方的严重不满,因此外间又有组织第二次撤查团,改派罗君强为团长的传说。罗属于"馆外派",是周佛海的得力爪牙。其实,不论"馆内""馆外",都是一丘之貉,如果继续撤查下去,不但伪组织内部没有一个手脚干净的人,甚至日本侵略者自身也难免不卷入漩涡。因此,第二次撤查没有实现。此案连虎头蛇尾也谈不到,阜通银行又于6月19日复业,韩拱北如何处置也无下文。

伪最高国防会议通过以严刑惩办实物囤户　每年夏末秋初,是东南沿海一带经常发生台风的季节。1943年9月11日,一股强烈的台风由南太平洋北来,猛袭上海,带来时断时续的暴雨;马路成为泽国,路旁树木被风连根拔起，商店招牌被风吹倒，电线走火伤人这类事情发生多起，这是上海多年来所未见的一次大风灾。第二天，风力虽减弱，但上海仍旧是个凄风苦雨的世界，市民很少外出。13日，马路积水刚退，日本侵略者又在租界上举行了一次大规模的封锁，真是天灾人祸，纷至迭乘，市民无不怨气冲天。敌伪禁止各报登载大风成灾的消息，但令各商店、住宅在玻璃窗上加糊纸片，以防玻璃碎片伤人，因此上海各商店又有式样新奇的艺术性窗纸出现。

台风过境的前夕，上海还出现过一次经济上的大"台风"，其来势之猛，波及范围之广，也是自敌伪控制上海以来所未有。有些倒楣的投机分子被这阵风吹落到黄浦江里去了。

原来，伪组织撤查囤户案没有取得效果，日方不肯罢休，不断加码攻击，伪组织只得于5月3日通过伪最高国防会议作出进一步的决定，凡非主要商品同业会会员而囤积主要商品者，处以三年至七年徒刑，并得科以五万元以下之罚金，同业会会员对非会员卖出大量商品而明知其不为直接消费者，科罪亦同。公务员犯有此项情节者，处以十年以上或无期徒刑，并得科以十万元以下之罚金。5月下旬，敌伪银行奉令大量收缩放款，并对各项物价加强控制，非经核准不得提高，迫使囤户大量出笼。与此同时，敌伪对以前认为非法经营的华股交易，却又采取了开放的政策，伪上海市经济局核准了十五家证券字号的营业执照，后来又增加了二十家，许其公开营业，目的在于把游资从实物上引导到纸头上，以免影响他们的经济统制政策。伪方又于6月间成立"物资调查委员会"，以陈公博为"委员长"，下设中日调查官多名，以加强物资的控制。

但是，敌伪抑平物价的政策，只可收效于一时，不能维持于长久。除生产不足和供不应求的两种原因外，还有以下的多种原因：一、伪方物资评价人员几乎无例外地都是贪污分子，商人打通关节，就能够将限价提高一二倍甚至在黑市价之上；二、敌伪所控制的公用事业包括火车、轮船、邮电和市内水电、交通事业，每月照例要调整价格一次，对一般物价上涨起了带头的作用；三、日军征收军米，使黑市米由6月底的一千元一石涨至7月3日的一千八百元一石，刺激其他物价跟随上升；四、太平洋和地中海的新风云，对轴心国日益不利，大大助长了市民重物轻币的心理。

到了6月下旬,一时受了压制的物价,终于像长江大河开了闸门一样,奔腾泛滥而不可收拾。涨势最烈的是黄(金)白(米)两物,其他各物均被带动,华股也由久疲之局再度挺秀,几乎每天都有新高峰出现。总之,7月这一月,是上海市场又一次大波动的时期,是月货币贬值加速,伪组织撤查囤货的效果完全化归乌有。

"商统会"宣布强制收买纱布的具体规定　　8月9日,"商业统制总会"终于使出了最后一记的杀手铜,实施所谓强制收买棉纱、棉布的暂行条例,以二十支蓝凤牌棉纱每包作价中储券一万元、龙头细布每匹作价三百七十五元为标准,规定付款手续如下:一应付货款之半,分作两期付给标金,照黄金限价每十两四万元折合,自收买之日起,满3月付给半数,满一年再付给半数;二应付货款之另一半,以"中储券"分作三年付清,每隔半年付六分之一。条例又规定:其有拒绝收买者,处以一至五年徒刑,并科以五万元以下之罚金,货物没收。

这就是上海人所讲的经济上的大台风,其所造成的影响,是日军占领租界一年多以来最严重的一次。这个政策公布后,黄金黑市价立即由十三万余元暴落至九万余元,华股市场也是一片跌停板之声。

为什么这个政策对上海市场竟会发生如此重大的影响,而且能够波及黄金和股票?这是因为纱布业包括纱织厂、染织厂、棉织厂、针织厂、内衣厂、童装厂、毛巾被单厂、棉布号、棉纱厂等等行业,纱布是上海市场上最主要的一种物资,所谓囤积物资主要就是囤积纱布。囤集纱布兼有保本和投机之利,因为黄金、股票等投机性物品,虽有大涨,也有小回,多少带有不稳定性,纱布则易涨难跌,而且上涨的幅度和速度都大大超过黄金和股票。纱布无论栈单或现货,都是最受欢迎的抵押品,所以豪门巨贾不惜罄其所有囤积此物,并以之向银行、钱庄抵借巨款,用以再囤积,其所存纱布之多,大大超过本人的财力。针对这一情况,敌伪强制收购纱布是一种擒贼擒王的手段,比之过去封锁证交字号、取缔黄金投机等措施要厉害得多。根据"商统会"所公布的收购条例,对纱布的估价标准远远低于市价(按当时市价,龙头细布每匹一千三百二十五元,棉纱每件四万元,收买价仅及市价四分之一左右),而且价款的半数付给远期伪币,等于付给废纸,另一半付给标金要分期付清,也有到期不兑现的风险。因此,这个政策是收购其名,掠夺其实,不能不引起上海经济界的极大震动。

同时,伪组织在跑马厅大厦(今上海图书馆)设"棉纱、棉布收买办事处",处长聂潞生。伪方在执行政策时却留下了一个大漏洞,即自公布之日起,仅叫各布店及囤户自行登记纱布存数,不得以多报少,而未予以冻结,因此,不少大囤户大量走私将纱布运往内地,往往利用日本军人、特务保镖护送。不少布店在被强制收买之前实行大倾销,企图出清存货,避免强制收购。

以前上海人排队买米、买油,也有人排队买黄金或日用品,此时又有排队买布的现象发生。布店内人山人海,挤得像沙丁鱼一样,店门外排成了长蛇大阵,交通为之阻塞。买布的人走出店门,经过马路,于是巡捕又走过来收买路钱了。有人问他们,买布不犯法,布匹不在禁止移动之列,并将敌伪所颁布的"交通警不得检查来往车辆或行人搬运之物资",或将"商统会"所颁布的"非统制物资准其自由搬运"等命令提出来向他们评理,他们的回答却很干脆:"我们靠山吃山,靠水吃水,这些命令对我们没有用处。"

伪方发觉以上漏洞后,急忙作了补充规定,对于意图逃避收买之商店,"将调阅其过去两月来零售之平均数,如有逾越,即予以严厉制裁"。其实,这个规定也是行不通的,因为"经济警察"与各商店早已定有"君子协定",商店可造假账簿来搪塞。最后敌伪又想出了一个新办法,自9月1日起,各布店一律停业,但兼营呢绒绸缎者不在其列。这个新办法仍旧行不通,因为布店老板可以采取化整为零的新对策,于是布店关了门,马路旁零剪布匹的地摊遍布全市。

强制收买纱布之例开其端,继之又从日本"驻华大使"谷正之的口中透出将统制西药,收买五金、呢绒等消息,因此各商店纷纷脱"祸"(货)求财,物价普遍下降,渴别已久的大廉价广告又在报上露面了,花钱买不到的外国呢绒和化装品也在橱窗里摆出来了。这是上海市场在日军进驻租界以来第一次出现的反常现象。

往日市场上有两种一成不变的规律:一、纱布等实物与黄金、外币、公债、证券等投机性物品,或者此涨彼停,或者同时上涨,从来没有在同一时期同走下坡路的；二、每当轴心国形势不利时，无论实物或投机性物品，无一不大涨特涨。到了这时，这两种规律都不起作用了。据"全国商业统制委员会"统计，此次收买棉纱、棉布共 206,244 件：棉纱每件 40 小包，重四百磅；白坯布每件 40 匹，折合 111,104 尺，每匹 40 码；加工布每件 40 匹，折合 4,494,440 尺，每匹 40 码。

由于强制收买纱布，上海又出现了一种投机商因投机失败而在旅馆辟室自杀的风气。以前，上海市场能够保持畸形繁荣，旅馆酒楼经常客满，主要由于一批发国难财的投机商人，特别是纱花帮的多头商（多头、空头是投机市场的术语，指手中并无栈单或实物，专以买空卖空在差额上赌输赢为目的的投机交易），经常呼朋引类在游乐场中尽情享受，旅馆侍役见了这些神气十足的暴发户，无不竭力奉承。可是，如今的时令大不同了，他们到旅馆来开房间，照例要先出示市民证，侍役看见证上写的是纱花帮商人，往往托词"客满"而拒绝接待。原来此时有不少纱布商，因为实力比较微薄，银行催收欠款，逼得走投无路，只得辟室自杀。租界中心区有很多大旅馆发生了这类事情，敌伪虽禁止各报登载，但已尽人皆知。

关于"米统会"和"油统会"的重重内幕　日本侵略者将统制物资之权移交南京伪组织时，伪方设"全国商业统制委员会"，以闻兰亭为"主任委员"。统制物资先从伪组织所控制的江苏、浙江、安徽三省和上海、南京两市开始，然后推及各处。统制物资先从油粮办起，然后推及其他。因此，在"商统会"之下，先成立"米粮统制委员会"，以袁履登为"主任委员"。随后又将豆、麦、杂粮合并成立"油粮统制委员会"，以陈子彝为"主任委员"。闻、袁二人与林康侯号称"海上三老"，陈子彝是上海著名粮商。除油粮外，统制物资包括纱布、五金、日用品等，既有农业品和手工业品，又有国产品和舶来品，包括穿、吃、用的三方面。统制办法：规定价格向生产者或运销者收购，供日本军用，余则以高价向消费者销售，这就是他们所讲的军用、民用兼筹并顾的方针。

"米统会"在三省产米之区设立办事处，建立统制点，布置统制网。米商向"米统会"缴纳保证金，即由该会给以"承兑汇票（中储券）"，用以支付米价。该会规定米价外另加米商利润，采运后存入仓库，凭收据结账。

日本侵略者对征购军米非常重视,派有宪兵队冈田中佐为"米统会"委员,下设日籍嘱托多名莅会监视。

但是,由于米价早晚行情不同,伪方核定价不起作用,米商代"米统会"代办采购无利可图,甚至有吃赔账的风险,因此经常发生"飞过海"的弊端。所谓"飞过海"是指米商购米后不向"米统会"缴售而投入黑市牟利,或者缴售一小部份而将大部份投入黑市。"米统会"无法控制,便又变更办法,允许他们将所购米半数缴公,半数任其自由销售。这是一种"公私兼顾"的办法,即一面叫米商对"公家"做点赔本生意,一面任其投入黑市大捞一票。但是这种办法仍然行不通,因为米价涨得快,核定价跟不上,"飞过海"的情况变得越来越严重,于是"米统会"又动脑筋想出个凭证购米的办法,无证不许采运,采办证上面注明采购数量,以一半向公家缴售,一半归商人自由销售。另发奖励证,按缴售价 20% 计算,例如代购军米五十万元,发给购物奖励证十万元。凭证可购官价五洋日用品,如此类推。

尽管伪方一计不成,又生二计,但是在那暗无天日的时代,正如俗谚所说的"道高一尺,魔高一丈",凭证采购的制度也仍是行不通的,由于封锁网地区广大,随时随地有隙可乘,何况付了买路钱到处可以放行,即使日军把守关卡也难于控制。此外,"米统会"的"粮官"也不是清水底子出身,他们可以出卖采办证,或者自己化身为采办商,变起"飞过海"的戏法来,就更容易些。"米统会"里的日籍粮官,胃口更大,甚至将军米投入黑市也无人敢于揭发。同时,地方粮商在米价飞涨中也可以大耍手法,将碎石捣成粒子掺入米内,颜色大小都和白米一样,这也是一件无法取缔的事情。

关于"油粮统制委员会"的问题,比"米统会"的情况要简单得多。事实上"油统会"等于油粮交易所,油商也要凭采办证办货,按照采办的数量,缴纳高低不同的领证费,但无须缴纳保证金,也不采取征购的办法,而是讲盘子予以收购。油粮主要产区设有办事处,大多由日本人担任,"油统会"可以管理华商而不能管理"日商","日商"与日本军人勾结,可将军用油向黑市抛售,"油统会"不能过问。华商与"日商"矛盾重重,于是"搭干股"、"拨四佣"、买卖采购证等等黑幕层出不穷,这里就不详述了。

户口米量少质劣，煤荒更突出　　1943 年 8 月 19 日，日本"大东亚相"青木访问南京后，于 22 日来到上海，伪市府盛宴招待，酒席费用了一万元。青木站起身来致谢说："如此盛设，敝国得未曾有，我对主人的盛情诚不胜感谢之至。但现在是战争时期，我们应当节约，宴客不宜过丰。"这种答谢词使得主人脸上红一阵白一阵，好不难受。随后下令规定宴客不得超过六簋，甲级饭馆不得供给米饭。

青木曾任伪组织的"最高财政顾问"，此番来沪视察，对于敌伪在上海所推行的统制经济政策和物资配给制度，深致不满。敌伪一方面取缔黑市米，一方面米粮配给不足，8 月底的一期户口米，每人仅配售半升，不足一日之用，而"官方"在报纸上大肆吹嘘，说什么"米粮存底日益充沛"，"民食前途绝对无虞"。这种虚伪宣传，连日本人的喉舌《新申报》也不以为然，著论加以抨击。

9 月 12 日配售的杂粮，其中夹杂泥沙竟占三分之一，上海市民大多因无法下咽而放弃不购，因此仅售出十分之二。从 10 月 16 日起，规定每人每期配售糙米一升，价格提高为八元；劣质面粉一斤半，价格提高为十二元。由于户口米价格提高，黑市米跟着上涨，10 月下旬每石由一千七百元涨至二千一百元。

煤荒的问题更严重。此时沦陷区各大城市时有空袭，交通运输日益困难，日本侵略者由华北运到上海的煤，都存在仓库里备海军之用，因此民用煤球供应不足。自 11 月起，煤球每担限价由三十二元五角提高为五十一元，每人每次限购十元。由于限价提高，排队买煤球的队伍越来越长，黑市煤球价跟着限价的提高而涨至每担一百元。

尽管上海一般市民大闹煤荒，但是满载煤球的车子仍然络绎于途，这些煤球都是从黑市中买来的。由于大家抢购黑市，价格哄抬愈高，12 月 7 日每担竟涨至三百元。在一个月之内涨起三倍，超过限价达六倍之多，这是当时黑市价与限价差额最大的一种物品。敌伪鉴于形势严重，曾宣布将按人口配给煤球，劝告市民不必抢购。市民对于敌伪的空头支票，早已领教多年，当然不会信以为真。果然配给煤球的问题，只闻雷声而不见雨点，后来并无下文。

由于马路上来来往往的运煤车日益加多，巡捕又动脑筋要收煤车的买路钱。但是，敌伪并无明文禁止搬运煤球，押运煤车的人提出这个理由来质问巡捕。巡捕并不答话，恶狠狠地跑过来一脚把煤车踢翻，弄得煤球满地滚，最后还得拿出买路钱来才能通过。自此以后，不付买路钱就把煤车踢翻，成了巡捕的一种例规，于是马路上又有武装巡捕押运煤车的事情发生。

这一时期，市民担心无煤为炊，煤荒成了上海最突出的一个问题。大多数市民因买不起黑市煤球，改用柴炭为燃料，于是柴贩子应运而生，他们纷纷向沪宁、沪杭铁路沿线采办柴薪，甚至桑林也被斩伐，因而两路沿线满目青葱的气象不见了，代之者为一片濯濯的牛山。由于木柴也在飞涨之中，不少市民只得把门窗桌椅拆下来当柴烧。他们自我调侃地说："我们是在执行'四光'政策：吃光、当光、拆光、烧光。"

为了进一步节约用煤，自12月起，敌伪又对市民的电灯用电量作了进一步的限制，不许超过12月以前平均数的65％，用水量不得超过60％，煤气不得超过70％。公共电车、汽车出厂延迟半小时，进厂提早半小时。此时敌伪规定的战时钟点是拨快一小时，下午7点钟，公共车辆就全部停驶了。到了这时候，上海市民不但饱尝米珠薪桂的痛苦，而且入门无灯，出门无车，日子越过越难了。

前文讲过，香烟规定限价而未采取配给制，因此日方所控制的颐中烟草公司（即英美烟草公司实行军管后的改名）送往各烟纸店的限价香烟，都被店老板收藏起来投入黑市，黑市价与限价相差一倍。于是日方又将香烟限价提高一倍，并且沾沾自喜地自我解嘲说："香烟加价与市民生活无关，新限价与黑市价相等，可以消灭黑市了。"

敌伪人员都是精通"厚黑学"的，脸皮厚和良心黑是他们的处世哲学。此时户口米一再脱期未售，他们既不公布脱期的原因，也不说明补售的日期。到了12月上旬，才公布第五十五期到期的户口米每人配售一升，而五十二期至五十四期三期未售的购米证，当然作为废纸，不在话下。

敌伪鉴于满街都有收买路钱的强人，严重影响他们的威信，于是12月17日又下了一道严厉的命令，凡非统制物品，均可在市内自由移动，绝对不得加以阻难。这道命令看不出有何作用，因为他们不可能解散那些收买路钱的巡捕，即使可以解散，新招来的巡捕也不见得是不收买路钱的。

12 月中旬后,黑市煤球又突破三百元大关,米价也涨至二千六百元一石。

伪组织又在上海开办物品零售捐 　　12 月下旬,市面盛传新年

沦陷区内文艺爱情片大行其道,由(左起)白光、王丹凤、陈娟娟、衣雪艳合演的《珠光宝气》正是个中代表。

后敌伪将增加一种新税名叫"战时消费特税",这一传说又使一般物价止跌回涨,各商店提高货价三四成至五六成不等。自 1944 年 1 月 16 日起,这个搜刮民脂民膏的新税果然出现了,一般物品的零售捐由 2％提高至 4％,奢侈品的零售捐征收 10％,筵席捐、旅馆附加捐征收 15％,娱乐捐分为多级制,自 10％至 40％不等。

1944 年开年后,公用事业又一次带头宣布调整价格,因此各项物品跟踪追进,黑市米每石升至三千五百元,食油每市斤由三十余元升至八十元,煤球每担五百元,火柴、肥皂也比年底上涨三四倍,丝绸衣料涨势更为猛烈。于是敌伪又一次限制食米移动不得超过八公斤,并令"米统会"严厉取缔黑市米。这种黔驴之技,早已被人识破,所以命令归命令,物价的新涨风还是势若奔马,有进无退,2 月 17 日食油每市斤再涨至九十四元,

黑市米每石接近四千元大关。

3月6日,当黑市米涨至四千四百元一石的时候,敌伪忍无可忍了,又派大批查缉人员捉拿米贩子,因此当街叫卖之声告绝,米贩子将米售给米店,米店加利润转手售给附近的老主顾。这样一来,黑市米又加上一层剥削关系,而市区内的米店也都成了黑市米的代销站了。

敌伪所采取的限价政策,本来是杀鸡取卵的政策,这种政策注定是要失败的,加以日德两国作战日益不利,战争结束之期不远,所以1944年初又出现了物价疯狂上涨的局面。上海人感到,战争虽然快结束,但是黎明前的黑暗,是七年来最难度过的一个难关。

伪组织判处"粮官"以重刑的两件赃案　　利用采购军米大发横财,是日本侵略者深恶痛绝的一件事情,由于他们如此赫然震怒,伪组织不免胆战心惊,于是便有惩处贪污粮官以极刑的大案件发生。

1944年3月12日,南京伪组织下令将"江苏粮食管理局局长"后大椿、"粮食部水产管理局局长"胡政停职待审,并将"粮食部长"顾宝蘅、"次长"周乃文撤职,交"特别法庭"审理。此案是由日本现役军人辻政信大佐举发的。

后大椿是上海大流氓杜月笙的门徒,曾在天津任"军统"的行动队员,李士群任之为"江苏粮食局局长"。胡政是后大椿的联襟。"粮食局"的主要任务是替日军采办军米。当时伪组织在江浙一带采取了封锁粮食的政策,不但省与省之间,就是县与县之间也不许米粮流通。"粮食局"在各县设有军米采购员一人,规定采购价格,向当地农民强征强购。封锁政策实施后,各级官吏视此为致富捷径,组织贪污集团,公然上行下效。例如日军征购军米五百万石,他们就征购得更多些,把超额购来的米粮投入黑市牟利。军米定价与黑市价大相悬殊,以1944年3月为例,日本侵略者规定军米限价为八百元一石,黑市价则为五千元一石。当时江苏产米区无锡、苏州一带的县长缺,要花三五百万元才能弄到手,而每年在采购米粮项下,他们就可以捞到外快三五千万元。

关于后大椿、胡政二人的贪污渎职案,在"特别法庭"的审理中查出了两件重要案情。一件是1943年3月15日,后向青浦米商施开增定购糙米一千石,每石定价二百八十元,当时预付定金二十八万元。但因米价涨至九百元一石,施无法交米,后就叫他折价还款。施开出三十万元支票两张,并于同年 10 月交出现钞十三万元了结。但有一张支票到期不能兑现,后实得赃款四十三万元。另一件是同年(1943 年)3 月 27 日,后命"松江县长"唐克明采办军米三万石,唐购得三万二千余石,即有"上海市第八区公署秘书"耿嘉基前来关照,不必全部上报,因此唐向"联营社"上报采购二万二千一百六十三石,经后予以核准。其少交的九千八百六十三石,则由耿唐二人投入黑市转售,提出其中利润八十万元交后处理,后一人独得二十万元,其余分给胡政及其他有关人员。以上犯罪事实,均写入法庭判决书内。

但是实际内容并不止此,其中牵涉伪方人员很多,并且案情颇为曲折。此案因内部分赃不匀,有人向日方告密,日方交"江苏省长"李士群自行处理。李被日人毒死后,此案即有将再撤查的风声,耿嘉基于 1944 年 2 月 7 日在亚尔培路公寓服毒自杀。日方对此案一定要认真办理,因此后、胡二人在被捕后的第三天,即被执行枪决。两人所得赃款被追回没收者共有一千三百万元。胡政临死前大骂他的襟兄害人不浅,不该把他找出来做陪死鬼。

1944 年 5 月 6 日,"粮食部长"顾宝蘅、"次长"周乃文也被"特别法庭"判处死刑,因念两人参加"和运"有功,各减为有期徒刑十年,顾所得赃款一千二百万元,周所得赃款八十万元,均被追回没收。

这是伪组织所谓惩治贪污案中判刑最重和处理最快的一件案子。据当时局中人谈,此案大官可以免死,还有不少大官置身事外,而其处理之快,也有"杀之以灭口"的一重内幕。

伪组织"接收"上海两租界

《新申报》揭露法捕房严刑杀人冤案　　上海租界被称为"西方冒险家的乐园"。它又是帝国主义在中国领土上所造成的一座"人间地狱"，这个地狱里有变相的阎罗殿，豢养着无数的牛头马面，用以"维持治安"。这些牛头马面欺压善良，包庇恶霸，勾结盗匪，诈欺取财，走私贩毒，这些扰害治安的累累罪行都是外国阎罗所默许的。这个地狱既无公正的法律，更谈不到有人类的同情心，凡被带到"行里去"的中国人，不论有理无理，在未经审问之前，先得尝一顿下马威，包打听和巡捕都有打人骂人的特权，上级从不过问。他们把中国人划分为高等华人和穷光蛋两类，根据他们的逻辑，穷人都是天生的"坏胚子"，做不出好事来，因此他们总是采取助富抑贫的办法，叫做"有条有理，无法无天"（条指金条，法指法币，即"衙门八字开，有理无钱莫进来"的同义语）。例如汽车轧死了人，他们认为汽车应当是横冲直闯的，所以开汽车轧死人无罪，而被轧死的"猪头三"、"曲辫子"，则死不足惜。捕房受理任何案件，一经他们裁决，就成了铁案，如果敢于反抗，大之毁尸灭迹，小之也被逐出租界，中国官方照例装聋作哑，不会出面来替无辜者伸冤。

1943年5月4、5、6三日，日本人的机关报《新申报》连载社会上新发生的一件严刑拷打、逼死人命的惨案。案情是：4月28日，一个姓李的妇人在菜市路二百九十二号诚记衫袜店买袜回来，发现遗失了一张洗衣发票，当天到霞飞路白尔部路（今重庆北路淮海路口）艺华洗衣店挂失取衣，店伙答以这件大衣已有人取去。李疑心洗衣发票失落在诚记衫袜店里，取衣的一定是该店的一个学徒。这个妇人名叫李秀英，是法租界康悌路（今建国东路）民乐茶园的老板娘，她的丈夫在南市赌台兼任跑街，曾经投拜郭士元的名下。郭士元就是艺华洗衣店的老板，曾经当过法国巡捕房的翻译。由于这种关系，4月29日，由郭出面报告法租界总巡捕房，捕房派巡捕到诚记衫袜店捕去学徒张金海和彭双龙二人，由法籍捕头米来审问。张金海坚不承认有冒领大衣情事,米来逼令张吞下火油二瓶,并以铁棍打断他的肋骨两根,当晚送至广慈医院,30日伤重身死。

洋大人打死一名学徒,在租界上本来是一件微不足道的事情,但是此案由日本人的机关报连续揭露,就成了轰动全上海的一件大事。此案发生后,日本大使馆情报部长广田发表谈话,对死者表示极大的同情。接着,敌伪方面群起而攻,伪上海国民党市党部通电主张提前收回法租界,伪新闻记者联合会电请伪组织提出严重交涉,金融界镇江帮巨头唐寿民、吴蕴斋等(据说因为死者张金海是他们的同乡人)出面代延律师起诉。这样一来,张金海这个小人物便成了街谈巷议的新闻人物了。

值得玩味的是,此案除《新申报》外,其他各报均只字不提。事隔两天,由于人言喷喷,他们才写了一篇短讯,这篇稿子送到新闻检查处,被日籍检查员全文检去,只留下一个空题目登了出来。但自5月7日起,日本侵略者忽又授意各报必须尽量披露,而且要写社评,社评写得越尖锐越好。日本侵略者为何出尔反尔,实在令人莫测高深。

日伪强烈申讨法捕房暴行并主张"收回"法租界 5月7日,上海伪市府向法国驻沪总领事马杰理提出强烈抗议,并提出三条件,一、惩凶,二、抚恤死者家属,三、保证以后不再发生同样事故。说也奇怪,法国当局与伪组织从未打过交道,这次接到抗议书后,法总领事立即用正式公文表示接受,并承诺抚恤张金海家属十万元。

张的尸体送往台拉司脱路(今太原路)法租界验尸所检验,验得委实因病身死,报请第二特区伪地方法院派员复验。照例,非高等华人不得在该所验尸,张金海区区一学徒耳,竟得跻于高等华人之列;而且,验尸按语照例外国人说了算,中国官方派人复验不过是官样文章,而此次竟由伪地方法院首席检察官沈文杰率领法医亲自前往复验,验得死者遍体鳞伤,头部及胸、肋各部均被钝器打击,致脾脏破裂出血而死。

同日,伪地方法院院长陈秉钧也向法租界当局提出严重抗议。另外,伪司法行政部部长罗君强也专程来沪办理此案。

法租界当局虽然处在矮屋下,不敢不低头,但由于洋大人妄自尊大的积习一时难除,还想讲几句硬话来吓唬中国人。法国公董局警务总监法勃尔扬言："关于张金海案，市民群言庞杂，倘因此而引起意外，本处负有维持治安之责，将采取各项必要的措施，莫怪言之不预。"法籍医师桑得利在解剖尸体时信口开河称："张金海的脾脏较常人为大，随时有破裂出血之可能。"此外，承办此案的原告律师邵葆三、谷儒文等还接有匿名电话，叫他们少管闲事，否则将以激烈手段对付。

法国人这些不达时务的做作，引起了来自四面八方的强烈抗议，其中有"东亚联盟上海分会"、"中华民国反英美协会"、"中国建设青年队"、"中华洪门联合会"、"东亚反英同盟会"、"上海市民福利协会"、"镇江同乡会"等。此外，"新闻联合会"、"上海市民联合会"、"租界纳税华人会"纷纷召开会议，讨论对策。从 5 月 8 日起，敌伪授意各报大量登载以上各项不利于法方的消息，登载得越详细越好，骂得越凶越好。

这样一来，法国人的威风倒下来了。法勃尔陪着笑脸向各报记者解释并表示歉意。5 月 9 日，法租界当局发表公告称："法国领事法庭庭长承总领事之命及警务处长之要求，经多日侦察，认定巡官长米来违反命令，似曾对张金海施以暴行，因此决定依法国刑律三百○九条之规定，对米来控以于 1943 年 4 月 29 日对张金海有意击伤，虽无心杀害，但因而致死之罪，予以羁押。"公告所称"违反命令"，显然想把罪名归之于米来一人，与租界当局及捕房无涉。对于米来所犯的罪行，也还冠以"似曾"和"无心"等假设之词，显然也有包庇之意。

同日，法国公董局警务总监发表紧急通告称："查禁止粗暴行为，迭经三令五申，最近仍发生不幸事件。为此仰各级职员知悉，在任何情况下之粗暴行为，定当予以严厉之处分，并将违反者送主管法院惩治。本通令须立即传知各级职员，揭示各警署内，并连续 8 日，每逢上差时向各级职员宣读一遍。"这是仿照中国官厅宣读"总理遗嘱"的办法，以警惕其僚属，并希望敌伪方面予以谅解。

由于法租界当局低头认输，5 月 12 日罗君强在报上发表谈话："张金海一案，法籍巡官米来由法领事法庭侦察审判，手续并无不合。法国虽声明放弃其治外法权，但在新约未签定前，中国应尊重现有之条约及协定。市民为张作声援，对于法律尊严与法庭秩序，尤应予以尊重。"13 日，褚民谊也发表谈话称："张案已告一段落，以后应静待司法之进行。"

5 月 31 日,法租界当局公布:"米来应处以无定期之刑,依照法国法律,惟西贡高等刑庭有权判决之。该罪刑得判处至二十年苦工。一经宣判,即当发表。"这显然又是法租界当局转移视线的一种手法,把米来送往西贡,从此永无对证,就可不了了之。

关于郭士元、李秀英等犯,伪地方法院前后共开庭三次。6 月 14 日宣判,郭士元处以无期徒刑,李秀英处以徒刑一年半。

日本侵略者拟辟法租界为难民区未遂　　对于上海法租界应当如何处置的问题,日本侵略者经过多次推敲,始终举棋不定。前面讲过,太平洋战争爆发时,日军仅占领公共租界而未侵入法租界,是受了德国的暗示和压力。自德军军事失利以来,日本侵略者就想乘机"帮助"南京伪组织收回法租界,这也并非意外。

自美国 B—29 型轰炸机在中国沦陷区更番轰炸以来,日军由于防空力量薄弱,对此非常恐慌,他们又打算把法租界辟为"不设防城市(地区)",以避免美国飞机轰炸,保全其在上海的各项物资。他们曾授意上海华洋各慈善团体进行初步试探,想打着保障华洋人民生命财产的幌子,先在法租界成立难民区,然后进一步划为"不设防城市",但因英美等交战国置之不理,此项阴谋未能得逞。

日本在沪人口集中在虹口区,军用仓库集中在杨树浦一带,轰炸目标非常显露,因此日本侵略者退一步又想利用法租界为庇护所,以保障日本物资的安全。

伪组织接收两租界的骗局　　1943 年年初,日本宪兵队在法租界贝当路(今衡山路)成立了沪南分队部。同年 4 月,日本领事馆除在靠近法租界的南市设立警察出张所(即支局或分店)而外,又在法租界环龙路、马斯南路转角(今南昌路、思南路口)设立办事处。此时法租界的日本人已由原来的六百人增至二千余人。日方已决定派"华中同仁会"接管海格路红十字会第一分院(今华山路华山医院),这是法租界最著名的一家医院,经该院再三交涉,才允缓期执行。

同年 4 月 18 日,天还没有亮,日本宪兵举行突然袭击,蜂拥到爱多亚路浦东大楼检查住户的市民证,无证者勒令即日迁出。

　　至于法国方面,对于交还上海法租界一举,始终采取敷衍拖延的态度。1943年2月23日,由于大势所趋,维希政府追随各国之后,发表了放弃在华租界及其特权的声明。这仅仅是个原则性的声明,由于维希政府未与南京伪组织建立外交关系,具体交还日期并未规定。伪方一再请求日方协助他们收回上海法租界,此时在上海的法国大使戈斯美仍想拖过一天算一天。4月下旬张金海案发生,法方知道这是日本人在幕后策动,想借这个题目帮助伪方收回上海法租界,因此5月18日向伪方让步,承认于6月5日交还天津、汉口、沙市三处的法租界,但对上海法租界仍未确定交还日期。

　　6月30日,日本侵略者与伪组织签署了协定,定于8月1日交还上海公共租界。到了这时候,戈斯美知道这个问题无可再推,才召集驻沪法总领事马杰理与法商代表数人举行会议,讨论应否定期交还上海法租界的问题。法国官方主张提早交还,理由是法租界迟早要交还,现在日本人自己也已定期交还公共租界,我们如果再拖下去,就有被武力接收的可能,上海法侨也有被圈禁的危险。部份商界代表则还留恋租界特权及其经济利益,想拖到第二次世界大战结束后解决。7月22日讨论的结果,决定在日本交还公共租界之前一日,即7月31日,为交还法租界之期,附带提出两个条件:一、交还后租界上一切人事及制度暂不变更;二、尊重法侨居住及营业之自由。至此,日本侵略者所导演的交还上海两租界的闹剧,全部完成了。

　　7月29日,汪精卫偕日本最高顾问柴山中将飞抵上海,来作结束上海租界制度的最后一次巡礼。伪方报纸大肆宣传,用了"万人争瞻领袖丰采"的大字标题,鼓吹他"深赖友邦日本协力,结束帝国主义租界制度的丰功伟绩"。是日上午,汪所乘飞机在江湾机场降落,即换乘汽车在上海市区兜了一个大圈子,经过四川路桥,沿中山东路折向西行,由爱多亚路、福煦路到愚园路本人住宅。沿途日军放步哨,伪警站双岗,警卫森严,如临大敌,交通断绝达8时之久。在这种情况下,有谁能够看见这个大汉奸的什么丰采呢?因此,上海市民申申而詈:"分明押解犯人游街示众,偏说什么保卫元首,让汪精卫见鬼去吧!"

"接收"两租界　　7月31日为接收上海法租界之期,伪市府命"联保长"分层发出通知,无论商店或住户均须悬旗志庆,没有旗子的也得用红纸写大字标语,因此上海南京路、霞飞路等主要街道出现了旗帜如林、标语满目的情况,并建有彩色电灯牌坊多座。奇怪的是,外国人的商店和公寓也都挂上了国民党的青白旗,这些外国人当然都不是日本人的敌侨,以白俄及德籍犹太人居多。伪市府发表统计,是月,不少外侨纷纷"归化中国",其数量打破了往日的纪录。

伪组织发表命令,上海公共租界改称"第一区",法租界改称"第八区",任命陈公博为第一、第八两区公署署长,并兼第一、第三警察局局长。江西路汉口路口公共租界工部局改称"上海特别市第一区公署";公共租界总巡捕房改称"第一警察局",局长陈公博,副局长日本人渡正监。霞飞路贝勒路(今马当路)口法租界公董局改称"上海特别市第八区公署",嵩山路法租界总巡捕房改称第三警察局,局长陈公博,副局长苏成德。法籍人员除警务总监法勃尔不愿留任外,余均履行法方"制度及人事暂不变更"的条件,一律加委留任。南市、闸北及沪西越界筑路地带分别成立第二区(陈公博兼该区公署长)至第七区,共设第二警察局,局长卢英。此后不久,在日本人的授意下,各警察分局均加设副局长一人,一色由日本人担任,而有了副职,正职就终日枯坐伴食而无事可做了。这样一来,两租界交还后,一切大权均由日本人掌握,正应了前面讲过的那句话:"伪组织的东西,也就是日本人的东西。"

两租界交还后改头换面的新衙门,一律都贴有新官上任的红告示,告示上写的都是陈公博的名字。这样一来,陈公博除在南京担任伪立法院院长等职而外,在上海从"市长"、"署长"一直兼到"警察局长",其官衔之多与场面之大,为古今中外官场中所未有。

法租界最后的两张布告——第九十六号和第九十七号,与公共租界的第四千四百四十五号和四千四百四十六号两张布告,都声明配给户口米政策照常办理。7月31日那天,伪市府传令各商店举行大廉价一星期以庆祝收回两租界,但是各商店并未照办。

两租界交还后,上海市民所感到不同的,只是各机关的屋顶上改挂了国民党的旗子,巡捕的帽子上改佩了绘有国民党旗的新帽徽,服装和面孔都是老样子,除越籍巡捕解职而外,马路上来来往往的还是那些收买路钱的家伙。

上海自"八·一三"战事发生后,两租界电车分段行驶,市民深感不便。伪组织接收两租界后,上海市民满以为两租界既已打成一片,今后不应当再有畛域之见了。不料接收后的第一天,电车仍在旧界线内各走各的路,而且法商电车缩短路程,东行以西新桥为终点,车辆特别减少,攀车抢登之风大盛,予乘客以极其恶劣的印象。

8月1日举行所谓接收公共租界的庆典,陈公博又忙于就任第一区公署署长和第一警察局局长(11月1日,伪第一、第三及沪西警署合并为第一警局)。他在第一号布告中声明:"前工部局所发布告均继续有效。"是日汪精卫出席在大光明电影院举行的所谓"上海民众代表大会",大谈其主持"和运"的功劳,真是不知人世间有羞愧事。

8月1日以后,旧公共租界检查市民证以及局部封锁经常发生,两租界旧址时通时阻,一切与前无异。

8月6日,爱多亚路自外滩起至福煦路一带,又有日本兵放步哨,伪警站双岗,人群阻塞,交通拥挤。市民侧目而视,低声嘀咕:"瘟神(瘟神指江精卫)走了!"

日本侵略者的新花招——"和平走廊"

美军在太平洋开始反攻　1943 年上半年,德军在北非战场上屡战屡败,引起日本惶惶不安。他们急欲拔出在中国战场上愈陷愈深的泥足,以便腾出力量来应付随时可能发生的非常变局,于是又一次采取对蒋迫降的手段,于 5 月上旬发动"湖西攻势"("湖西"指洞庭湖以西地区),5 月 8 日攻陷安乡,15 日占领公安。国民党军第二十四集团军庞炳勋叛国投敌。

5 月 12 日,日本侵略者公布美军在阿留申群岛的阿兹岛登陆。这是美军在太平洋开始反攻的第一次战役。到 31 日,日军发表战报称:"阿兹岛守军仅有二千余人,自本月 12 日与敌美登陆之二万人作战,至 28 日我军生存者仅百余人。29 日以全力对敌美之主力部队作壮烈之猛攻,通信忽告断绝,全员殆已殉国。在发动此役前,一般伤病员因不能参加战斗而悉数自尽;其担任进攻之各员,则向皇国领土遥拜,高呼天皇万岁,于欢笑中就大义。"上海市民看了这种战报,不觉失声而笑:既然全员已经殉国,又何必多此"蛇足"之笔! 后来美军在太平洋跳岛作战,日军每次战报中都有"遥拜"、"高呼"的这一套话,宣传伎俩实在太不高明。

5 月 22 日,日方公布:"日本联合舰队司令山本大将于 4 月间在飞机上壮烈阵亡,大贺大将继其遗缺。山本晋级元帅,天皇赐以国葬。"这一报道证明上海所传日本太平洋舰队被美国海空军歼灭过半,并非虚构之词。

意大利战败投降　1943 年 7 月 14 日,反轴心军在西西里岛登陆,迫使意大利法西斯政权崩溃,海军上将巴杜格里奥上台组阁,向同盟国无条件投降。轴心国的三条腿折了一条,使德国更为孤立,对日本侵略者也是一个严重的打击。可笑的是,伪组织此时还装腔作势地发表了"协力友邦"的谈话,说什么"意大利无聊政客投降英美,此举无关大局,反使轴心国的作战力更为坚强,战争前途更为有利"。并表示"国府决与友邦日本骈肩作战，同生共死"。上海各奸字号报纸也都著论称："轴心国已将意大利从名单中剔出，友邦日本对于必胜信念愈为坚定。"

开罗会议和德黑兰会议

由于西方局势日益好转，是年 8 月，罗斯福、丘吉尔在魁北克举行英美两国第六次会议，讨论了对日作战及对中苏两盟邦加强物资援助的问题，并同意了联合参谋部提出的"欧亚军事并重"的建议。

10 月 19 日，英、美、苏三国外长艾登、赫尔、莫洛托夫在莫斯科举行会议，通过了赫尔所提的"缩短战争、战后合作及集体安全制"的建议，发表了中、苏、英、美四大国的联合宣言。

蒋介石夫妇与罗斯福、丘吉尔在开罗会议上

11 月 20 日，罗斯福、丘吉尔、蒋介石三人举行了开罗会议。这是蒋介石第一次以"一国元首"的资格（是年 8 月 1 日，国民政府主席林森在重庆病死，国民党中常会推举蒋介石于 9 月 13 日继任）参加的国际会议。他同英美两大国的头号人物并肩平列，讨论世界大事，就自以为自己是"当代世界上的三大伟人之一"（当然他不会把斯大林排在一起），在中国历史上则是前无古人的最伟大的"民族英雄"。但他不曾晓得，当开罗会议的倡议人罗斯福提名他参加会议的时候，丘吉尔就不以为然，但由于罗斯福一定要在亚洲找一个当权派参加，认为必如此才能表现这是一个世界性的会议，而亚洲以中国为最大，除蒋外也别无其他适当的人选。事实上罗斯福私下叫他"花生米"（这是形象化的一个绰号,指其尖顶光头）,也是很看他不起的。

12月1日,蒋介石由开罗飞返重庆。罗、丘两人则先于11月28日飞往伊朗首都德黑兰,与斯大林举行会议,制定了苏联参加对日作战的初步规划。

上海日军报道部发表向蒋诱降的谈话　当欧非两洲风云变化之日,胜利之神已在向同盟国招手,而敌伪方面则预感末日将临。在那些日子里,上海日本海陆军两个报道部经常召集敌伪各报记者举行座谈。他们公开埋怨南京政府不仅不能促进中日和平,反为中日全面和平之梗。同时,又公开指责南京政府无官不贪,无吏不污,"我们在前方浴血打仗,他们在后方升官发财",言下恨恨不已。他们还想借中国人之口,向重庆方面转达迫降、诱降的谬论,说什么:"不论你们承不承认南京政府,总之他们也是中国人。我们交还了上海租界,证明我们对中国绝无领土野心。重庆方面现与英美并肩作战,殊不知将来战争结束,他们必向中国提出若干条件,而这些条件不论是政治的或经济的,都对中国不利。此时如与日本停战议和,中国在国际上将立于举足轻重之地位,眼前又可避免不必要的战争痛苦,正是千载难逢之机。反之,如与日本继续作战,纵令西线战争德国失败,我日本也必将独立作战,虽战至最后之一人,亦在所不惜,而主要战场在中国,牺牲最重的还是中国人。"

同时,南京归客谈:在那些日子里,汪精卫的心情变得更加沉重。他受了日本人的气,还要陪笑脸,因此,他的肝火特别旺盛,常常把手下人当作出气筒,摔东西、拍桌子和跳脚骂人几乎成了他每日不可缺少的例课。

1943年10月22日,汪精卫又一次应日本政府之召,偕陈公博等飞往东京,当天谒见日皇裕仁并与首相东条等举行会谈。次日飞回南京时,他发表简短谈话,认为"中日全面和平必须及早实现"。此时上海就有日本将由近卫组织投降内阁和南京伪组织将迁到上海百老汇大厦办公的谣言,后者由伪组织发言人切实否认。

日汪成立"中日同盟"新约　10月30日,上海市各区"保甲长"

通知全体市民一律要悬挂国旗,大家不知道又发生了什么事情。随后得知,是日汪精卫与日本新任大使谷正之发表联合宣言,宣布废止所谓"中日基本条约",代之以新成立的"中日同盟条约"共六条,并在附属议定书内声明:"中日全面和平实现之日,日本即从中国分期撤兵,并放弃《北京条约》中的日本在中国的驻兵之权。"上海市民不禁呸了一声:"原来就是这么一回事,真是活见鬼!"

11月7日,"保甲长"又叫市民悬旗。大家很奇怪,快要完蛋的日本侵略者,哪来这许多大喜事,不知道他们又在捣什么鬼。后来报载日本政府召开的"大东亚会议"已于本日闭幕,亚洲六国发表共同宣言,表示"协力日本,抵御白种人之侵略",凡属亚洲国家,理当同伸庆祝云云。

"劳动服役"与"民众献机"　　尽管日本侵略者一再向蒋介石招手诱降,但是他们在上海的所作所为,如什么"局部封锁"哪,"恐怖演习"哪,"灯火管制"哪,闹得全市鸡犬不宁,人人抱有"与日偕亡"之心。就在同伸庆祝的那天,伪方社会福利部推行所谓"国民劳动服役"运动,强迫劳动人民到日本充当苦役;伪市府成立所谓"民众献机运动委员会",搜刮民脂民膏献给日本侵略者制造飞机,用来屠杀中国人。12月8日为太平洋战争爆发的纪念日(日本侵略者称之为大东亚战争纪念日),敌伪又开展所谓"收回金属运动",派遣浪人到处搜刮,无孔不入,甚至民间所用饭锅、茶壶也被收去。

华南日军司令点名向蒋介石挑战　　日本侵略者除把南京伪组织当作"和平橱窗",向蒋介石招手诱降而外,他们自己有时也跳出来表演一番。

1943年冬季的某一天,日本华南侵略军总司令田中,忽然像患了失心疯一样,在广播中哇啦哇啦直叫,点名要蒋介石出面来答话。他说蒋介石"不愧为亚洲的英雄",但又认为做英雄的人"必须光明磊落、性格豪爽、不藏头露尾、不拖泥带水"。他吹嘘他自己"也是亚洲的英雄,现在到中国来指挥部队,同蒋介石作战,正是两雄相遇",因此他建议蒋介石尽可能把中国最精锐的部队统统挑选出来,由自己统率,自己亲临前敌,他也自己出马,双方打一场痛痛快快的大仗,胜则胜,败则败,免得两国人民长期处于战争的严重灾难之中。他最后作结论说:"我如不胜,情愿撤兵回国,蒋先生如不胜,应向我们进行和平谈判。"

1944年2月8日,日本侵华军总部高级参谋辻政信大佐,在上海国际戏院发表《告日本侨胞的话》,其要点如下:

"我在中国和亚洲战场上参加过无数次战役,当初在上海和中国十九路军打,后来在山西和国民党的中央军打;我又在诺蒙亨和苏联红军,在马来亚和英军,在巴丹岛和美菲联军,在所罗门群岛和英澳联军都打过。凭我个人的战争经验,战斗力最强的是中国的军队。

"我这么说,诸位必认为很难理解,因此有补充说明之必要。我们要以同等装备、在同一战场上作战来衡量战斗力的强弱。如果按照这个标准,中国国民党的中央军最强,次之为苏联红军。苏联人也含有一部分东洋人(日本人统称亚洲民族为东洋人)的血液。至于美、澳、英等国的军队,那就都不足数了。

"因此我得出结论,如以最强的中国军队和更强的日本军队并肩作战,必将无敌于天下。

"去年11月25日,我奉日军司令官的命令,到过浙江奉化,吊唁七年来因战争而被遗忘的蒋太夫人。我和'汪主席'的代表萧中将(指伪组织军事参议院长萧叔萱)在上海定购极大的花圈两只,乘飞机一同出发。其时奉化正处于中日两军对峙的界线之间。

"我召集当地老百姓发表讲话。我说:'蒋先生乃是贵乡的大英雄。中日两国作战七年,蒋太夫人墓草离离,诚不胜遗憾之至。我们日本为道义而战,现在中日双方虽仍处于敌对状态,但我们还是延请僧侣做了一星期的大法事,以超度蒋母。烦请今天在座的蒋姓亲族转告蒋先生,不论五年十年,请他放心作战。战时我们日军对蒋母坟墓当尽守护之责。这不是策略性的讲话,而是基于道义上的善意。'"

这里又一次狂捧蒋介石为大英雄,真不怕把人们的牙齿笑掉。这里对国民党军队的估价又有所提高,仅居日军之下,而在苏联红军之上。这里竟把日本侵略中国的战争说成是道义之战,基于这种精神,他们愿意守护蒋母坟墓,却忘了他们曾派飞机轰炸无军事目标的奉化,炸死了蒋介石的原配毛氏,不知道那又是基于什么精神。

就是这位大佐,曾在东京大本营担任过作战参谋,极受上级重视。他的情报称为"辻情报",专立档案,不附在任何系统的档案内。也就是这位大佐,最喜过问中国各方面的事情,曾经检举过伪组织的粮官舞弊案,他说这是他对中国做的一件好事。

日本军用飞机在湘潭乡间降落　他在上海演说不久,突有一架日本军用飞机在湖南湘潭乡下降落,机中有一位日本军官与飞机驾驶员同被当地农民俘获。这位军官自称他是中国人的好朋友,平日坚决反对中日战争,他在中国做过不少的好事情,此行负有促进中日全面和平的重大使命,务请把他送到附近地区中国军队的司令部去。当地农民把他送往长沙第九战区司令部。司令长官薛岳不敢作主,立即报告了蒋介石。蒋叫他用木筏子把这位军官放回岳州日军占领区,并叫薛岳严守秘密。原来,这位日本军官就是在上海向日侨发表演说的辻政信大佐。他由上海回南京后,就向日军总部自告奋勇,愿意"单刀赴会"到中国内地去,直接找蒋面谈中日和平。他由岳州回南京后,日军总部也怕声张其事,立刻把他调往缅甸战区服务。1945年日本宣布投降之初,此人忽又化装和尚潜往重庆,蒋命戴笠加以保护。究竟此人与蒋有何渊源,局外人很少知道。

"中原大会战"　日本侵略者由于政治诱降没有成功,又于1944年4月上旬发动了一次大规模的军事迫降,即所谓"中原大会战",战区包括河南、湖北、湖南三省。4月8日,日军渡过黄河,20日占领郑州。守河南的国民党军将领汤恩伯不战而逃,日军如入无人之境,21、22两日连陷新郑、汜水、荥阳,5月1日又陷许昌,25日攻入洛阳。6月3日,日本侵华军总司令畑俊六因功晋级为"元帅"。6月上旬,日军分三路进攻长沙,正面强渡汨罗江,沿粤汉路南下;左翼由崇阳、通城进窥平江、浏阳;右翼由公安、石首进窥澧州、常德。日军大举进攻前,长沙、衡阳、零陵等地受到日本飞机的更番轰炸,人民的生命财产受到严重的损失。6月12日,日军正面进抵长沙北门外捞刀河,左翼进抵南门外猴子石,右翼在宁乡县城与驻军巷战后进抵湘江对岸望城坡。此后在岳麓山、天马山展开了肉搏战,双方死伤均甚惨重。这是中日战争以来日军第四次进攻长沙的战役。相持至 18 日,长沙遂告陷落。

8 月 8 日,衡阳又告陷落,国民党守军第十军军长方先觉兵败投降。

此次日军发动所谓"中原大会战",其目的有二:一、他们自己宣称,作战的目的在于"以战促和",这就是他们经常交替使用的"政治诱降"与"军事迫降"的两手,但是此次使用的兵力更大,作战的区域更广;二、他们由于末日将至,要把分散亚洲各处的兵力衔接起来,首先打通中国大陆的大动脉,由北京直达广州,北与东北的关东军相接,南与南太平洋各岛屿的日本远征军相接,造成一种首尾相顾、联成一片的局势,为将来的全面大撤退打下基础。

日军发动"中原大会战"时期,国内外形势都对中国非常有利。国际方面,欧洲战场上反法西斯同盟军已由守势转为攻势,苏联红军将德军全部兵力逐出国土,并将战争推及德国境内;意大利战败乞降;斯大林、罗斯福、丘吉尔的德黑兰会议,确立了西方国家在欧洲开辟第二战场及战胜德军后红军迅速转入亚洲战场打击日本关东军的军事方案;是年 6 月 6 日,

蒋介石阅读手中《中国之命运》

同盟国联合军在法国诺曼底半岛登陆,配合红军以钳形攻势向德军心脏柏林前进。国内方面,南北各解放区人民军队展开了大反攻,收复了大片国土,日伪兵力有六分之五被牵制在华北战场上。日军发动"中原大会战"后,由于战线越拉越长,兵力更感不足,而蒋介石最精锐的胡宗南、蒋鼎文、汤恩伯等部,兵力数倍于日军,他们以逸待劳,不难予日军以致命的打击。但是,这位自称为世界"三大伟人"之一的蒋介石,这位中国历史上前无古人的"民族英雄",为什么不挥戈一击,把日本侵略军打退而一显身手呢?

原来,蒋介石自上年年底由开罗回国以来,一面"躲在峨眉山上观战",一面抛出了臭名昭彰的《中国之命运》一书,扬言要在两年内解决中国

问题,即在两年内消灭中国共产党和一切进步力量。蒋介石对于日军的进攻毫不介意,却以重兵包围陕甘宁革命根据地,发动了第三次反共高潮。由于中国共产党予以揭露和反击,全国人民一致反对内战,反共高潮才暂被遏止,但是蒋介石仍然不肯撤退包围解放区的胡宗南的军队。国民党军阎锡山甚至与日本侵略者成立了共同进攻解放区的军事协定。在这种情况下,蒋介石连消极抗日也谈不到,只留下积极反共的一面了。此外,国民党高级将领贪污腐化,彼此争权夺利,都不准备打仗。第一战区司令长官蒋鼎文驻洛阳,副司令长官汤恩伯驻叶县,俨然同舟敌国。汤恩伯盘踞大半个河南,通敌走私,腰缠万贯,有河南王之称。河南人民称水灾、旱灾、虫灾、汤灾为河南四大灾,想见其民怨之深。以上种种,就是国民党军队在敌人垂死挣扎之际不能取胜反而又一次大溃退的原因。

日蒋双方交流物资的两条交通线　　自从1937年中日战争发生以来,日本侵略者始终没有放弃过对蒋介石的诱降,蒋也始终不以日本侵略者为主要敌人。他们通过半公开的经济交易,以掩盖其不公开的政治交易,这在当时已不是什么秘密了。

中日战争打了七八年,日军占领区与内地蒋管区相互通邮、通商,这在中外战争史上也不能不算是一个奇迹。

当时由上海到内地的交通线,主要有两条路,北路由火车经蚌埠换乘长途汽车到豫皖边区的界首镇,由此转往西安、重庆等地。南路由火车、公路经杭州、富阳到浙皖边境的屯溪镇,由此转往衡阳、重庆等地。日军在浙西发动好几次"扫荡战",曾进至富春江南岸,但不久又自行撤退,其原因就是不肯封锁这条通往内地的交通线。1944年日本侵略者发动"中原大会战"后,南北两路均被堵塞,但南路却由屯溪移往淳安,仍可辗转而达衡阳,日蒋物资交流始终未断。

日蒋交流物资,主要由蒋介石的"希姆莱"、军统大头目戴笠主持办理。戴笠身兼军事委员会水陆交通检查处处长、财政部缉私处处长、交通部战时货运管理局局长等职,在通往沦陷区的各重要关口设有水陆检查所多处,手握管理物资与指挥交通运输之大权,实际上他是替蒋介石进行走私而大发其"国难财"的大总管。同时,南北两路又各有一人分工负责,

戴笠像

北路为绰号小蒋介石的汤恩伯，南路为上海大流氓杜月笙。

汤恩伯在界首设有"物资调节处"，派三十一集团军（汤恩伯以第一战区副司令长官兼任第三十一集团军总司令）总部军需处处长胡静如兼任物资调节处长。胡经常派人与驻归德的伪军头目张岚峰、驻开封的伪军头目孙良诚联系（张、孙二人均属旧西北军系统，各有五个师的兵力，分任和平军第一、第二两集团军总司令。张部驻商丘、亳县、柘城，孙部驻开封。当时孙兼任伪开封绥靖主任，后调苏北绥靖主任，所部移驻盐城、兴化、泰州、扬州一带），进行所谓"物物交换，互通有无"。

1944年3月，戴笠曾偕汤恩伯到界首与张岚峰相见，孙良诚也派代表参加会见。戴笠传达蒋的密令，允许他们"曲线救国"，将来可以"殊途同归"（意指投降敌人后，不戴汉奸帽子，许其立功赎罪）。所谓"物物交换"，是由日方把在上海搜刮到的纱布、纸张、颜料、五金、西药以及日用品等等，通过伪军防区运进去，蒋方也把在内地强征到手的木材及土特产，通过伪军防区运出来。显而易见，这是日、伪、蒋三位一体打伙求财的一种肮脏勾当。

经济走私掩盖下的政治交易　　南路方面，戴笠与杜月笙不仅在经济上建立了合作走私的关系，而且在政治上也建立了合作通敌的关系。

蒋介石原系上海青帮流氓出身，1927年发动"四·一二"政变时，曾利用流氓帮会充当打手。1937年国民党放弃上海前，他又一次想利用杜的门徒与戴笠手下的特务联合起来，组成"别动总队"，在上海潜伏下来，对日军及其卵翼下的汉奸进行所谓"挖心战"。因此，他发表命令，在军事委员会的直接领导下，成立了对外不公开的"江浙行动委员会"，以杜月笙为主任委员，戴笠为常委兼书记长，主持此项工作。不料国民党军刚撤走，这支流氓队伍马上一哄而散，"江浙行动委员会"也就随之而瓦解了。

上海租界成为孤岛后，杜月笙乘法国兵舰秘密离沪赴港。1939年汪精卫来沪进行组府活动时,蒋又想起杜月笙,想利用他的门徒破坏日汪合作,于是他又下令成立了一个"地下市政府",名称是"上海统一委员会",仍以杜为主任委员,俞鸿钧、蒋伯诚、戴笠、吴开先为常务委员,并指定以吴开先兼任书记长负实际责任。这个组织是流氓、特务、党棍三结合的大杂烩(俞鸿钧原任上海市市长,属于政学系新官僚;蒋伯诚是不公开的"委员长驻沪代表";吴开先是国民党中统的驻沪负责人),但只有蒋、吴二人留在上海,俞、戴二人均在内地,杜则仍在香港未动。

民国时期上海市市长俞鸿钧

尽管杜月笙未能亲身回沪主持工作,但他派徐采丞为私人驻沪代表,随后又加派他的总账房万墨林前来协助,这就说明他是这个委员会的核心力量。这个委员会的活动既是政治性的,又是经济性的:所谓政治性是指他们除反汪任务而外,还在暗中勾结日本侵略者搞"中日全面和平"的秘密交易;所谓经济性是指他们勾结日方搞内地与沦陷区之间的走私活动。

1941 年 11 月,杜月笙由香港飞往重庆,不久香港被日军占领。杜在重庆建立了"中华实业信托公司",自为董事长,以其门人杨爱北为总经理。1943 年,他又与戴笠合组通济公司,并吸收蒋帮四大家族及四川豪门参加投资。这两家公司都打着抢运沦陷区物资的幌子,派人在界首设立分公司,配合战时货运管理局,接运从上海运至界首的纱布,经过西安转运至重庆;又在衡阳设立转运机构,任务同前。1944 年日军发动"中原大会战"后,北路界首一线被阻塞,日蒋间走私的交通线就只剩下了南路屯溪的一线,不久又由屯溪移往淳安,也就是淳安、衡阳的一线了。通济公司又在淳安设立了分公司,负责转运走私货物,直至中日战争结束而止。

八年抗战期间,杜月笙本人虽始终未沾敌伪的边,但他通过驻沪代表徐采丞,与日本侵略者保持联系,还留下不少门徒参加伪组织,如杨仲华曾任"上海别动总队"的参谋长,后来投汪任"和平军第二集团军总司令",杜的另一门徒汪曼云,则更进入汉奸特务系统而为其中的主要负责人之一。徐采丞在法租界贝当路华盛顿公寓(今衡山路西湖公寓)设有电台与重庆直接通电,电报内容不仅与经济走私有关,也与政治诱降有关。徐的后台为日本特务机关"松机关"的主持人松井少将。他与松井合组"民华公司",这个公司事实上就是"通济公司"的上海分公司。正由于徐与日方具有政治上与经济上的双重关系,他又与日本侵略者在虹口所设的另一特务机关"上海陆军部"挂上了钩。"上海陆军部"的主要任务是对蒋介石的政治诱降。该部有一个冈田中佐,矮矮个子,蓄有短髭,经常身着军服,独驾汽车向敌伪各部门保释被捕的"重庆分子",例如吴开先被日本宪兵队捕去,1943年由冈田领出来并护送出境;又如杜月笙的账房万墨林在上海接济军统上海站的经费,被"七十六号"汉奸特务捕去,也是由徐采丞通过冈田获得释放的。

以上说明:八年抗战期间,日蒋双方表面上虽系交战团体,但在经济方面是货物走私的伙伴,在政治方面又是反共的同路人。他们之间这种微妙关系,不是局外人所能窥其堂奥的。

富春江畔的蚂蚁队　　与此同时,除日蒋双方大规模的走私外,民间还有为数众多的单帮客,也是通过这两条交通线进行走私交易的。大抵北方单帮客取道北路,南方单帮客取道南路。南路由富阳西行三十里到场口。这里中日双方均未驻兵,俗称为两不管的"阴阳河",经常有肩挑车载的行脚商,成群结队而来,人多的时候像出窝的蚂蚁一样,因此当地称之为蚂蚁队。当地居民搭设长排草棚供他们落脚,并设立了交换法币和中储券的兑换所,其兑换率大抵为一兑一。这些单帮客冒着敌人的炮火,走遍千山万水,以此为谋生之道,这也是中外战争史上少有的一个奇谈。

除行脚商而外,还有规模较大的运输商和保险商,代客运货,代客保险,由于沿途风险甚大,所收运费及保险费高达30%至50%。当地还有一种向导人,能与双方军队通气,给以一定的代价,他们代办过境手续或代领临时通行证、居住证等等,从中取得一笔佣金。

开辟"和平走廊"　　1944年日军发动"中原大会战",占领了河南全省与大半个湖南，但是蒋介石鉴于轴心国总的形势不利，已把赌注押在同盟国的一边，因此日本侵略者"以战促和"的目的未能达到。于是他们又打出一个新的花招，要把河南、湖北、湖南这个新占领区开辟为"和平走廊"，为对蒋诱降的另一渠道。

日军进入湖南后，忽然大肆宣传，吹捧"湖南为抗战军人之摇篮"，说什么"湖南人有血性，有勇气，与日本军人之气质相同"。他们扬言："日军乃是仁义之师，将在湖南抚辑灾黎，铲除苛政，蠲免田赋，不抽壮丁，造成一个恬静安乐的湖南。"此时，长沙居民早已星散，市内一片断壁颓垣，他们便在四乡大肆搜索，强迫人民回城居住，如有不从，便采取屠村、烧山或血洗全家的手段来对付，这便是他们所想造成的"恬静安乐的湖南"。

日军把湖南叫做"新占领区"以别于老占领区，规定这个地方不受南京伪组织的管辖。北方"联银券"和华东"中储券"均不通行，仍以国民党的老法币为进行交易的惟一通货。他们把长沙的逃亡地主和劣绅叫回来，授意他们恢复省议会，举行省长民选；又叫各县召集县议会，选举县长。他们仿照从前地方军阀所玩弄的"联省自治"的把戏，打算先在湖南实行自治，然后将中国中部数省划为"非军事区"，开辟一道"和平走廊"，实行联省自治。他们放出空气说，联省自治政府建成后，他们将宣布"还政于民"，分批撤退军队。他们又在衡阳降将方先觉的名字上动脑筋，把他的部队改编为"先和军"，以示与华北"治安军"及南京伪组织所属的"和平军"有所区别。日军耍此花招，也并非新的发明：中日战争初期，他们在华北大搞特殊化和所谓华北自治运动，并指使山东军阀韩复榘、四川军阀刘湘率部脱离中日战区，在汉中会师，通电宣布推行"联省自治"，反对一党专政，这些都是分裂中国的政治阴谋。

这套新的花招，未尝不正中蒋介石的下怀，如果华中开辟了一道"和平走廊"，中日战争状态就不存在，他就可以大喘一口气了。但是，这个未建成的"和平走廊"，处在中日双方的夹板之中，而日本侵略者变的又是假把戏，加以第二次世界大战结束在即，日本败局已定，到了这时候，蒋介石也不愿做日本侵略者的陪葬人了。

"人民和平运动"　　与此同时，武汉方面也有所谓"人民和平运动"出现,这一运动公然提出了"撤兵、和平、统一"的三个口号,并且发表了"呼吁和平"的宣言。宣言说:"中日战争打了七年,中国人民痛苦不堪。我们不能再让这种战争再打下去了。南京政府依附日本,不仅不能促进中日和平,且其本身反成了和平的障碍。重庆政府依附英美,不肯停战议和,不为沦陷区二万万以上同胞稍留一线生机。因此,实现和平的责任就不能不落在我们老百姓的身上。人民要和平,不要战争,政府不能置之不理。如果置之不理,即应由各省人民组织第三政府,向日本交涉停战撤兵。"

在日本人的军刀下,中国沦陷区人民居然能够站立起来,要求敌人停战撤兵,而且发表宣言,对汪蒋双方各打四十大板,岂非咄咄怪事!可是,明眼人一望而知,这又是日本魔术师导演的一套制造民意的戏法。这套戏法也并不新奇:早在太平洋战争爆发不久,日本侵略者就在天津排演过这种戏。天津为清朝遗老和北洋旧官僚麇集之区。他们指使湖北人周某,发起"中国耆宿元老"的"中日和平运动",凡愿为发起人者,必须在清朝做过督抚以上,民国当过部长、省长以上的大官儿,签名后每人奉以笔润联银券数千元至二万元不等。此次又在汉口导演"人民和平运动",显然与他们在华中开辟"和平走廊"的阴谋有关。所谓"第三政府",就是"联省自治政府"的代称。

日本侵略者想踢开南京伪组织而在华中另搞一套,汪精卫听了非常生气。他派人问南京日军总部:"这个运动究竟是怎么搞起来的,有何背景和目的,是否取得日本政府的同意?"这一问倒把日军总部的负责人问得满脸尴尬相,只得回答称:"这是地方事件,与日本政府无涉。"于是汪进一步提出:"这是违反日本政府国策,企图颠复国民政府的犯罪行为,请求日军总部严加取缔,并将策动运动的幕后人逮捕严办。"日方无可奈何地回答说:"这是一个无关紧要的问题,日本地方军人不能代表在华全体日军的意见,更不能代表日本政府的国策,因此不必小题大做。本部已约束各地日军,不得再有此项行动发生,对于发起人似无逮捕之必要。"

广西作战 1944 年,日本侵略者由于"以战迫和"的老办法和"和平走廊"的新花招先后失败,他们无法摆脱和战两难的困境,而欧洲战局已临尾声,长期的"战略相持"对他们不利,因此10月上旬,又一次发动对广西的新攻势,企图迫使蒋介石为城下之盟。

广西是国民党桂系军阀的老巢,他们自称为攻不破的堡垒。日军发动攻势前,先派飞机在湘桂线狂轰滥炸,桂军、张发奎的粤军望风而溃,日军迅速越过黄沙河进入广西境内。10月中旬桂军放弃桂林时,湘桂两省难民随着败军夺路而逃,人马互相践踏,父母子女不能相顾,走不动的难民均被日军追至集体屠杀,这是继上海、南京大溃退之后又一次更加混乱不堪的大溃退。张发奎所乘汽车在人流中被挤坏,只得弃车步行逃走。

12月上旬,日本骑兵的一个旅团冲至贵州马场坪附近,重庆大为震

衡阳守将方先觉到重庆后受到各界"热烈欢迎"

动。蒋介石急派何应钦到贵阳坐镇,并飞调胡宗南、汤恩伯等部前往增援,同时准备必要时退往西昌以避敌锋。12月11日,日本侵略者将衡阳降将方先觉放回重庆,叫他亲自向蒋迫降(方先觉回到重庆后,吹嘘他对敌坚贞不屈,蒋介石授以胜利勋章)。次日日军突进部队从独山、南丹迅速撤走。

此次日军继"中原大会战"之后,再来一次对广西的大攻势,而且进得那么猛,退得那么快,这又是为了什么?据上海所传,这是日本侵略者最大一次的军事冒险,孤军深入,后方空虚,因此不得不"激流勇退"。另据南京伪组织所传消息,正当日军长驱而入贵州之时,他们在岳阳的军火库突然发生大爆炸,前方弹药供应不上,他们不得不撤退。

日政府提升冈村为侵华军总司令　　湘桂战役结束后,日本政府将畑俊六调回本国,以冈村宁次升任"支那派遣军总司令"。此时日本的内部矛盾,随着国际局势的变化而日益尖锐。这种矛盾不仅存在于军人与文治派之间,陆军与海军之间,也存在于陆军与陆军之间。侵华日军共有三个总司令,彼此互不相下,东京大本营的对华战略方针,必须分头征求意见,如果有一人不同意,这个方针就行不通。日本政府为了实现"对华军事一元化",才派畑俊六为"支那派遣军总司令",想利用他过去担任陆相的资望,统一军事指挥,不料其他两个总司令仍然借口战场分散必须独立作战,不肯接受南京总部的指挥。此时日军已经打通了中国的大动脉,完成了南北会师,分区作战情况已不存在,所以日本政府又一次提出了"军事一元化"的目标,即以素称跋扈的冈村宁次升任侵华日军总司令。

同时,东京大本营又派南京总部参谋长松井太三郎中将为"登部队"的司令长官,负责中国东部沿海一带的防务,其防线由山东至福建,北与关东军相接,南与南方派遣军相接。在上述地区内,松井有指挥、调遣陆海军之全权。"登部队"的主力是日军第十三军团,其司令部设在上海旧法租界国泰戏院后面的十八层楼(十八层楼今属锦江饭店之一部)。松井从东北调来大批日军,充实苏浙一带海防,因此上海市民看出侵华日军尚存"困兽犹斗"之心,战争结束之期尚远。

寒冷的 1944 年

日伪争夺鸦片公卖权的斗争——所谓上海青少年的"除三害"运动　　1944 年是中国抗日战争接近胜利的一年,但也是上海市民在八年抗战中灾难最深重的一年!人民生活更受煎熬,社会风气败坏到极点,敌伪方面的丑闻怪事也在这一年更多地暴露出来。

首先是日伪双方对鸦片专卖权展开了一场钩心斗角的把戏。

上海自被日军占领以来,烟禁大开,南市九亩地一带到处有燕子窝。烟馆老板组织了"特业公会",视营业范围之大小,分为大同行、小同行共有二百多家,公开领照营业,并雇用日本浪人把门保护,伪警不敢过问。南市和沪西特区赌场林立,雇用白俄保镖或以汉奸特工为背景,用汽车接送赌客,赌场附近放有步哨,伪警当然望而却步。至于旧租界区的舞风之盛以及新设舞场之多,那就更加不在话下了。

1943、1944 年的年头岁尾之交,突有所谓"青少年团"在南京、苏州、上海三处发动"除三害"的示威大游行,所谓"三害"就是上面所讲的烟、赌、舞三种。1943 年 12 月 27 日,上海市青少年六千人向伪市府请愿"除三害",陈公博当面答应在三个月之内禁绝烟赌,并将向日方交涉,收回鸦片公卖之权。这批青少年随即采取直接行动,将请愿队伍分为两股,一股乘一路电车由静安寺路至南京东路、西藏路下车,步行至南市区,气势汹汹地冲入"西园"、"绿宝"等著名大赌场,赌客闻风而逃,留下来的赌资、赌具都被他们一古脑儿没收。随后又分途搜索燕子窝,夺获鸦片、白面、烟灯、烟枪无数。另一股在市中心区南京路一带大打出手,捣毁"爵禄"、"大沪"等舞厅,吓得全市舞厅一律停业。最后两股人马在跑马厅集合,焚毁烟具、赌具。他们围着火焰唱青年之歌,事毕将所获细软、大衣、自行车、箱笼及钞票百多万元送交第一警察局请其代管,另将金属物供"献铁"之用。他们又向变相的赌场、向导社、书寓、按摩院及国际饭店十四楼的交际舞厅(变相赌场包括跑马、跑狗、开彩票及吃角子老虎等赌博性的行业。

书寓为高级妓女的代称，又叫长三堂子。向导社、按摩院均为低级色情场所。交际舞厅是一种不备舞女的舞厅）分别提出严重警告，勒令自动停业。

这一异军突起的运动，并非无因而来：上海日本侨民也有"青少年团"这个组织，因日本处此空前国难时期，国内人民节衣缩食，而在沪日侨则仍过着纸醉金迷的生活，他们曾一怒而火烧虹口游乐场两处以示警。但是，值得玩味的是，甘心向敌人献铁的中国青少年团，岂有为民除害之理，其中一定别有原因。

不久，问题终于水落石出。原来，日本侵略者自1938年起，即在上海公开贩卖烟土，租界外围大开烟禁，并把贩卖黑货一事委托盛宣怀之侄盛幼庵办理。盛幼庵又叫盛老三，在沪办宏济善堂，他把这个善堂作为贩卖烟土的专利机构，因此大发横财，真个是金满箱、银满箱，饰物中有重达二十八克拉的大钻石，家中所用痰盂、烟具均用黄金铸成。陈公博对此垂涎已久，屡次向日要求取消宏济善堂，由南京"行政院"另设禁烟机关办理其事，但日方以厚利所在，不肯放手。于是陈公博授意"馆内派"的吹鼓手林柏生策动青少年团举行这次游行大示威，一定要夺回鸦片烟的专卖权，大有不达目的决不罢休之势。当时，南京伪组织仿照蒋介石组织"新生活运动"的先例，也组织了"新国民运动委员会"，林柏生以"中宣部长"兼任该委员会的主任委员。在该委员会的领导下，又成立了"青少年团"，林又兼任该团总监。那一天青少年团所演的一幕武打场面，就是林的爪牙奚培文率领和指挥的。事后，陈公博又一次向日方提出交涉，同时授意伪内政部长梅思平在该部成立禁烟总局，为沦陷区鸦片公卖的总机关。陈公博敢于从虎口中夺取这块大肥肉，具有如下的几种理由：一、日本军事上正在走下坡路，对伪组织也不能不放松一步；二、日本人大张旗鼓地宣传鸦片战争和《南京条约》是中国沦为半殖民地的一个开端，而他们同样用鸦片来毒化中国，自觉于

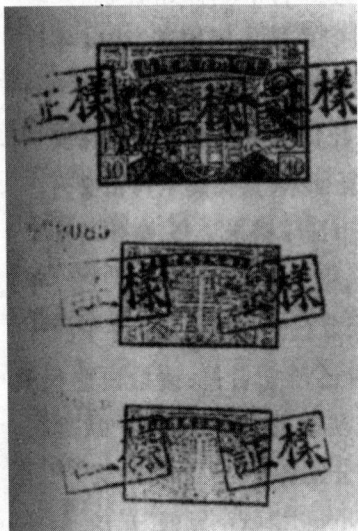
伪上海市政府印制的烟税票

理有亏,因此不得不悄悄收兵。

1944年4月,日本侵略者被迫取消了宏济善堂,伪内政部禁烟局接收了鸦片公卖的权利,对鸦片烟商发给新照,对烟民重行办理登记,以三年为期,限令戒绝烟瘾,结束营业。后来陈公博仿照蒋介石的先例,在伪军事委员会之下设禁烟总监一员,自封为总监,以爪牙袁愈佺为副监负实际责任,把这笔油水很大的特税收入(国民党政府称鸦片烟税为特税)揽在自己的手里。

日本侵略者进一步"节约"电流　　1944年元旦起,日伪在南市、闸北、沪西三地区同时清查户口,以半月为期,对虚报户口者严加处罚,对未报户口者则一律驱逐出境。清查员佩有白底红字臂章,可以穿房入户搜查,因此有些人家的贵重物品不翼而飞,有些人因抗日嫌疑被捕。

1944年新旧年关,上海接连发生了两件凶杀案:1月27日,一个少将级的特务在蒲石路(今长乐路)被人用手枪打死,周佛海的汽车司机与人争风而杀了人,因此出事地区被军警封锁。2月7日,杭州伪市长谭书奎被狙身死,日伪搜查凶手,沪杭路被迫停车数天。

自1944年1月起,日伪规定每月9日为"防空日",例须举行防空演习。除例日外,此项演习也可不定期举行。1月15日,日伪举行了一次突击防空演习,全市断绝交通,有飞机和高射炮表演攻防战,市民大受困扰。日方宣称,在那些日子里,香港、汉口、九江等处均遭美国飞机轰炸,市民不可麻痹大意。

自1944年元旦起,为了"节约"电流,日伪规定全市各商店营业时间限于每晚8时停止,商店招牌灯则须早一小时关熄。舞场、饭店均限于晚11时熄灯,各娱乐场则限于12时打烊。上海"不夜之城"至此才正式结束。舞场照例晚9时后才有生意经,现在规定营业仅有两小时,因此舞客均裹足不往。令人费解的是,日伪对咖啡馆(酒吧间)的营业时间则规定至深夜2时止,咖啡馆实是变相的舞场,每家都设有音乐队和舞池设备,因此它们代替舞场,成了一枝独秀的行业,舞场中的舞女都被舞客带到咖啡馆里去了(咖啡馆不备舞女,须自携舞侣)。

伪警当街行劫的骇闻　　　上海自有租界制度以来,凡路僻人稀的地段,经常发生夜劫案,俗称为"剥猪猡"。自日本侵略者推行保甲制以来,此风大为减少。但自长期举行灯火管制后,全市除南京路、霞飞路、金陵东路、静安寺路几条大马路尚有弱如萤光的路灯而外(此项路灯,光线大为削弱,几乎照不见人的脸。由于不断发生劫案,3月24日才又恢复全市路灯),其余各地区灯火全灭,行人有的暗中摸索,有的用手电筒照明引路,每逢月黑风高之夜,路劫之风又突然大盛起来。令人费解的是,此项劫案不是发生在路僻人稀的地段,而是发生在中心繁盛之区;行劫犯不是小窃小偷,而是负有维持社会治安之责的警察。他们白天里当街收买路钱,黑夜里就干脆干这种没本钱的买卖。那些携带舞女坐咖啡馆的夜游神,正是他们最中意的"财神菩萨"。这种路劫案大多以六人为一伙,遇有三轮车经过,他们以二人遮前,二人断后,余二人走近前索阅乘客的市民证,随后"抄靶子",把乘客身边携带的财物都抄去。3月中旬,新新公司后面捕获这种犯人六名都是身穿制服的落差巡捕,24日全部被枪决,但又秘不发丧,恐其影响警察名誉,激起意外事变。

在那些年代里,伪警的生财之道很多:交通警白天在马路上收买路钱,夜晚走进屋子里调查户口;经济警按时到各商店查阅账簿,收取陋规;有些伪警为移动物资者押车,有的为赌场或燕子窝保镖。至于"吃"户口米、强买限价物资,那就更无足论了。

1944年,收买路钱的风气更有所发展,几乎没有一条马路不设关卡,没有一件东西不要买路钱。敌伪一再宣布,除经济警外,交通警不得检查行人所携的物资。经济警共有员警八百人,均佩有红底白字臂章,以日籍百余人为其中坚。伪商统会也一再发表声明,非统制品不得加以留难。这些话都在报纸上登载过。有人拿报纸去问收买路钱的伪警:"你不是经济警察,我所携带的也不是违禁物或统制品,你为什么不肯放行?"这位伪警冷笑一声说:"我们要吃饭,不要看报!"

日伪对于伪警作奸犯科的种种行为,不能熟视无睹,于是决定增发伪警的户口米,并由上海各界人士募集四千万元为他们筹办消费合作社,以救济其生活。此例一开,于是募捐者不绝于途。3月下旬,保甲人员挨家挨户为赌台从业人员募捐,据称:"南市赌台限于3月底禁绝,从业人员失业者多达数千人,加上赌台保镖,难保他们不铤而走险,必须预筹救济之策。"这批募捐员也并非廉洁奉公之徒,暗中塞下狗洞,他们便可以把你的大名从捐簿中撤销。

《红楼梦》里说过:"除了大门外的一对石狮子而外,贾府里没有一个干净的人。"在日伪统治上海的时代,也有过这类笑话:有甲乙两人走过外滩汇丰银行,见了门前蹲着的一对铜狮子,甲说:"此物最灵,见了不要钱的人,它会站起来向之致敬。"乙说:"为什么我从来没有见过这种事情?"甲说:"就是因为上海没有这种人。"

救火会成了放火会的海上奇谈

这时候,商店卖货不开发票(为了揩油零售捐的缘故),电车售票员收了车资不给车票,百货公司店员把黑货送上门(这种货物是店里买不到的,由店员私下瓜分转售与熟客,可以索取高价),都是司空见惯的事情。后来,邮局投递员也要收手续费了,当时的时价是,快信一件收五元,平信一件收二元;你如不给,他们就把信带走。查电表的服务员也要讨酒钱,你如不给,你的电线就会被割断。买火车票也要付黑费,其代价远在正规车票之上。最奇怪的一件事是,是年6月17日,福州路中华书局门市部失慎走火,第一警察局救火会就在该局的斜对面,他们派人前来谈生意,要先付五百万元才肯调动人马。此时书局业已打烊,经理先生又不知何往,无人负责付款,于是他们坐视不救,也不派人前来割断电线。一直到火舌伸出墙头,他们才慢条斯理地把水龙搬出来,但又不去救火,却把龙头对准书局紧邻商务印书馆,作势欲放,馆中员司急忙拿出一笔欢喜钱来,才使该馆图书文具免于水火之灾。这一事例表明,日伪的公共事业,对于市民进行敲诈勒索,并非偷偷摸摸地干,而是公开执行。这也难怪,当时属于公安部门的交通警和经济警,都有外快收入,独有救火会捞不到一点油水,他们就想出这种办法来,先向火户索取酬劳,不给就不救火,甚至暗中放火以便兜揽生意,因此救火会有放火会之称。

拆除铁门及路牌的收集废铁运动

日伪在1944年年初就发起收集旧铁运动。截至是年5月间,旧公共租界共有二十八扇大铁门被拆除,每扇重约三吨许,共得废铁八十八吨。旧法租界以外国人名为路名,所用路牌均为铁制,共拆除路牌八百零八块,得废铁一百零二吨(以后旧法租界路牌仿旧公共租界例,改用中国路名,一律改为木制)。日伪原定指标,在市内收集废铁一千吨,在南市和近郊区也要收集一千吨,以后并未公布收集若干,似未完成指标。

日本宪兵限期迁出"军管理"公寓内的住户　是年 6 月,日本侵略者勒令所有住在"军管理"公寓内的民户,分作五期迁出,最后一期限于 8 月底止,这是日军自占领租界以来对于住房问题抛出来的一颗烈性炸弹,使不少人受害不浅。前面讲过,上海市区有受盟邦飞机轰炸的危险,日本侵略者决定采取中日人杂居,利用中国人掩护日本人的办法,将苏州河北岸的日侨和日本堆栈陆续地迁至较安全的旧租界区来。以前,上海伪法院颁布过"战时租赁法",严禁房东驱逐房客,但是"军管理"的公寓就不同了,日方"军令如山",凡逾期未迁的住户,就有日本宪兵咆哮登门,首先封存你的家具财产,随后还要把人带到宪兵队审问。但对德、苏两国侨民,日本人却又采取以屋易屋的办法,不使他们流离失所。

黑市米价空前混乱　1944 年 4 月 7 日,日本侵略者忽又宣布撤销限制食米搬运的禁令,并表示将接受本市某些人士的意见,考虑恢复米的自由市场。这是日军自占领租界以来对于食米问题改变方针的第一次表示,上海市民无不引以为奇。有人怀疑此项政策是个骗局,开放米市场不能解决米荒,因为日军正在江浙产米区征购军米五百万石,米粮受到严格封锁,无法外运,即使恢复米市场,米的来源也只能求之于偷运入境的黑市,此举不过将黑市买卖公开化而已。

日本侵略者曾强调宣称,将增加户口米以满足市民的需要,并将绝对的、彻底的消灭黑市米。他们口头上表示得如此斩钉截铁,但在行动上连平日量少质劣的户口米也未按期配给,不久就在"商统会"之下设立"米统会",把这个难题目推给经济汉奸去做,他们不再管这笔闲账了。

5 月 25 日,日伪果然恢复了米市场,并公布了所谓"京沪食米临时措置纲要",允许商人自由采办食米,但须遵守三项办法:一、必须申请领取搬运证;二、"米粮统制委员会"得向采办商征用百分之二十至百分之四十;三、米价照成本加利润若干,当随时由官方公布之。

25日为开放米市场的第一天,当天黑市米价每石为六千元。照理,自由市场开放后,米价应当大落,但事实恰恰相反,6月1日上午米价涨至六千八百元,下午涨至八千元,傍晚涨至一万元,一日之间,如此飞涨不已,这是前所未有的事情。其实,这也并非意外,前几天,有人去见"米统会"主任委员袁履登,估计米价将出现万元一石。袁回答说,"不在将来而在目前"。这个汉奸怎么能够未卜先知呢?原来,他是掌握实际情况的个中人,知道开放米市场不能解决问题,其原因是:一、户口米停止配给已久,扩大了市民的需要量;二、沿途军警照样留难,开放等于不开放;三、"米统会"征用百分之二十至百分之四十,不啻巧取豪夺;四,照成本外加利润,价格受到限制,所谓成本不会包括沿途付出的买路钱,利润也不会包括被征用的部份,五、米商直接采办,米贩子被淘汰了,来源反而减少。

米价暴涨引起了其他物价跟随上涨和全市工人店员因无法维持生活而要求增加待遇等一系列的问题。日方担心市民暴动,因此6月1日又授意伪市府修正"食米措置纲要"同时采取抑平米价的新对策如下:一、在米粮入口管理办法未颁布前,无论米商或人民运米来沪,得免领护照及证明单,其数量亦不加以限制;二、米商应速成立采办组,其有资力不足者,得呈请市府转商银行酌给贷款;三、住户存粮不得超过三个月之用;四、户口米仍将配给,但章程须加修改。

新对策公布后,黑市米价一度止涨转跌。但是日本侵略者的话照例是不算数的,7月1日又公布"米五斗以上运入市区者均须征用十分之三",与刚发表的新对策互相矛盾,于是米价又立即止跌回升。

《新申报》对"米统会"的攻击　　以上出尔反尔的情况,连日本人自己所办的机关报《新申报》也不得不提出批评。7月7日该报发表述评说,"本月1日,'米统会'开始办理征购,米价遂又暴涨,7月5日近一万三千元大关。根据该会报告,5日之间征购数量仅得三十石。查沪郊近区(各县)产米区(米价)平均每石指数约在五千五百元至六千五百元之间,与本市相较,则本市超过百分之百。即以运输困难,沿途勒索,增加成本而论,其差额亦决无如此之巨。……按:征购价每石最高为三千二百元,最低为二千六百元,与以前所谓照成本再加利润之原则不符(不到成本的一半),而沿途勒索及运输费尚不在内。……三天之内征得三十石,每月可得三百石。十二个征购口子,每个口子每天征不到一石半,此中玄虚,人人皆知。征购米若以之为配给米之用,三百石分配于三百万市民,每一万人每月共得一石米,如此配政,岂非天大笑话!……"

这篇述评讲的都是真情实况。但是,"米统会"这个傀儡组织,一举一动都要受日本主子的暗中指挥,主子征购政策办得一团糟,却把一切责任推在奴才的身上,奴才有苦说不出,这种情况也是人所共知的。

与此同时,伪市府所属"市政谘询委员会"也乘机摆出一副"为民请命"的虚伪面孔,建议米十石以下免予征购,伪市府据以转达"米统会","米统会"只得承认照办。但是,7月17日,伪市府又一次宣布,市民存米每人不得超过三个月的用量,也就是平均每人以二斗为限,其超过之数,须售与米店供配给之用,违者予以严惩。登记存米之期,于8月1日截止。这样一来,就把它日前规定的米十石以下免予征购的"善政"一笔勾销。其实,登记市民存米以防囤积的办法,日本侵略者早已行之无效,伪市府步其后尘,当然也是一纸空文。

敌伪在食米的问题上颠三倒四,朝令夕改,所以到1944年12月中旬,米市行情陷于空前混乱,每石成交价在五万至五万五千元之间,一度到过七万元,忽又暴落至四万八千元。此后有一个较长的时期,盘旋于四五万元之间。

黄金能否自由买卖之谜　　黄金与白米从来就是衡量物价的重要标准。日本侵略者认为,领导物价涨落的就是黄白二物,因此有时想用抑平金价的手段,达到抑平物价的目的,而当金价与物价脱节不能达到这个目的时,他们又想把游资吸引到黄金市场来,任其自由起落,以免在物资上兴风作浪。这就是他们既不愿开放黄金市场,又不肯彻底消灭黄金黑市的原因。

1944年4月20日,有一家敌系报纸提出一个问号:"黄金是否违法的东西?如果算违法,为什么收买纱布有一部份价款要用黄金折价,岂非给纱布商一种废物？如果不算违法，为什么又要经常逮捕大批买卖黄金的商人？"（日伪逮捕的黄金商，在关押二百天之后，均由伪法院判决无罪释出）

当天下午，"商统会"回答："黄金既未收归国有，自可自由买卖，其价格亦不受限制。"

做奴才的人替主人说话，确是一件难事，如果不称主人的意旨，难免不受无情的责骂。在那些年代里，有权决定黄金是否违法的自然是日本侵略者，但他们既不说"是"，也不说"否"，而更恼火的是，他们有时说"是"，有时又说"否"，使人莫测高深。

回忆 1943 年秋间，日伪强制以低价收买纱布时，其代价之一小部份，规定按四万元十两的定价折发标金。这是黄金不受统制的一个铁证。当时主办其事的"商统会"，还考虑到将来黄金如收归国有，商人所得标金能否自由买卖，其价格有无限制，曾就这些问题请"财政部"加以解释。伪财部向日本主子请示后作答说："黄金收归国有并未实施，各纱布商领得标金后，可以自由买卖，其价格亦无庸限制。"此次"商统会"回答报纸的质问，就是根据以前伪财部的正式公文，并非另作主张。但是，此项解释，在法理上仍是讲不通的，因为被捕的黄金商此时尚未释放，黄金除黑市外也别无公开市场，而黑市本身就是违法的。

伪财部似乎发觉了这个漏洞，于是 4 月 26 日由该部钱币司司长钟家骧发表补充谈话说："为了防止操纵，对今后黄金交易仍当随时监导、纠正，俾免有恶劣影响。"此说既不是"可"，也不是"否"，似乎在"可"、"否"之间。

27 日，报上忽有消息，宣布黄金非法交易在绝对取缔之列。据称："政府对黄金虽未加统制，交易亦未明白宣示，但消灭黑市（具有决心），今后当予以更严厉之惩处，以安金融而平物价。"

这无疑是主子在发言。这个发言把"商统会"的答案和一年前伪财部的公文一概推翻。

28 日，报上又有文章发表。其文曰："在经济统制日趋严格，人民有动辄得咎之虞的时候，统制法令必须统一而明确，绝对不能前后矛盾或含糊其词，使小民无所适从。否则东也不是，西也不是，甚至连站着不动也不是,那就难乎其为老百姓了。"文章结尾更具体地指出:"黄金问题之莫衷一是,不过是一个起码的例子而已。"

29日,伪财政部又郑重宣布:"关于黄金买卖,如有投机性之行为,即当予以制止。"

这种解释,就更加使人莫名其妙了:关于黄金买卖,何者为投机,何者非投机,并无正式界限,难道这不就是"含糊其词"?其实,买卖黄金如果没有投机性,那又何必要做黑市?由此可见,伪财部的这篇文章没有做通。

5月3日,黄金黑市价每根大条子暴涨至十六万二千元,这明明是投机性行为,而日本侵略者也无可如何。

日本侵略者口中的"言论自由"　　日伪原拟于5月1日起,将各种物资的限价及配给品的价格提高至黑市价以上,从而消灭黑市,最后达到撤销统制,恢复自由市场。由于物资愈用愈少,而他们还有不少库存黄金,他们又想用抛售黄金的办法来控制金价,又用抑平金价的办法来抑平物价。这样一来,金价与物价脱节了。如以5月19日金价出现十八万元新高峰计数,金价仍不足战前的二百倍,同日米价五千五百元则为战前的五百倍。由于日伪的存金也愈抛愈少,5月25日黑市金价升至二十一万元的新高峰。金价高升了,各种物价也就跟踪追进。这种循环不已的趋势,搞得日本侵略者晕头转向,无计可施。这时候,在日伪控制下的报纸及刊物,不论中文、日文或英文,除对战争前途不许妄谈外,对经济问题之无对策、统制物资之不合理,展开了敢于批评、敢于揭露的新作风,而日本侵略者不但不加禁止,反吹嘘为"言论自由"。但值得注意的是,批评、揭露的对象只限于伪方统制机关及财经各部门的主管人员。有一家报纸痛快淋漓地骂道:"统制政策弄得如此不彻底,如此一团糟,不但由于人谋之不臧,而且假公济私,弄巧成拙,充分反映了官吏的无能与无耻。这一情况,不但中国人切齿痛恨,日本人也同样切齿痛恨。"

上海物价与战前物价的简明对比　　为了节省篇幅,特将上海物价作一简明对比如下:

1944 年，上海物价上涨的速度为战后七年来最快的一年。1941 年太平洋战争发生时，物价比 1940 年同期平均涨起了三倍，1942 年 12 月又比上年同期涨起了三倍，1943 年又涨起了五倍，1944 年又涨起了十倍。1942 年，上海工业生产较上年减少了百分之三十，1943 年，除军需工业外，民用工业大部停工，1944 年则几乎全部停工。

　　1944 年，黄金每十两的黑市价由年初的十万元涨至年终的八十万，涨起了七倍。米价每石由五千元涨至五万元，涨起了九倍。

　　以 1944 年年终主要物价与战前物价作比，战前米每石十一元，1944 年年终五万元；面粉战前每袋三元八角八分，1944 年年终一万二千元；豆油战前每百斤二十元五角七分，1944 年年终五万六千元；白煤战前每吨十六元二角五分，1944 年年终十万元；棉花战前每担三十四元八角七分，1944 年年终十二万元；二十支棉纱战前每包二百九十五元，1944 年年终五十万元。

　　上海的第一声空袭警报　　1944 年 5 月 30 日，上海报载美机两架空袭北平。上海市民开始吃了一惊："北平为我国古物文化集中的旧都。北平可以被空袭，则上海岂能独免？"

　　但也有人解释说："上海和北平的情况不同。北平早已被敌人据为侵略全中国的大本营。上海则为著名国际都市，又是西方国家公私产业集中之区。中国人有句老话，叫做'投鼠忌器'。从这个角度来看，美国飞机不会前来空袭。"

　　可是，"刚说曹操，曹操就到"。是年 6 月 12 日未明 2 时许至 3 时之间，上海市民突然听得鬼哭神号般的一声怪叫，大家疑是空袭警报。本来，日本侵略者在上海常有防空演习，但事前必有通报，时间必在夜晚 12 时之前。这次怪声音发生在人人进入黑甜梦乡和全市灯火全灭的时候，其非例行演习可知。

　　第二天打开报纸一看，对此一字不提。有人疑为耳鸣之误。但是，此声全市共闻，不见得三百万市民人人都患耳鸣。有人问道，如果真有夜袭，何以未见日机升空迎击？于是又有人认为不是空袭警报，而是警笛漏气之所致。

　　6月12、13两晚无事。14日未明2时至2时半之间,那个怪声音又来了,像牛鸣不是牛鸣,像鬼叫又不是鬼叫。这次形势比前晚更紧张了:保甲长的铃声大作(摇铃是里弄里的小警报),粗暴的"关灯"声到处可闻。这一切证明既不是耳鸣,也不是在做梦;既不是防空演习,也不是警笛漏气。

　　打开14日的报纸一看,仍然一点消息没有。根据办报人的经验,每天清晨4时前如有重大事件发生,仍可写成短讯嵌入"最后消息"栏。此次消息全无,必为日伪不许公布无疑。日伪因何不许公布,必为真性空袭无疑。

　　14日,街头巷尾的议论更多了,股票行情也跌得更惨了。

　　15日深夜11时半,这种怪声音又一次出现,到1点三刻才解除。

　　16日的报纸不再装哑子了,它简单地写了两行消息:"敌美机两架在京沪一带上空侦察,未投弹而去。"于是有人指手划脚地说:"美国侦察机来过不止一次,我就亲眼看见过,飞机飞得老高老高,像一粒米大。"

　　奇怪的是,在那些日子里,警报天天有,谣言愈来愈奇,但是,没有人辟谣,也没有人害怕飞机空袭,像是"呒介事"的一样。

　　此后警报声简直成了家常便饭,夜晚有,白天也有。17日晚9点半发出一次紧急警报,11点半解除。18日正午又发出一次……。

　　7月3日晚8时半至9时之间又有一次警报,市民未闻爆炸之声,次日报上也无记载。

　　7月6日,警报连发三次,白天一次,夜晚两次。对此,报纸均无记载。

　　7月7日,日军防空司令部出了一张布告,声称:对于警报发出后露出灯光各户,除给以停电处分外,还将以"妨害大日本皇军军事行动论罪"。这种处分,便是中国人所讲的"军法从事"。军法从事非同小可,大之可以杀头充军,小之也有牢狱之灾。多么厉害的口吻啊!这时候,在经常发出的警报声中,确有不少住户因有开灯之必要,偶然不自觉地露出灯光来,运气不好碰到日本宪兵巡逻队经过,他们先则放枪示威,继而破门而入,恶狠狠地打人骂人,最后还要给以罚款和停供电流的处分,才悻悻而去。

警报虽频发而未闻一次爆炸声,于是又有人恢复了"上海无危险"的乐观论了。他们强调认为,美机虽来上海多次,其目的仅在扰乱日军,并无伤害和平居民之意,用不着大惊小怪。

美国机群对上海市区的两次大轰炸　　可是,这种乐观论马上又被事实粉碎了。7月8日未明3时,日军了望台来不及发警报,市民就听得惊天动地的一声巨响,门窗震震有声,屋墙摇摇欲坠,美国飞机果然下蛋了,直到连投三弹之后,才有空袭警报,直到天色大明,才发出了解除警报的信号。这是上海受到投弹轰炸的第一次。是日日方公布:"敌机数架飞往九州轰炸,路过上海时投下三弹,均在荒郊爆炸,并未造成损失。"

于是上海市民又有各抒己见的许多怪议论了。有的说:"日军了望台的哨兵不是近视眼就是瞌睡虫,事前不及时发警报,事后也不及时解除警报。"有的说:"敌人只会放马后炮,他们毫无防空能力,只是不许百姓点灯。"在众口纷纭之中有一种意见是正确的:日本侵略者曾经吹嘘不许敌机窜入本市上空,而近来美机光临多次,日机从未升空迎击,可见他们的空防是极其蹩脚的。

日伪规定每月9日为防空日。7月9日举行防空演习三次,彻夜灯火齐灭,警报时作时停。这是日方管制灯火最严的一次。上海市民哪个记得这一天是什么防空日呢,还把假警报当做真空袭,说来又是好气,又是好笑。

7月12日,报载日本政府"劝告蒋先生脱离英美"。

7月18日,报上出现了一件令人兴奋的重要消息:日本东条内阁倒台,小矶国昭继任首相。东条内阁成立于1941年(即中华民国三十年,日本昭和十六年)10月,在职两年零九个月,太平洋战争就是在他的手里发动的。两年多以来,日本政局每次发生波动,就有东条倒阁之谣,而大家所推测的继任人选,总不离乎前任首相近卫文麿。近卫是日本比较年轻的文治派,日皇裕仁的亲信人物,西园寺大公的衣钵弟子。大多数上海人推测,日本不转变国策则已,如要转变国策,则非近卫上台不能收拾残局。其实,日本政权早已掌握在军人的手里,东条所执行的对外扩张政策,是日本军国主义者的传统政策,并非东条个人的主张,而近卫也不是一个扶危定倾的中坚人物,他迎合日本军阀的意旨,发动侵华战争,早已成了战争罪犯之一。1944 年下半年,日本形势日非,败局已定,因此屡有东条倒台和近卫继起组阁之谣,但这次发表的新首相不是近卫而是小矶,颇出一般人的意料之外。小矶内阁的出现,上海人一方面看到日本国内已陷于空前混乱,另一方面也看出日本军阀仍在进行垂死的挣扎,战争结束之期尚远。

此后上海遭受空袭的次数日益加多。日方在解除警报后总是千篇一律地发表公报称:"敌机盲目轰炸,由于我机升空迎击,我防空阵容无比坚强,敌不得逞,狼狈分散窜走。我方毫无损失。"

8 月 8 日未明 4 时许,上海市民尚未起床,刚刚听得警报,紧接着就是一声霹雳,随后得知停泊黄浦江的意大利邮船"康特凡第号"被美机炸毁一角(该轮原泊浦江,意大利投降时自行凿沉,后被日人捞起)。是日晚间又有警报,但未发生爆炸。

11 日晚 10 时半,在大雷雨声中有时发出警报,有时又解除警报,前后反复三次,至 12 日未明 2 时而止。事后日方通报:"是日有美国机群空袭日本九州,来回都经过上海上空,但未投弹造成损害。"

由于美国飞机经常飞越上海上空,北煤南运也有风险,电力供应不足,日方规定自 8 月 12 日起,民用电灯午夜必须全部熄灭(此时日方规定一户一灯,用电量逐月减少,已减至无可再减的地步。电梯、电扇均不得使用,电车晚 8 时入厂)。他们又派大批伪警巡查市民的防空设备。在此以前,日方规定每户须备大水缸一口,黄沙一袋;电灯须加黑布罩,窗户须加黑布幔。前者预防空袭时引起火灾,后者则用以遮没灯光。此次巡查结果,发现大多数市民均未照办,不合规定者达百分之九十以上。伪警不能尽人而罚,只得置而不问。

8 月 20 日,又有大批美机从重庆起飞,飞往日本九州轰炸,来回均经过上海。这一天警报昼夜不停,白天也有美国 B—29 型飞机排成一座空中堡垒,掠空而过。这是上海人白天也能看见美国飞机而且看得非常清楚的第一次。他们有的站在阳台上看,有的爬在屋顶上看,有的跑到马路当中仰着脖子数飞机,一架,两架,八架,十架,二十架,看得那么真切,数得那么准确,均属前所未有。上海人互相问道:"敌人自夸防空阵容无比坚强,日本空军神风队无敌于天下(神风队是日本空军的敢死队,太平洋战争爆发时,派往珍珠港轰炸美国舰队的就是这种飞行队),今天他们的飞机到哪里去了？神风队员又到哪里去了？"

当上海市民笑逐颜开之际,正是日军火冒三丈之肘。他们出动大批宪兵和伪警,驾着机动脚踏车,分途驱散市民,否则开枪射击。

21日,上海日本"军警当局"发表谈话,痛斥上海市民"不协力,袖手旁观,显见受英美之毒素已深";并且恨恨有声地说道:"中日两国人民处此同生共死之秋,日本人死了,中国人又岂能独活？"

8月29日夜半12时,市区又有飞机空袭及投弹爆炸之声,黄浦江敌舰也发出轰隆轰隆的高射炮声。这是日方使用高射炮回击美机的第一次。次日,日方对此未作任何解释。

11月10日上午8时三刻,又有大批美机空袭上海,上海市民仍旧纷纷跑出来向空了望,一如8月20日的情况。据目力最佳者谈:这次来沪美机约在十八架至二十架之间,它们分别在上海北、南、东三个方向投下很多炸弹,每隔三五分钟投弹一次。投弹目标:沪北为江湾飞机场,沪南为龙华飞机场及高昌庙军用仓库,沪东为停泊黄浦江中的敌舰。每投一弹,上海就像发生七级强烈地震一样,房屋震动得像要跳起来,玻璃窗震碎了,房中什物用具也被震得东歪西倒。

这是上海自有空袭以来最大的一次空袭。许多市民举目一望,但见铁鸟蔽空,火光一片,浓烟四起。天空中出现了密密麻麻的灰白色伞形圆点,慢慢随风飘失,这是高射炮发散出来的弹烟;听得一阵阵轰轰隆隆,震耳欲聋,这是重磅炸弹落下来的声音;辟辟拍拍,声如连珠,这是低飞扫射的机关枪声。

这次美机轰炸上海时,有两架绘有旭日旗的日本飞机由虹桥飞机场升空,似乎想去表演他们"必死、必中"的军国主义精神。但是,一刹那间,即有一架被美机击落,一架被迫落荒而逃。这是日机升空迎击的第一次,也是最后的一次。

这次美机来袭,长达四小时之久。到下午1时,他们才消失在硝烟迷漫的蔚蓝色天空之中。下午2时,日方才解除了空袭警报。次日发表公报称:"昨日南京、浦口、上海及日本九州等地均被空袭。上海有多处中弹。但敌机漫无目标,盲目投弹,故地面毫无损失。我制空部队反击后,敌机阵容散乱,仓皇遁去。"

是日上海市民死伤达数百人之多,是上海受空袭时市民大量伤亡的第一次,打破了"上海无危险"的乐观论。奇怪的是,死亡者都是死于敌人的高射炮弹,这些炮弹不在天空中开花,落在地上才开花;也未打中美机,而是以和平市民为其牺牲品。可是,日本侵略者兀自暴跳如雷地痛骂这些市民"幸灾乐祸,死有余辜"。

11月21日,上海又有一次大空袭,上午8时放警报,下午4时解除,是空袭警报时间最长的一次。这一天的情形更严重,电话打不通了,电车走不动了,晚上电灯也开不亮了。是日上午8时半,沪南突有天崩地裂般的一声巨响,由于"两电不灵"(指电灯不明,电话不通),报纸编印不出来,一般市民都不知道上海究竟发生了什么事情。到了晚间,日本军方通知各报:"处此非常时期,报是不可以不出的,你们没有电,我们供给你们电力"。次日,各报果然照旧发行,可是新闻栏内发现了许多"××"。这是上海自有报纸以来仅有一次的新闻格式。报上写道:"昨有敌机在××处投弹××枚,毁屋××间,死伤××名。因电线略受损失,局部地区断电,不久自可复明。昨日我机击毁敌机三架。我方军事设施无何损失。"

22日,电话恢复了,但电车没有恢复。晚间9时又有警报,但无投弹爆炸之声。

23日,旧公共租界的电车也恢复了,但开行者仅有一、二两路有轨电车,行驶时间限于上午7至9时,下午5至7时。旧法租界电车仍未恢复,仅有临时特种汽车开行数小时,站台上人山人海,乘客上下均极困难。晚间,旧公共租界电灯也恢复了,旧法租界电灯每晚仅供电一小时,即7至8时。此后电力供应逐步延长,不备述。

24日,日本侵略者正式公布:"电灯用户以一户一灯为原则。电热除供医疗外全部停止。工厂用电除军需外全部停止。"附带把22日报上所登的"××"符号作了填充说明。据称:"南市难民区被炸中,民房七八十幢被毁,死伤约在百人左右。"这个公报把真实情况大大缩小了,上海人都知道,是日南市死伤多达四五百人,中弹地区因被日方封锁,房屋被毁情况不明。

29日,美机又在高昌庙附近投弹,引起一场大火,死伤又达数百人。

汪精卫毙命后的日伪残局

汪精卫赴日就医随即毙命南京　　1935 年 11 月 16 日,国民党举行六中全会时,突有刺客孙鸣皋向当时任行政院长兼外交部长的汪精卫连放三枪(孙鸣皋是反蒋派大特务王亚樵的党徒,其暗杀目标本为蒋介石,因蒋未参加摄影,遂转而向汪下手),汪中弹倒地,即送中央医院急救,经该院院长沈克非医师动手术取出两弹,余一弹因嵌入脊骨间未能取出。汪素患糖尿病,每遇天雨或季节变化,背部即觉酸痛难忍。1944 年 3 月 3 日,汪东渡就医,不久即有被日人毒死之谣。这种谣言本不足为奇,当年,日本侵略者对于他们所扶植的汉奸傀儡,"爱之欲其生,恶之则欲其死","七十六号"大特务李士群、吴四宝之流,就都是被他们毒死了的。1944 年,日本侵略者和战两难,汪成了中日全面和平的障碍,南京伪组织也成了他们甩不掉的沉重的包袱,正是日本侵略者恶之欲其死的时候,谣言即由此而生。

是年 3 月 28 日,伪中宣部发表辟谣公报。据称:"汪主席因背胸及两胁时感痛楚,曾于去年 12 月 19 日在南京由日籍军医施以手术,拔去八年前受伤之背弹,伤口旋告平复。此后仍有压迫性的脊髓症,乃于本月出国,4 日再施手术,经过情形良好。天皇曾派员驰往医院慰问。10 日东条首相来访,15 日大东亚省大臣青木来访。"

但是,既然经过情形良好,为何长期不归,于是又有汪死已久秘不发丧之谣。

12 月 13 日,伪组织又一次发表公报称:"汪主席在日本名古屋治疗宿疾,不幸痛于 11 月 10 日上午 4 时 12 分。闻此噩耗,悲痛罔极。"这一公报证实汪确已身死。

为了说明并非被人毒死,伪中宣部又发表了治疗经过的详细公报:"汪主席在日治疗 10 月余(均原文,其日期均有错误)。其旧创在九年前即民国二十四年十一月一日(均原文,其日期均有错误)六中全会摄影时身被三创,一由左臂穿过,一在左胁部,其碎片碎骨均于受伤后七日取出。一由背部射入,至脊骨第五节旁即已夹住,因此背部时感痹痛。去年 8 月,背胸两部及两胁同时发痛,乃商请盟邦陆军医院后藤部队长施行手术,于二十分钟内将留于体内八年之子弹取出,当时经过极为良好。本年 1 月中旬,因感冒而起寒热,医师断为压迫性脊髓症,乃于 3 月 3 日东渡,4 日再施手术,经过又极良好。终以卧床过久,药石罔效而逝。"

11 月 12 日清晨,日政府派"海鹣号"专机载汪枢离开名古屋,日首相小矶、外相重光、前首相近卫、东条等均到机场送行。起飞时小矶、东条均行举手军礼,重光高挥其大礼帽,近卫则俯首致哀。其他官员均行九十度鞠躬礼。

当天下午 5 点半,"海鹣号"飞抵南京,随来者有家属陈璧君等。陈公博率领文武伪大员舁枢下机。运枢车由光华门入城,7 时许开到"国民政府"。伪组织成立"丧典委员会",派褚民谊为主任委员。随后把汪葬在明孝陵前面的梅花山(后来汪坟被蒋介石派工兵炸毁)。

汪精卫去日前,其"国府主席'及"军事委员会委员长"两伪职均交陈公博代理,"行政院长"及"经济委员会委员长"两伪职则交周佛海代理。根据伪国府的组织条例,伪国府主席因故不能执行其职权时,应交伪行政院长代理;伪行政院长出缺或因故请假时,应交伪行政院副院长代理。汪东渡就医,按规定应由伪行政院副院长周佛海代理伪行政院长兼代伪国府主席,汪叫伪立法院长陈公博代理伪国府主席,是不符合伪组织规定的。这显然又是他们之中的馆内、馆外两派在危巢将倾之时还要争权夺利的一种反映。

南京伪组织的人事大改组　　汪死后,12 月 27 日,陈公博自己下令调自己为"行政院长"兼"国府主席",于是这个第二号大汉奸坐上了伪组织的头把交椅。他还兼任"军事委员会委员长"、"经济委员会委员长"、"宪政实施委员会委员长"、"新国民促进委员会委员长"、"国防最高会议主席"、"禁烟总监"、"国民党中央组织部部长"等职,把汪精卫所兼党、政、军各方面的头号伪职都继承下来了。

陈公博当然不能再兼上海市伪市长了,但他还想派馆内派林柏生或陈君慧调任此职。至此，周佛海忍无可忍，就跟日本侵略者直接打交道，以负责采办军米交换"上海市长"一职。日方正因军米问题大伤脑筋，乐得有人代劳，于是周佛海渴望已久的上海伪市长的兼职到手了。

陈公博就伪主席后，想把特工组织抓在自己的手里。起初，上海"七十六号"是由馆外派丁默邨建立起来的，由于丁生活腐化，这个组织的实权逐步为其副手李士群所夺。随后李又依附馆内派，以军委会调查统计部部长的名义统率汉奸特工。1943年，李被日本特务与馆外派合谋毒毙，调统部改名政治部，伪组织派第二流军人黄自强为部长，下设情报局与政治保卫局，上海政治保卫局局长为马啸天，浙江政治保卫局局长为万里浪（浙江政治保卫局设杭州民生路四十六号。万里浪原系军统特务，曾参加"上海行动总队"，上海沦陷后，即投入汉奸特工组织）。1945年1月，陈公博又将政治部改名政治保卫部，设总监、副监各一人，自任总监，以丁默邨为副监（当时，馆内、馆外两派无形中有一种分赃协定：陈公博调任"行政院长"兼"军事委员会委员长"、"国防最高会议主席"，其副职均由周佛海兼任。"国防最高会议"秘书长由丁默邨兼任），但实权则操于该部机要秘书莫国康（女）之手。莫系陈妻李丽庄的密友，与陈有广东同乡而兼师生之谊，任伪立法院立法委员，她与陈、李两人有"三角恋爱'的一种传言。

汪死陈继后，伪组织内部也作了一番人事上的大调整。梁鸿志调任"立法院长"，顾忠琛调任"监察院长"（顾忠琛在清朝末年任安徽第三十一混成协协统），"华北政委会委员长"王克敏又一次被迫下台，以"委员"王荫泰升补。

周佛海接任上海市伪市长
汪精卫死后，"馆内"、"馆外"两派的斗争有加无已。馆外派周佛海以一身而兼"行政院副院长"、"军事委员会副委员长"、"国防最高会议副主席"、"财政部长"、"中央储备银行总裁"、"上海市长"等职，身跨京沪两地，虽居一人之下，其实权却在陈公博之上。此时伪财部所辖税警团已发展至两万人，其装备较一切伪军为优；"上海市长"兼任"上海保安司令"，所辖保安队也有两万人左右，加以伪军实力较大的任援道也加入了馆外派，周的声势就更大了。他又叫丁默邨辞去有名无实的"国防会议秘书长"、"政治保卫局副监"等职,调任"浙江省长",迅速发展浙江保安队,与上海成为犄角之势。周因兼职过多,顾了南京就顾不了上海,于是又把当时任"安徽省长"的罗君强调回来,改任为"上海市政府秘书长"(当时"省长"系特任级,"市府秘书长"系简任级。罗久为周佛海的得力助手,故不惜辞高位而到上海来负实际责任),代他处理上海事务。

周既有枪杆子,又有笔杆子,在群奸中确是权倾一时。他在南京办有《中报》,在上海办有《平报》、《国民新闻》,还与朱扑合办《古今月刊》,自己经常在书刊上写文章,出有《往矣集》。周的另一张大王牌是有重庆的背景。周自投敌参加伪组织以来,其母仍住在湖南沅陵县原籍,其岳父母住在湘潭县原籍。戴笠派人把她们迎接到息烽集中营施以软禁,但又特别优待,意在留为人质,从此戴周两人互通音信,并相约为异姓兄弟(1944年周母在息烽集中营病死,外传戴笠披麻戴孝代充孝子,并摄影寄周为证)。以前国民党军从上海撤退时,戴笠曾派军统特务程克祥、彭寿两人为上海站正副站长,潜伏上海活动,后被日伪逮捕,由周保释出来。1942年11月,周把程彭两人秘密放回重庆,随身携带对蒋(介石)效忠的一封密信,此信由周佛海、丁默邨、罗君强、熊剑东四人共同署名。不久戴笠叫程彭两人仍回上海工作,又加派特务吴志伟、周镐两人往来于重庆、南京之间。从此戴周两人的关系更密切了。

有人要问:周佛海暗通重庆,不怕日本人杀他的头吗?这里应当解释一下。自1942年起,日本侵略者对蒋诱降之心更切,他们不仅在反共、走私等问题上成了同路人,甚至合谋毒死了李士群。1943年,在日方的默许下,周宅设有电台与戴笠直接通电。上海湖南路周宅经常有一批"超然派"或"重庆分子"出入其门,高谈"全面和平论"、"宁渝合流论"。此外,周的动向也与"馆内"、"馆外"的明争暗斗有关。

蒋介石的"曲线救国论"　周佛海自与汪合作投敌以来,即以"和运"第二号自居,但由于汪向有等级观念和用人唯亲的习惯,不但第二号轮不到他,甚至第三号也几乎没有被排上。中日战争前,陈公博为特任部长级(实业部长、大本营第五部部长),周佛海则为简任副部长或厅长级

（江苏教育厅厅长、大本营第二部副部长）。汪精卫成立南京伪组织时，以"馆内派"褚民谊为"行政院副院长"，周又以屈居其下而深致不满。其后，陶希圣的出走，梅思平的失势，都给周以非常强烈的刺激。但是，在蒋介石看来，周的分量却比陈公博为重。这是因为，陈在南京不过是一个空架子，周的兵力和财力则都比陈大得多。周在江南地带布置了一道声气相通的联合阵线，苏北有熊剑东，苏南有任援道，浙江有丁默邨，上海有罗君强。蒋介石希望这些人摇身一变，由叛国汉奸变作反共英雄。这就是蒋所提倡的"曲线救国论"。

一批伪大员纷纷外调"省长"的原因　1945年1月20日，虽然国民党军在粤北韶关又一次演了大溃退的悲剧，但是第二次世界大战已临尾声，日本败局已定，南京伪组织也已呈现了"树倒猢狲散"的一片凄凉之局。于是南京的大汉奸们纷纷外调，罗君强调任"上海市政府秘书长"，林柏生继任"安徽省长"，另以赵尊岳继任"宣传部长"（赵尊岳，字叔雍，江苏常州人，上海《申报》记者。其父赵竹君系清朝末年湖广总督张之洞的得力幕僚，属立宪派，辛亥革命时曾与张謇合作调和南北，促成清帝退位），杨揆一调任"军事参议院院长"，叶蓬继任"湖北省长"，萧叔萱继任"陆军部长"，黄自强继任"江西省长"。4月21日，褚民谊调任"广东省长"，李圣五继任"外交部长"，鲍文樾调任"河南省长"，胡毓坤继任"参谋总长"兼"军令部长"。5月3日，丁默邨调任"浙江省长"，彭年升任"社会福利部长"。

汉奸们为什么纷纷求外调呢？根据当时的形势，日军投降后，南京将成为一座孤城，不离开南京就只有死路一条。而早日离开南京，可以乘机在地方上大刮一把，为日后亡命养老之资；又可以把地方部队抓在自己的手里，为日后投降蒋介石作"戴罪图功"的资本。

南京上演"贺后骂殿"　褚民谊外调"广东省长"时，伪朝廷还演了一出"贺后骂殿"的新编趣剧。原来，汪精卫死后，南京伪政权朝不保夕，馆内派风流云散，陈璧君眼见她的"皇后"做不成了，便于是年3月12日跑回广州老家。但她还作退保一隅的妄想，打电报给陈公博，请调她的妹婿褚民谊为广东省长。陈答以"褚在中央职务重要",不允所请。陈璧君一怒之下,便乘飞机飞到南京,冲进了伪府,一把揪住陈公博骂道:"你现在做了当家人,就搭架子不听老娘的话了,你这个没良心的东西!"陈公博被迫无奈,只得改口答应了。

南京、上海出现了"反对列强在中国领土上作战"的"民众大会"

1944年,日本人在汉口导演过"人民和平运动"的一幕,由于无人欣赏,只得草草收场。不料事隔一年,南京又有所谓"战时各省市民众大会"出现,从1945年3月28日至31日,接连开了四天的大会,最后决定:(一)请愿召开国民参政会,(二)要求实现全面和平。大会发表了宣言,其内容与汉口"人民和平运动"所发表的宣言如出一辙。所不同的是,宣言后面拖了一个尾巴说:"天不久就要亮了。"

4月21日,南京"民众大会"公开地抛出了"反对列强在中国领土上作战"的新口号。列强是指日军口中的"暴敌英美",而日本也包括在内。称日军的敌人为列强,已属大犯忌讳,而公开反对日军的"大东亚辉煌圣战",岂不更是"大逆不道"?日本侵略者对此置而不问,岂非咄咄怪事?接着,上海经济汉奸袁履登也发起了同样性质的"上海市民大会",外传幕后人为日本总领事馆清水书记官。

上海大批"反战"刊物出笼

与此同时,南京有一种反战刊物出现,名叫《大公周刊》,其创办人为胡兰成。此人在汉奸特工系统的上海《国民新闻》当过主笔,由于林柏生的提拔,做过伪组织的"宣传部次长",不久转任伪行政院的"法制局长"。他生平最崇拜"七十六号"大特务吴四宝,称之为"当代英雄",把他的戎装照片放大悬挂,以便朝夕敬仰。因此,人们多以怪物称之。

《大公周刊》创刊于1945年4月3日。它连续发表了《日本撤兵问题之商讨》、《反对列强在华作战》等论文。它提出了日军撤出中国、撤销日军控制下的油粮征购机关,召开各党派代表会议,解决国事等主张,还刊登了延安、重庆的电讯。但在《撤兵问题》一文中,却又露了马脚,充当了日本侵略者的代言人,说什么:"日本虽愿撤兵,却不能禁止联合军不在中国沿海登陆；日本撤兵无保障，这就是这个问题的症结所在了。"

这个刊物问世后，在上海设立了办事处，销路不胫而走，甚至一再加印发行。由于生意兴隆，上海滩上立即发现了好几种性质相同的反战刊物，它们东也是一篇《撤兵论》，西也是一篇《反战论》，怪论层出不穷。但上海人拆穿了"东洋镜"，也就冷眼相看，因此《大公周刊》出至第十三期即戛然而止。

"重庆分子"在上海大吃香　　日军占领上海租界的初期，对于爱国人士，一律扣上一顶"重庆分子"的帽子，搜捕不遗余力，被捕者大多无生还之望。到了1945年，风水为之一变，日本各方面（包括陆、海、外和特务机关）照旧搜求"重庆分子"，但不是逮捕而是"礼聘出山"：只要有人与国民党政府的某一当局有瓜葛之亲或有一面之缘，都成了他们百般拉拢的对象。"重庆分子"被他们发现后，若要生活费就有成捆的钞票送上门，要房子有房子，要声色货利样样都有。"重庆分子"昔为阶下囚，今作座上客，时间相隔不过三四年，而今昔冷暖不同，就像隔了几个世纪的一样。

这时候，身在敌营的上海，可以公开表示"拥蒋"，可以大骂汉奸，甚至可以一直骂到日本的主战派，你越是骂得凶，他们就越会相信你是货真价实的重庆分子而愿与之结交。是年7月8日，周佛海在玉佛寺做佛事祭奠他的母亲，在自撰的祭文中，提到政治问题，公然发表了"党必统一"和"宁渝合流"的新理论。陈公博不甘落后，也急忙公开表示，本人随时可以下台，绝对赞成党的统一。

蒋介石看见南京、上海一带的大汉奸们纷纷表示"输诚"，不免心花怒放，于是由戴笠出面打电报，叫周、丁之流"戴罪图功"，"曲线救国"。那时候，中国共产党所领导的新四军在苏北、浙东和苏、嘉、沪三角地区都很活跃，蒋介石害怕日军投降之日，南京、上海、苏州等大城市落入人民军队之手，因此授意汉奸们与日军合作，共同"保卫东南"。这样一来，日、蒋、伪三位一体之局更加露骨，而汉奸们平日所侈谈的"有了枪杆子就能活命"的论点，也就进一步得到证实。

日本关东军增防苏沪　　1944年，上海日军曾放出空气说，他们在战争的最后关头,将放弃华东、华南,坚守华北、东北。但自12月冈村宁次接任侵华军总司令后,派"登部队"担负上海及东南沿海一带的防务,情况即为之一变。1945年新年既过,日方大量增兵上海,自北方南下的军车不绝于途,其中都是满载着戴皮帽子的关东军。他们开到一批调走一批,调往的地方大多是上海外围和杭、嘉、湖一带。同时,日本侵略者又在上海市内大量拉夫,派往四郊构筑防御工事。等到新防线建成,他们就露骨地表示"宁为玉碎,不为瓦全",决不放弃上海。

日军源源开到后,盛传市区内某些高楼大厦均将驻兵,包括永安、先施、新新、大新四大公司,八仙桥青年会,逸园跑狗场,各大学及公共场所等。关东军的纪律很坏,市内常有当街侮辱女性和抢东西的不法行为,吓得女人不敢出门,男子不敢夜行。

日本侵略者禁止上海市民揭露关东军的不法行为。2月9日,日本驻沪海军报道部长松岛大佐发表谈话称:"上海新开到的军队,市面谣言很多,其实这不过是一般的军事调动,不值得大惊小怪。他们所戴的皮帽子,与中国北方军队相同,并非特有的一种标记。今有人希望日军从上海撤退,宣布上海为不设防城市,此由于思想中毒之所致。我们帮助同文同种的中国人防守上海,抱定宁为玉碎的决心,决不放弃上海。"这个圆圆面孔,一团和气,表面像个老实人的日本海军军官,讲起话来也跟张牙舞爪的陆军军官一样。2月23日他又作补充发言说:"上海人过农历新年过得很快乐。不过,上海人希望美军登陆会给中国人带来幸福,实则美军带来的将是大屠杀、大劫洗。上海人希望日军从上海撤退,实则只有日军才能维持上海的秩序,保障中国人民生命财产的安全。"同一时期,日本宪兵队长也出了一张布告,措词更为严厉,硬说:"日军纪律素来严明,决无一人有侮辱妇女的行为。此项谣言,显系受敌人利用,破坏日军信誉,一经查出,当予以最严厉之处治。"他们找到霞飞路五一五号盛炳记的十九岁学徒李金康,指为谣言之制造者,把他关进了东洋牢,造成了一次牵连多人的冤案。

日伪又一次强调疏散人口　在农历新年中,重庆国民党政府发表广播,劝告包括上海在内的七大城市迅速疏散人口,但不得利用交通工具,以免空袭时造成重大死伤。敌伪报纸也和重庆广播一呼一应,纷纷发表社论,把疏散人口列为 1945 年新年中的一项重要任务。伪市府组织了"疏散人口委员会",动员市民回乡。事实上,上海市民有乡可回或者能够远走高飞的,哪个愿意留在这个危巢里受罪,有人迁往苏州,发现那里也有戴皮帽子的关东军,而那里关东军的纪律更坏,只得又折回上海来。有人想迁往青浦,发现那里的房屋也要收顶费,而且那里的关东军除了抢东西和侮辱女性外,还要抓夫挖战壕,因为青浦处于江南三角地区的中心,如果美军在金山登陆,那里正是首当其冲的战场。也有一部份市民想迁居内地,可是蒋管区的面积日益缩小,距离上海的路程也日益遥远。有些市民决心离开上海,但当他们走到火车站,看见大批"黑帽子"把守售票处的窗口,乱糟糟闹成一片,不由得倒抽一口冷气退回来。黑帽子是出卖火车黑市票的一群流氓,又叫车站黄牛党,他们抢先买到车票,以之转售求利,其售价超过正式票价达数票之多。家中人口多的市民,当然望而却步,想走也走不了。

但是,由于日本侵略者在上海增兵设防,往日纸醉金迷的十里洋场,今日成了敌人跃马横戈之地,确实也有部份市民疏散了出去,因此市区人口略有减少,房屋顶费也开始有了下降的趋势。

驻沪法军被迫缴械　　3 月 9 日,驻沪日军事前作了周密布置,临时放出大批步哨,突然迫令驻沪越军自动缴械,次日又令驻沪法军及警察队一律解除武装。这是上海市民意想不到的事情。当初日伪接收上海法租界时,曾经允许驻沪法越军可以保留兵房、武器及其他一切设备,俟欧战结束后撤离上海,因此长江及华南各地法租界的法越军,也都络绎不绝地集中到上海来。此次日方食言而肥,毫无理由地迫令他们全部缴械,但在无理由之中也得编造出一个理由来。他们发布消息说,1938 年,日法两国虽然签订了共同防卫越南的协定,但是今天的局势已发生了变化,同盟国军队随时可以在越南沿海地区登陆,为了防止法军与之里应外合,有解除越南法军武装的必要。接着,他们又强词夺理地硬说"越南当局不守信义,态度逐渐转变,不能与日本共同尽防卫印度支那之责,以故该地日军不得已排除敌性,采取独立防卫之措施"。同时,他们又伪善地宣称:

"对越南非为领土之要求,且对其民族之独立,基于大东亚共同宣言之宗旨,当然促其实现。"

上海日军解除驻沪法军武装前,曾发出最后通牒,令其自动缴械,限于十二小时之内答复。法军采取了不抵抗的态度。因此上海日军事后表示:"为防止越南事件波及上海,采取此项措施,对驻沪法军及法侨深表同情,对抱协力态度之法国方面并不视为敌人。惟解除武装后之法军,绝对不准与他国人发生接触,其通信亦受限制。对非敌性之法侨,则采取特别宽大之措置。"

日军在旧法租界建立防军司令部　此后,日本"登部队"的军司令部设在旧法租界的十三层楼和十八层楼(今锦江饭店南北两部),对外称"上海防军司令部"。从此,旧法租界自迈尔西爱路、霞飞路口至蒲石路口(今茂名南路、淮海路、长乐路)一段,两边筑有短墙及机关枪巢,不许行人及车辆通过。隔不多时,这一军事禁区又向外围扩展:国泰大戏院驻了兵,兰心大戏院(今艺术剧场)被迫停演;再由国泰大戏院向东向北扩展,东西自迈尔西爱路至圣母院路,南北自霞飞路至蒲石路,不论民房或商店,一律勒令迁出。这一带本是旧法租界最繁盛的商业区,现在却成了杀气腾腾的日军大军营了。

霞飞路本是旧法租界最长的一条马路,此时虽未划入军事禁区内,但在其最繁华的一段,路北就是禁卫森严之区,有日军沿线放哨警戒,他们还用铁丝网把禁区与周围马路隔离起来。除这个禁区外,其他旧法租界的重要地点也都弥漫着战时的火药气:法国公园驻了兵,禁止游人入内,里面布置了防空壕、蓄水池和高射炮阵地;广慈医院作了伤兵医院;震旦大学也驻了兵(今复兴公园、瑞金医院、上海机械学校)。自卢家湾至徐家汇一带的许多大建筑物,也被日军征用,有的驻了兵,有的改作军用仓库。从此,旧法租界不再是上海的安全区了。

不久以前,日方曾硬性规定,凡被征用的大公寓和高楼大厦,全部住户必须如期出空,就是司阍人和电梯司机,也被他们赶走。不料 1945 年春节过后不久,他们忽又改变计划,据称:为了照顾住户们的利益,对于公寓住户分层处理,对于某层楼住户必须迁出,对于某层楼住户则又不必迁出;对于不必迁出的住户,则又一律不许迁出。以爱多亚路浦东大楼为例,日方指定底层为堆放军火及军用器材之用,二楼、四楼为驻兵之用,三楼、五楼仍由原住户使用,不许迁出。日本侵略者果真是照顾住户们的利益吗?要解答这个问题,可以引十三层楼(锦江饭店)为例:日方在这个大楼设立了"上海防军司令部",其最高一层则辟为"上海敌侨收容所",把圈禁在浦东集中营的英美籍侨民统统搬过来,收容在这里。这就十分明显,他们是利用"敌侨"为掩护,以抵制美国飞机的轰炸。同样,他们利用中日人杂居,利用中国人掩护日本人,以避免旧法租界也和虹口一样成为美国飞机轰炸的目标。以前日方只征用"敌产"公寓,此时则不论产权谁属,对于一切高楼大厦都征用下来,并且都采取了这种"军民浑然一体"的办法,以保障日本人和日本军用物资的安全。在这种情况下,那些被"照顾"而不必迁居的中国住户,都弄得惶惶不安起来,他们不仅不愿与日军"同生共死",而且与吃人野兽住在一起,妇女随时有被侮辱的危险,财物用具也将不翼而飞,因此他们不约而同地都想早日搬出。

与此同时,日本侵略者又从疏散人口的政策改变为限制人口出境,如非军部发给许可证,一律不得离沪。这个新的限制政策显然又是以中国人为质,万一到了美军在上海附近登陆的阶段,他们就可以借口"保护中国人的生命财产",从而取得停战议和的有利条件。总之,日本侵略者求和既无出路,又明知末日将临,只得倒行逆施,进行垂死的挣扎,甚至想用中国人陪葬的方法,以挽救自己的灭亡。

日军准备在上海市区进行巷战 1945 年春夏之交,上海日军通过市区保甲人员强迫市民在住宅附近挖掘集体防空壕,规定每一条弄堂口,每一道十字路口,每一条马路隔一定的距离,都要挖掘这种防空壕,其费用按户分摊,违者惟"保甲长"是问。在日军的淫威下,保甲人员不得不硬着头皮按户强派捐款,以完成此项任务。紧接着,日军又叫他们强迫市民在住宅附近加掘单人壕,每壕以掩蔽一人为限。

上海本属低洼地区,雨后常有积水。日本侵略者何尝不知道,在马路两旁的人行道上,挖掘集体防空壕和单人掩蔽体,经过一场大雨,这些坑坑洼洼填满了污泥浊水,都成了蚊蚋播种和害虫栖身的新殖民地,也成了抛弃死婴和倒垃圾的臭水沟。他们为什么一定要干这种劳民伤财的事情呢？据保甲人员传出，这是日本皇军利用上海市民的人力物力，替他们挖掘战壕和散兵壕，以备巷战之用。

上海市民到处排队的怪现象　　1945年，战争结束之期已近，一方面战争恐怖气氛却又与日俱增，另一方面生活压力也在步步加重。这一年又称为"排队年"，到处出现了一条龙，甚至到伪警局换领市民证也非排队不可。那时候，没有市民证就寸步难行，甚至你想闭门家中坐，也会祸从天上来，因此伪警局门前人山人海，队伍排过了好几条马路，不少人排了好几天的队也还领不到那张劳什子证件来。每天上午9时，办公钟点到了，局子里的那扇大门还是关得严严的。好不容易门开了，经手发证件的老爷们踱着方步走进办公室来了，可是他们兀自意态优闲地抽着香烟，海阔天空地聊起天来，好不容易谈够了，才慢条斯理地唱名发证。他们并不是按次序唱名，被唱到的人不是他们的亲戚朋友，便是塞过狗洞的"拔号户"。发了三五十个人的证件，钟点还不到12点，他们就非常迅速地停止办公，等候去进午餐。你明天后天再去排队，也难保会唱到你的大名。有些人门槛很精，跑到"保甲"人员那里缴纳手续费一百元，自有人把市民证送上门，而且所见到的还是一团和气的面孔。

"外快"人人要，于是水电公司的收费员也学会了这一套，让千千万万等着付水电费的人们，夏天站在烈日下，冬天站在寒风中去排队。缴费日期一过，就会有人跑上门断水断电，那就有理也讲不清了。你如果识相点，向登门抄表的公司人员送上一笔手续费，就可以省却许许多多麻烦。

电话打不通，你不必烦恼，有人一打就通，这倒不是他们的运气比你好，如果你按月去付手续费两万元，你的运气可以同样好。你认为新装电话是办不到的事情吗？那是你想错了，只要你付上特别手续费一百万元，不但可以装到电话，而且可以装得很快。必须注意，所有各部门的手续费，都是随着通货的不断贬值而随时调整的，以上都是1945年1月的行情。

如果你在很长的时间内没有收到亲友们的来信，不要误会亲友们把你遗忘了，只能怪你不识时务，那时候没有一个不付手续费而能收到信件

的市民。信件手续费也有时价,1945 年 1 月,外埠信件每件二十元,本市
十元。

关于到处要排队和到处要付手续费,都不过是市民生活中的一些小
麻烦,最伤脑筋的是电力供应愈来愈少,上海市民几乎到了出门无车、入
门无灯的地步。"华中水电公司"公布:自 2 月 1 日起,除路灯及特别用户
外,一般市民的照明灯供电时间只限于晚 7 至 10 时(不久又缩短为晚 7
时半至 10 时);各户用电限度,须照本年 1 月份用量再减少 50％。同一
天,电车除上午 6 时半至 10 时,下午 4 时至 9 时外,其余时间仅有少数班
次往来或完全停驶。日伪宣称,减少电力供应,只是短期措施,一俟煤斤
充足,即当恢复原状。上海市民都知道,以后的情况只会更坏而不会有所
好转。

日本侵略者无条件投降

太平洋战争进入日本国土　　1945年是第二次世界大战胜利结束的一年,也是中国八年抗战取得最后胜利的一年。新年开始后,美军在太平洋的"跳岛作战"步步进展,1月9日在吕宋岛登陆,2月3日攻入马尼拉,3月16日攻入硫磺岛,3月19日在日本濑户内海的海战中日本舰队受到了一次毁灭性的打击。日本侵略者所吹嘘的在太平洋上"全歼美敌"的神话破产了。

小矶内阁倒台　　4月1日,美军又在冲绳岛登陆成功,战争进入了日本国土。日本小矶首相宣称:"日本将以全力进行举国一致的总体战,本人将兼任日本国内义勇军总司令。"4月5日,苏联政府宣布取消苏日两国的中立条约,这显然是红军将对日作战的一个信号,在职八个多月的小矶内阁因之倒台。

小矶倒台之前,还犯了一件欺君误国之罪。

3月下旬,正当日本举国惶惶、唯恐"祸从天降"的时候(此时美国飞机正在加紧对东京及九州等地的空袭),忽有所谓蒋介石特使缪斌在东京出现。缪斌向小矶提出了两个条件:一、日军全部从中国领土上撤退,二、即日取消南京伪组织。他说,如果能够办到这两件事情,中日全面和平立即可以实现。此时日本侵略者们正在把蒋介石当作一尊救命王菩萨,幻想能够先同中国停战议和,把中国从同盟国抽出来,然后通过蒋介石,调解日本与英美等国的战争。小矶听了缪斌的条件,他就拿了鸡毛当令箭,入宫奏报天皇,天皇授小矶以主持中日议和之全权。小矶退下来,马上召集五相会议讨论这件军国大事。当时就有人问及,缪斌究竟是何许人,同蒋介石有什么特殊关系,小矶不觉怔住了。原来小矶没有详细调查缪斌的来历,只知道他从中国来,以前做过蒋介石的高级官吏,就没有取得任何身份证件而信之不疑,一面礼为上宾,把他接待在豪华的帝国大饭店里，一面马不停蹄地上奏天皇，提出阁议，这在日本内阁中开了一个荒唐透顶的恶例。

缪斌究竟是何许人？原来他的父亲在无锡当过道士，因此他幼年有"小道士"之称。他善于钻营之术，1927年拍上了何应钦（当时何应钦任广东北伐军东路总指挥，缪斌在该部做政治工作），做了一任江苏民政厅厅长。但不久即因贪污被革职，从此永不叙用。"七七"事变后，他到北平投靠王克敏，随后又到南京加入了伪组织，做到"监察院副院长"。他根本不是蒋介石的特使，而是一个出卖野人头的政治骗子。

根据日本的习惯，一个大臣犯了欺君误国之罪，应当切腹以谢天皇。4月5日，苏联单方面宣布取消苏日中立条约，这个通告救了小矶的一条命，即以办理外交失败为理由，急忙引咎辞职。

缪斌曾拜会日本皇族东久迩宫，想通过他去见天皇一面。东久迩宫告诉他，关于日本有关和战的决策，应由内阁总理大臣直接奏报天皇，皇族不能转达，否则就有干政之嫌。但他对缪斌为中日和平而奔走，表示欣赏，并请代向蒋委员长致意。

缪斌日日在帝大饭店等候好消息，谁知等来的却是小矶倒台的坏消息。从此他门前冷落，在东京呆不下去了，只得作归国之计。当时往来于东京、南京之间的军用飞机，须由军部批准方能搭乘，缪斌没有资格申请，正在欲归不得，幸而遇到了南京伪组织的驻日大使蔡培（缪斌与蔡培为江苏无锡同乡人。蔡培由南京伪市长转任伪驻日大使。当时日本败局已定，东京又空袭频繁，他回国向陈公博辞职。适日政府召开亚洲各国大使会议，陈公博央求他回任去参加，一俟大使会议开完，准其辞职再回国）要回国，他才得到机会搭乘这位同乡人的专机飞返南京。

小矶倒台后，代之组阁者为年已七十九岁的海军大将铃木贯太郎。铃木在"二·二六"事变中（"二·二六"事变是1936年2月26日日本少壮派军人发动的一次政变）曾被日本少壮派军人击伤，此时任日本枢密院院长，在日本元老派中素有稳健派之称。

问题摆得很清楚，1943年7月，意大利的黑衣宰相墨索里尼因战败倒台，海军上将巴杜格里奥出而组阁，意大利新政府随即向同盟国无条件投降。时至今日，太平洋战争已经进入日本国土，日本也是一个战时内阁倒台,一个海军老将继起,无疑地这是日本新政府向同盟国无条件投降的一个重要步骤。

可是,当天的上海《新申报》发表社论,警告上海市民且慢欢喜。社论说:"此番(日本)内阁改组,新阁仍将完遂圣战,并非政策之变更。也许有一部份人因此发生误解,实则最强力之新内阁即将出现。"

事情摆得很清楚,根据当时日本的国内外形势,日本不可能再有更强力的新内阁出现。欧洲方面,自2月5日斯大林、罗斯福、丘吉尔在克里米亚举行三巨头会议以来,盟军合围柏林之局已定,德军完蛋之期不远。小小日本,残阳一角,怎么还能够独力完遂"圣战"呢?日本有名军人东条、小矶之流都已倒了,怎么还会有更强力之内阁出现呢?

苏联红军攻克柏林　5月2日,苏联红军突入柏林,希特勒自焚身死。8日,德军宣布向盟国无条件投降。至此,历时六年的欧洲大战,以德军的彻底失败而告结束。

上海俄侨的狂欢之夜　5月8日这一天,上海人民沉浸在一片狂欢的气氛中。南京路上,霞飞路上,人上堆人,灯火一片;有中国人,也有外国人(此时上海未圈禁的外侨,只有白俄和无国籍人),有男有女,有老有少;有的挽臂游行,有的当街跳舞,人人精神焕发,个个笑逐颜开。什么灯火管制,什么防空演习,都不在上海人的眼下了。日本宪兵也都蜷伏在巢穴里不敢露面了。

当天,霞飞路上发生了一件不胫而走的新闻。原来,霞飞路金神父路口有一爿店面,分设两家小店,一家是俄国人所开的小小咖啡馆,一家是德国人所开的小小照相馆。自从欧战发生以来,这边德国店的老板在墙头上挂起了一帧德国元首希特勒的半身照片,顶门一绺额发,唇边一丛短髭,两眼炯炯有光,面目虽然可憎,倒也威风神气。那边俄国店的老板不甘示弱,也把浓眉大眼的斯大林大元帅的放大照片挂将出来。这对风云人物,共处在一间小小的店堂里,俨然同舟敌国。当德军的闪电战席卷全欧并且侵入斯大林格勒的时候,德国店老板的秃顶上熠熠有光,脸上堆着骄傲的笑容,趾高气扬地走进店堂来,大有目无余子之慨。俄国店老板气得鼓起红润的腮帮子,耸着阔大的肩膀,只得闷声不响。可是,自从柏林被围困以来,德国店老板泄了气了,走起路来也就无精打采了。这一天,德国无条件投降的消息传出来,那位俄国店老板突然挺胸凸肚地走进来,一脚踏进对面的柜台门里,不由分说,把希特勒的像片取下来,抛在店门外人行道上,豁朗一声,打得框毁镜碎。马路上大批俄侨一拥而入把德国店也捣毁了。可怜的德国老板不但不敢吭声,人也悄悄地溜走了。其实,这两位老板都不是地地道道的本国公民,德国老板是被纳粹党逐出来的德籍犹太人,俄国老板是十月革命后流亡在外的白俄。

霞飞路金神父路一带本是白俄集中的小天地,当天晚上,他们从家里走出来,成群结队地在马路上跳起华尔兹舞来,有的则醉酒高歌,不知唱的是什么怪曲子,而马路对面就是国泰大戏院和驻沪日军的最高司令部。马路上拥挤不堪,连日本侵略者的军用卡车也通不过,而站在路旁的日本哨兵,却呆若木鸡,对此不敢过问。

德军投降之日,上海日军方面传出来一种"绝密消息",据称:红军突破柏林外围防线时,德国外长里宾特洛甫曾召日本驻德大使大岛密谈,告以希特勒打算乘潜水艇到东京组织流亡政府,随行者有德国最重要的科技人员及参谋人员,拟将正在试制接近成功的某种秘密武器献给日本,以供继续抵抗盟军之用。日本大本营对此曾加讨论,终以不敢冒此天下之大不韪,拒绝接受此项要求。柏林进行巷战时,日本侵略者忽又派神秘飞机一架,由华南某地起飞,经越南、印度上空飞往柏林,想向希特勒索取此项武器及某些重要军事情报。该机载有日本尖端军事专家,驾驶员为仅存的号称日本空军"四大天王"之一的神风队员某某。该机经过印度上空,被地面冷枪击落,人机俱毁,其残骸亦未寻获,想已坠入海中。此项消息,由日军华南派遣军报告东京大本营及南京日军总部,日方秘不发表。而盟军方面,事后仅知印度击落日本侦察机一架。此说真伪如何,至今尚属疑案。

日本侵略者分化同盟国的阴谋　　德军投降后,上海日本陆海军报道部长仍然不断发出"独立作战"的叫嚣,他们把希望寄托在第三次世界大战将紧接第二次世界大战发生的空中楼阁上。他们认为,英、美、中、苏四大盟国的政治制度不同,丘吉尔、蒋介石都是驰名国际的反共老手,将来第三次世界大战发生,各国之间的敌友关系将有一番大改变。他们

宋美龄与苏联军官在一起庆祝胜利

断言,第二次世界大战尚未结束,同盟国即已露出同床异梦的阴影,一旦裂痕扩大,西方各国必将与日本化敌为友,利用日本陆军对付苏联。另一方面,他们又想利用苏联调停日本与同盟国之间尚未结束的战争。他们认为,苏联外交一向重现实,当年斯大林与日本外相松冈洋右签定日苏中立条约,即其一例;今后日本已不足为苏联之患,留一日本与美国为敌,对苏联有利无害。这种一相情愿的幻想,正与德国全军覆灭前希望"有条件投降"的出发点相同(柏林被围时,德军希望向英美两国投降,而以反攻苏联红军为议和条件,曾由德国海军大将杜尼资向英美提出。英美答以必须同时向英美苏三国投降始可接受。后由德军代表季特尔向英美苏三国无条件投降)。

上海市民眼巴巴指望日本侵略者继德军之后无条件投降,但是日复一日,依然杳无消息。5月16日,日军虽然解除了上海四郊的封锁线,但在市区内仍旧戒备森严,并加派女检查员检查女人。对于他们的老战友德、意、匈等国侨民,均以敌侨对待,禁止自由移动,并不许拍发密电。

同日,日本侵略者宣布更加严格地管制灯火,每晚10时后,全市灯火

均须熄灭;遇有空袭也不再放警报(4 月 12、13、14、15 等日,上海均有夜袭,美机在市区投弹数枚,日方虽放警报,但未发表公报)。7 月 26 日,中、美、英三国曾发表《波茨坦公告》,又一次劝告日本必须无条件投降。一直到这时,日本国内死硬派还是坚持"对等议和",反对"无条件投降"。上海日军发言人还说什么"战胜国不能向战败国投降",主张放弃华东、华南,退守华北、东北,为背城一战之举。

这时候,南京日军总部已经接到美国试制特级炸弹成功的秘密情报(当时上海日方传出,此弹仅有火柴匣大小,其威力可以摧毁一座城市),因此日本侵略者慌做一团,命令驻苏大使佐藤请求苏联政府出面来调解太平洋战争。日本侵略者虽明知苏联政府已取消苏日中立条约,事实上与日本已处于战争状态的边缘,不可能接受此项请求,但还幻想苏联尚未成为正式交战国,不妨采取这种"病急乱投医"的办法。果然这一请求被苏联政府拒绝了。

在那些日子里,侵华日军总部每天都有讨论和战问题的会议,参加会议的高级将领,大多不作明确表示,发表意见最多者为校级军官。他们几乎众口一词地认为,时至今日,日本已经处于四面受敌的地位,为解救皇国空前未有之危机,只能集中兵力,突破一点,才能取得和战问题的主动权,而进攻的对象,就是对日本不顾信义的苏联(他们认为,1943 年,日军未乘苏联之危进攻苏联,此时红军已在秘密运员东向,就是背信弃义,以怨报德之举)。此项意见,由总部参谋长松井中将派作战科长都甲大佐带往东京请示。后来听说,日本海军表示反对,"南方派遣军"也因撤兵有困难而不同意,都甲留在东京不回,东京大本营另派尾川大佐继任作战科长,又派小笠原大佐来华传达命令,劝告少壮派军人少作主张,一切听候大本营的决策行事。

8 月 6 日,美国在日本广岛上空投下了第一颗原子弹,造成了广岛人民的重大死伤。这便是前些日子日本情报部门所传的美国秘密试制的特级炸弹已经问世了。同月 9 日,日本长崎又落下了同一类型的炸弹。

广岛被炸之日,上海的电话线搅做一团,日本侵略者禁止各报登载,但已尽人皆知。

9 日南京消息,日本侵华军总部开会讨论的结果,仍然抱定"宁为玉

原子弹爆炸

碎"的精神,不肯接受无条件投降。有人建议,把日本政府移到中国东北来,把大批日本人也疏散到中国大陆来。此项建议是否送到东京,则无下文可考。

8月9日(莫斯科时间为8月8日),苏联政府正式向日本宣战。接着,红军迅速进入东北,击溃了日本最精锐的关东军,粉碎了日本侵略者负隅顽抗的最后企图。

10日下午,上海市民盛传日本侵略者已表示愿意无条件投降,因此没有人在家里呆得住了,大家喜气洋洋地跑到大街上看热闹,在川流不息的人群中挤来挤去。有些素不相识的人,由于兴奋过度,也情不自禁地打招呼攀谈起来。他们指手划脚地交谈战地消息,谈得津津有味,恍如来自沙场的战斗英雄一样。一直到夜色降临,繁密的星星在穹苍中眨眼,辉煌的灯火吐射着胜利的光芒,街上的人流兀自熙熙攘攘,乐而忘返。这种情况比过大年夜还要热闹得多。

11日上午,市民余兴未尽,继续涌向街头,各色车辆无法通行。大小商店均停业一天表示庆祝。当天下午,日本侵略者突又宣布紧急戒严,派出大批警保人员,配合保安队员,骑着机动自行车往来逡巡。保甲长奉命驱散街上成堆的人们。市商会劝告各商店照常开门营业。黄昏时候,日

上海人民欢庆抗战胜利

本哨兵又在重要街口出现,荷枪实弹,依然旧时威风。

12日,上海广播电台证实了日本无条件投降的消息,日本海军的机关报《小报》也露了一鳞半爪。但是敌伪系报纸仍然只字未载。改组派的机关报《中华日报》发了日本投降的号外,被日本侵略者罚令停刊十天示做。

同日中午,上海陆军司令部张贴布告,禁止悬挂敌性国旗,禁止喊口号,不许当街放花炮,不得鸣锣击鼓,取缔一切未经检查擅行出版的刊物。

同日下午,周佛海以"上海市长"名义劝告市民"严守秩序,切勿兴奋过度,致招不测之祸"。同日,伪市府秘书长罗君强发表告市民书,首先问道:"百万大军出国远征,在未奉到本国最高统帅的正确命令以前,能随便放下武器吗?"接着写道:"11日下午6时半,我会见了松井司令官,他说他没有接到东京政府及南京总部的停战命令。市民须知,此时战争状态并未停止,此地仍是日本军的占领区,如果不认清现实,你们能不吃眼前亏吗?"

同日,南京日军总部也发表了一个杀气腾腾的声明。声明说:"最近流言风行,无知之徒随声附和,殊深遗憾。本军不论战局如何转变,决以严明之军纪,向击灭骄敌之途迈进。如曲解军方真意,于治安上有不良行为或冒渎日本军威者,当予以最严厉之处置。"

日皇发表投降广播　　从 13 日到 14 日，一切情况依然，看不出日军有何投降的打算。

1945 年 8 月 15 日，日本天皇宣布无条件投降。

一直到 15 日，日皇接受无条件投降的诏书在广播中发表，这个问题才得到澄清。

中日战争从 1937 年 8 月 13 日日军在上海发动全面战争起，至 1945 年 8 月 15 日日本政府宣布接受无条件投降止，整整打了八年。

15 日，上海日军中上级军官都集中在霞飞路国泰大戏院后面十三层楼收听日皇广播。收听完毕，有一中级军官当场切腹而死。有消息说，当日本内阁决定接受无条件投降时，陆相阿南站起来痛哭流涕地说："我日本陆军七百万，驻防本土与派遣在外者各居其半，自开战迄今，从未打过败仗。以百战百胜之师，而向战败者无条件乞降，这是何等不能想像的事情。我身为陆相，有何面目对我将士！"当天他回到家中切腹而死。这消息传到中国来，南京和上海的日军将领极口称赞阿南不愧为他们的好陆相，不愧为体现大和魂的典型人物。多少年来，日本军国主义者们对外厉行扩张政策，对内残酷镇压本国人民，这一伙战争罪犯正是中日两国人民的共同敌人，有何值得顶礼膜拜！他们至死不悟，还要炫耀武功，流毒后世，今天应该是对他们作盖棺定论的时候了。

8月16日,蒋介石在重庆发表广播,宣告抗日战争结束。他把八年抗战取得最后胜利归功于"公正仁慈的上帝"。同日,日本首相铃木也作了战争结束的声明。

17日,日本铃木内阁倒台,继任者为皇族东久迩宫。传说日本内部仍有少壮派鼓动政潮,因此不得不利用皇族这张王牌来压服他们,防止一切事故发生。

南京伪组织改称"临时政委会" 8月17日,南京日军总司令派总部副总参谋长今井武夫通知陈公博,叫他取消南京伪组织,改组"临时政务委员会"为

上海市民庆祝抗战胜利大游行

过渡机关,仍由陈公博、周佛海分任正副委员长。该委员会即于是日成立。陈周二人联名电请蒋介石速派大员来南京接收政权。陈又以个人名义电蒋称:"日军将在南京、上海、杭州、徐州四地集中待命,分别缴械。集中尚需时日,请勿操之过急。"他愿以三十六万军队保卫京、沪、杭三角地带,阻止人民军队接收。

蒋介石利用伪军抢夺胜利果实 日本投降时,在中国战区内的日军共有一百三十万人。当时国民党军远在西北、西南大后方,而北平、天津、南京、上海等大城市,都在中国共产党所领导的第八路军和新四军的包围之中。蒋介石理应根据实际情况,指派这些人民军队就近接收各大城市,解除敌军武装,以满足人民群众的迫切希望。但是蒋介石为了抢夺抗日战争的胜利果实,为了坚决反共,把全国划分为十六个受降区,指定以国民党军战区司令长官或方面军总司令为受降官,命令他们兼程前

进;对于人民军队,则令其驻守原防待命,不许擅自移动。但因远水难救近火,蒋介石便又公开地或半公开地利用伪军负责维持各地秩序,并叫伪方军政人员照常工作,维持现状,戴罪图功。蒋介石叫伪军负的是什么责,图的是什么功呢? 不言而喻,叫他们负责坚守阵地,抗拒人民军队接收各大城市,以图反共之功。

当时,除了江南三角地带而外,全国共有伪军二十四个军,六十四个师,十三个旅,其他军事小单位一百三十四个,共计六十八万三千五百余人,步枪三十五万七千余支(根据一九四六年春天国民党陆军总司令部的报告)。蒋介石收编了伪国府警卫军、华北绥靖军、伪蒙军、各省绥靖部队,还收编了旧西北军系统的孙良诚、张岚峰、门致中、吴化文、庞炳勋、郝鹏举、孙殿英等部,旧东北军荣子恒、富双英等部以及其他杂牌部队,分别给以总司令、总指挥、师、旅、团、营等名义,令其就地驻防,坚守阵地,"除本委员长命令外,不得擅自移动防地,不得接受他人收编"。后来这些降兵叛将都成了蒋介石进攻共产党的马前卒,最后成了战俘或炮灰:日军投降后,任援道将所部军队交戴笠接管,甚为蒋介石所嘉奖,授为军委会中将参议,戴死后,任安全逃往香港。伪国府警卫军共有三个师,被首先接收南京的国民党军七十四军收编。伪蒙军号称九个师,日本投降时仅有李守信一部驻陶林、大同,共一万四千人,接收后被解散。熊剑东在苏北与新四军作战被击毙。孙良诚的三个师,淮海之役被消灭,孙本人被俘。张岚峰在菏泽之役被俘。不久,孙张两人在被押时期病死。郝鹏举在淮海之役一度起义,后又叛变被伏法。吴化文的五个师在济南之役起义。庞炳勋的三个师,交马法五统率,淮海之役在大别山区被消灭,庞炳勋逃往香港。门致中在河北战败后逃港,所部由国民党军第十一战区收编。孙殿英在汤阴被俘。东北军系统的伪十一军先后由荣子恒、富双英统率,富在济南被枪决后,所部由徐州绥靖公署缩编为一个独立团。叶蓬的武汉绥靖部队两个师,褚民谊的广州绥靖部队五个师,分别被国民党军孙蔚如、张发奎收编,叶、褚两人被枪决。

江浙地区是蒋介石的家乡,又是帝国主义和蒋王朝蒋、宋、孔、陈四大家族经济势力最集中的东南财富之区。这个地区由大汉奸陈公博、周佛海两人分别掌握。蒋对陈、周两人显有亲疏厚薄之分。对于陈公博,并未给以任何名义。对于周佛海一伙,8月12日命戴笠以军委会名义任命周佛海、罗君强为军委会上海行动总队总副指挥,令其负责维持上海秩序,又派任援道为江苏行动总队总指挥兼太湖区清剿指挥官,丁默邨为浙江军事专员。令其负责维持江浙两省秩序。蒋介石既要利用伪军保卫江浙、上海以防止人民军就近接收,又怕别人骂他包庇大汉奸,因此自己不出面,叫戴笠代他联系;也不给他们以正规军的番号,所谓"行动总队"是戴笠手下军统特务的一种武装组织的名称,这是蒋介石为自己推卸责任预留地步的一种手法。其实,这也是欲盖弥彰的一种手法,谁不知道没有他的命令,戴笠怎敢做出这些招降纳叛的事情来。

蒋介石不仅利用伪军保卫全国各大城市,还想利用日军来"剿共"。日本投降后,蒋特派何应钦为中国陆军总司令,在湖南芷江设立总部,并指定以何为全国受降最高长官。8月21日,日本侵华军总司令冈村派副总参谋长今井武夫到芷江接洽投降手续。何应钦竟密令日军改装为国民党军,打着国民党的旗帜,与蒋伪各军联合一道,向江南茅山及浙北四明山区的新四军游击队进攻。今井回南京汇报后,冈村为此召开秘密会议,大多数日本高级军官均以日军投降后士气已经瓦解,无力执行此项任务,最后决定了"降国不降共"的方针,一面放弃农村各据点,将华东日军集中在南京、上海、杭州、徐州四处,静候蒋军接收。蒋介石利用外敌大打内战的恶毒阴谋未能得逞。

美国政府帮助国民党军接收全国各大城市

日军投降后,由于中国幅员广阔,自南至北均有受降地区,而蒋介石为了抢夺抗日战争的胜利果实,坚持由国民党单独受降,因此大量运兵接收各大城市成了当时国民党无法解决的问题。为了解除国民党的困难,美国借口帮助盟国解除日军武装,不惜使出全身解数,调动大批飞机和海军舰艇运送国民党军迅速开到东北、华北、华东各大城市,以建立国民党在这些地区的统治。从8月27日到10月1日,美国共运出国民党军八十万人,其中仅空运一项,用去美金三万万元。美国自称这是世界历史上最大一次的空运。

不但如此,美国还直接派兵在中国沿海地区登陆:9月30日,美国海军陆战队第一师在天津登陆,10月1日另有一部在秦皇岛登陆,10月10

美军飞机帮助国民党政府运送军队

日在青岛登陆。美国海军航空队有三个大队进驻青岛、北平。10月下旬,美国海军陆战队开往山海关内北宁路布防,为国民党守护铁路沿线地区。11月11日,美国军舰三十一艘运送国民党军在秦皇岛登陆。1946年12月,美国总统杜鲁门在第二次对华政策声明中表明,当时美国驻华陆海军共达十一万三千人。同一时期,美国远东舰队总司令柯克上将也声称,美国驻华军舰有一百三十六艘。除日本侵华时期所用兵力而外,这是外国军队驻在中国的最高纪录。

国民党对上海的大劫收

形形色色的重庆接收大员纷纷到沪　国民党正规军进入上海前,首先到上海的是属于军统系统的"忠义救国军",第一批是陈默的支队,第二批是阮清源的总队。随后就有美蒋特务大批涌到。接下去就是

国民党军队进入上海的情形,背景黄浦江上可见美国军舰。

饥鹰满天飞,饿虎就地滚,前者是指由重庆乘飞机前来的接收大员,后者是指原来潜伏上海而此时公开出面趁火打劫的"地下工作人员"。一批紧接一批,一幕紧接一幕。上海市民不禁痛心疾首的问道:"难道这就是天亮了吗?"

重庆政府官员一批又一批地来到上海,除空中飞下来的外,有的

从水里漂过来，有的从地下钻出来。最早钻出来的有军事委员会委员长驻沪代表蒋伯诚。蒋介石为什么要派一个代表长期驻沪，蒋伯诚代表蒋介石在上海干了些什么事，局外人很少得知其详。上海市民所知道的，蒋伯诚在日军投降前已经公开露面，日本军方甚至派有高级女护士一人照料他的生活。此外，重庆派来的形形色色的特派员，有军事兼政治特派员吴绍澍、财经特派员方东、中宣部特派员詹文浒、工运特派员陆京士等。吴绍澍还兼任上海市副市长、上海市党部主委、上海市社会局局长等职。詹文浒是中统派来劫收上海《申报》和《新闻报》的党棍子。

1945 年夏天，上海大流氓杜月笙与军统大头目戴笠偕同美国海军特务梅乐斯乘飞机由重庆到芷江，即经福建到浙江淳安。日本投降后，又经杭州回到上海。杜戴两人是在抗战初期结合起来的，抗战期间，他们两人共同组织了大规模的武装走私集团，赚了不少的肮脏钱，做了许多的亏心事。如今重回旧地，竟像凯旋将军一样，徒子徒孙纷纷前往欢迎。戴梅两人曾于 1942 年成立中美特种技术合作所，以训练中国特务、加强中美情报交流为目的。杜月笙十分慷慨地将上海杜美路六十七号私宅(即今东湖路东湖宾馆)让作中美合作所的联合办事处。

民国时期上海市长钱大钧(1945年9月～1946年5月)

随后国民党第三方面军总司令汤恩伯、第三战区司令长官顾祝同也分批到来。值得玩味的是，上海市民对于到得较早的马前小卒，欢迎颇为热烈，而对于到得较迟的达官贵人，反而情绪低沉。9 月 9 日中日战后第一任上海市长钱大钧到达上海时，虽然神气十足地坐在 1945 年美国新型汽车里，但是欢迎排场十分冷落，而且这些夹道欢迎的群众，还是由市府事前布置的。当时，大卡车鸣放着长串鞭炮，飞驰过市，也是他们在自己的脸上贴金。上海市民对于重庆官吏的态度，很快地由热变冷，甚至与敌伪大员等量齐观了。

"五子登科"的解说　　来到上海的重庆接收人员，就是上面所讲的饥鹰饿虎之流，把敌伪人员八年来从中国人民身上搜刮得来的物资财富劫收过来，从而大发其胜利财。当时流传着"五子登科"的许多故事。所谓五子是指条子、房子、车子、女子、面子。

当时，以逮捕汉奸为借口，黑帽子满天飞，许多人被戴上政治汉奸、经济汉奸的帽子，所存大金条被他们查抄一空。他们既未留下收条，也无人敢问来历。他们只要带上三五名彪形大汉，口称某某机关大员，汉奸们就只能任其翻箱倒箧，饱载而去。这是一种变相的公开抢劫。上海市民骂他们比日伪人员"宰填鸭"的手段更恶劣。

当时，上海、重庆两地的黄金黑市价有很大的差距，上海金价远远低于重庆。从上海购进金条，当天乘飞机运往重庆抛出，可以攫取巨额利润。当然，能够利用飞机和在金融界调动亿万头寸的，都是尖字号的当权派。但是，他们也并无此种超级大权。在那些日子里，每天都有飞机从上海起飞，把一箱箱的大金条和许多珍珠、钻石以及高级化妆品运往重庆，其幕后人为谁，就不问可知了。

重庆接收大员抢房子的手段，更加直截了当。这些活强盗们不管三七二十一，只要某处房屋曾经住过敌伪人员或者驻过兵，就不由分说地霸占下来。他们自己并不需要这么多房子，其中大部份都被他们用金条转顶出去，从而大捞一票。有些房子以前被恶势力夺占，而此时"以暴易暴"，业主仍然无法收回。在一片抢房子的乱哄哄的局面下，虹口区曾经几度出现强盗互相火并的现象，没有武力的被有武力的夺去，小武力被大武力夺去。

抢汽车也是当时最流行的怪现象之一。敌伪人员留下来的新型汽车，都被先行人员抢光，后来者不甘向隅，便向他们强讨恶索，争车纠纷不断发生。

美貌女子也是他们的战利品之一。敌伪人员留下来的女秘书也在接收之列，甚至娇妻美妾也被他们据为己有。这些"抗战英雄"大多租有小房子，"金屋藏娇"，过着荒淫无耻的生活。号称"满洲电影明星"的李香兰也被关进小房子里去了。

"谁是最大的贪污盗窃集团"的剖视

面子这一子是说这批衣冠禽兽,当了强盗还要称义士,当了婊子还要起牌坊。平日养尊处优,俨然高人一等。不仅如此,当时,国民党的军政大员以及重庆政府派来的财政金融接收大员,几乎没有一个不利用自己的职权,或者凭借自己的特殊势力,把上海各工厂、仓库或生产机构里的大量物资,尽可能地化公为私,据为己有。第三战区所属第三方面军总司令汤恩伯是上海地区的受降主官,他刚到上海,就把日军移交过来的军用大仓库用封条封起来,派若干武装兵把守,然后用军用大卡车分批分期地把物资转移出去,从此下落不明。上海市长钱大钧也从伪中央储备银行提走大批大金条,用途也未说明。那些接收大员,只重视搬得动的值大钱的东西,对于搬不动的机器和厂房,则任其烂光、偷光,丝毫不加爱惜。接着,行政院长宋子文设立了敌伪物资管理局,通过这个机构,大刀阔斧地把敌伪八年来掠夺人民血汗建立起来的金融、工业机构抢到手,然后扎出一个毛人,以标卖的方法,盘得产权到手。这是一种明目张胆的盗买盗卖的行为。对于民族工商业,就用套黑帽子与查黑账的办法,强迫资本家让出大部份股权,然后用增资、贷款等方式把工厂、公司的管理大权控制在自己的手里。这是一种巧取豪夺的行为。因此,在中日战争结束后的很短时期内,四大家族的官僚资本在全国产业资本中竟占了百分之八十以上。此外,陈立夫提出所谓"党费独立",戴笠提出所谓"军统经费自足自给"(过去在国民党一党专政的局势下,国民党经费分别在内政经费或教育经费内开支,军统特务经费则在国防经费内开支。1945 年 12 月 22 日,美国政府派特使马歇尔来华"调处中国内乱",劝告蒋介石"结束"一党专政,容纳各党各派参加政权,因此这些见不得人的糊涂账,都必须迅速结束),都由蒋介石批准,从接收物资中拨出一部分作为党费和特务开支的基金。

同一时期,国民党的官僚资本还与美国跨国公司的垄断资本相勾结,成为后者的代理人,帮助美国大量输出商品,扼杀了民族企业,加深了中国的殖民地化。

以上说明,国民党在劫收上海中出现的最大的贪污盗窃集团,就是以蒋介石为首的蒋、宋、孔、陈四大家族,其次为国民党政府派到上海来的军政大员汤恩伯、钱大钧等人。他们接二连三地演出这些丑剧,加以连续发

蒋介石在美国军事顾问魏德迈陪同下重返上海,向群众发表演说。

生的"粮贷舞弊案"、"金潮舞弊案",不能不引起全国舆论的强烈抗议,纷纷要求彻底清查。甚至当时号称"小骂大帮忙"的《大公报》,也不能不提出"失地收复,人心丧尽"的批评。起初,蒋介石还以"异党造谣污蔑","事关国际信誉"为借口,对贪污分子极尽包庇纵容之能事。后来,连他的美国主子马歇尔也看不上眼了,向他提出警告,"如此臭名远扬,不能不影响今后美国的援华政策及美国军用物资赠与中国的问题"。蒋介石这才不得不组织"清查团"来应付一下。于是惩治贪污与惩办汉奸成了当时全国人民密切注视的两件大事。但是,"清查团"于1946年5月派出,时间已隔大劫收八九个月,贪污人员有足够的时间销毁罪证,消化赃物,使清查团无法进行清查。而且,清查人员碍手碍脚,也不敢公事公办。结果,只枪毙了一个隐匿物资不报的宪兵队长姜公美。姜公美是首先到上海的宪兵队队长,在福履理路祁齐路(今建国西路岳阳路)十二号成立宪兵队队本部,以隐匿敌伪物资不报被判处死刑,就此完事大吉。以前伪组织派出"清查团",还枪毙了粮食舞弊案的后大椿,上海人称之为"捉小鱼不捉大鱼",这次枪毙了接收舞弊案的姜公美,上海人则又称之为"打苍蝇不打老虎"。

以上情况,仅涉及上海一地的一鳞半爪,若就全国范围而论,则参加人员之多,贪污数字之大,其手段之恶劣,实为中外古今历史上所少见的。

重庆人的面孔　　"八年沦落彩云间，千里江山不得还。两岸义民啼不住，飞机已过万重山。"

这首填改前人的诗是从四川流传出来的。日本投降后，久居重庆的下江佬，都恨不得胁生双翅飞回江浙上海故乡来，但是从重庆到上海，比战前从上海到美国还要困难。你若是皇亲国戚或军政大员，便不难腾云驾雾而去，你若是老百姓，就必须乘木板船冒着长江三峡的风险顺流而下，或者从长江两岸步行而归。这首诗就是指后者而言。

多年来，上海市民盼望抗日战争的最后胜利，有如大旱之望云霓。胜利之期是望到了，每天都有飞机从重庆飞到上海来。上海市民耳听得飞机的轧轧之声，眼见到一批又一批的政府官员从天而降，无不喜极而涕，每到一架飞机，地面上就涌起一大片欢呼鼓掌之声。人们对于这些新贵，不论他们过去对抗战有无功绩，对国家有无贡献，因其来自祖国的大后方，都以热情相待，有如久别重逢的亲友。可是，有些同他们沾亲带故的人们，一经接触交谈，看见他们眼睛生在额角上，脸上罩着一重严霜，却又不由得冷飕飕地浑身打起寒战来。他们惊呼："这是重庆人的面孔（当时所讲的重庆人，是指来自重庆的达官贵人。至于一般老百姓，即使列为义民，也不过是两岸悲啼欲归不得的难民）！我们当了第二次的亡国之民了！"

不知打从哪时起，也不知何人首先发明，把中国人划分为两种不同的类型，留在上海和沦陷区的叫做"顺民"，到重庆和大后方去的叫做"义民"。日本宣布无条件投降后，中国一部分外迁人口又逐步东移回到沿海大城市来。在开始的一个阶段，确实有这么一种风气，来到上海的"重庆人"自命高人一等，甚至家人父子夫妻相处，也不免下意识地存在着这种不平等的烙印。有的丈夫高傲地做了"重庆人"，他的在上海寒窑中苦度了八年光阴的糟糠之妻，梦一般地盼到了丈夫得志归来，她们热情洋溢地投入丈夫的怀抱，却被丈夫冷森森地推开了去。原来丈夫已经有了年轻貌美的"抗战夫人"了。

重庆人与上海人之间划分了一道明显的鸿沟，前者是列为世界四大强之一的胜利国的大国民，后者是敌伪手下的亡国余生。这种风气的制造者不是别人，正是在重庆广播中口口声声无时不以沦陷区同胞为念的蒋委员长。

　　蒋介石自己不认识自己,也从来不肯照照镜子。自从日本投降以来,他就自以为了不起,什么"一个民族、一个领袖"哪,什么"民族至上、国家至上、领袖至上"啦,更是叫得震天价响。当时,国民党军人每当发言提到"领袖"时(当时国民党军人一律称蒋为领袖,黄埔系军人则称为领袖或校长),都要啪地一声(皮鞋相碰之声)立正举手,就像骤然患了失心疯的一样。蒋介石不但自以为是中国历史上前无古人的惟一的最伟大的民族英雄,而且是当代国际上三大伟人之一,这种极端狂妄的态度,真足以令人作呕三日。其实,他在国际上的这种虚名,是美国前总统罗斯福捧出来的。前面说过,自从 1941 年美国发生珍珠港事变以来,东西方战争合流,罗斯福就在东方国家中挑选了他,叫他参与世界大事,以示这场战争是世界性的,不限于西方三国。

"天还没有亮"的新呼声　　上海人日日盼天亮,满以为天亮后带来的是无限光明和莫大幸福。谁知敌人尚未缴械,政府尚未还都,这个美丽的梦就被贪污、狂暴、无能与无耻的新台风吹散了。胜利带给人民的不是光明和幸福,而是血和泪。无怪乎上海人称胜利为"惨胜",并且认为"天还没有亮"呢!

国民党政府硬性规定不合理的货币比值　　日本投降后,上海市面仍以伪币(中储券)为交易筹码,法币同时使用。9 月 9 日,日本投降文件在南京签字。11 日,中国陆军总司令何应钦出有布告,自本日起,政府税收及国营事业一律改收法币,伪币处理办法,另候中央规定。自 12 日起,上海、南京各银行、钱庄收付款项,一律改用法币。因此各商店纷纷将货价改标法币。在改标的过程中,物价普遍提高。

　　9 月 28 日,国民党财政部公布伪币与法币之比值为二百兑一,这恰恰是以前敌伪方面将法币与伪币之比值规定为二兑一的一百倍。当比值未明令规定前,上海黑市已经出现过两种币值为二百对一的行情,看来重庆财政部是根据这种黑市行情规定的。但是,当时一般经济界人士都认为,处理伪币应当根据伪中储银行所存黄金、外币以及其他资财,重庆政府所没收的敌伪产业和物资，作出公平估价，再与伪币的发行额作出正确的比价，才算合情合理。还应向日本政府清算账目，叫它付出一定数量的战争赔款，以充中国政府收回伪币之用。事实上，伪中储银行本来就是日本侵略者的外府，伪币就是日军变相发行的军用票，不能把这些开支和损失都转嫁在沦陷区人民的身上。此次伪币比值过低，受害最大的都是劳动人民，资产阶级手中握有黄金、外币、物资和股票，所受影响不大。此外，由于重庆接收人员清一色都是贪污盗窃集团分子，敌伪物资被他们利用职权，化公为私，中央银行所存黄金、外币，又被他们任意提用，无账可稽。在比值未公布前，重庆政府明目张胆地宣布，在上海的一切军政费用，都以伪币开支，于是他们把伪组织尚未发行的五千元大票、一万元大票，整箱整箱地从金库里搬出来，用以开支军费。有些军事机关人员领到伪币后，并不立即发放军饷，而是用以抢购黄金、物资，一转手间，可以获得巨额利润。似此种种，这次二百对一的比值，就是对广大人民群众的一次大洗劫，是一种伤天害理的强盗行为。

兑换金圆券情景

敌伪统治时期，规定华北联银券（1938年2月，华北伪组织成立"中国联合准备银行"，发行一元、五元、十元券三种，与国民党法币等价交换，换来法币供日本侵略者套购物资之用。后因法币不断贬值，"联银券"与法币脱离等价关系，其折合率随时另作规定。但"联银券"也在逐步贬值，后来加发五十元、一百元、五百元、一千元、五千元大票。1939年，南京伪组织也成立中央储备银行，其一切办法与"联准"同。"中储券"贬值更快，与"联银券"也不等价交换）与日元等价交换，而日元与"中储券"之比值则为一对十八，即每一日元或"联银券"等于"中储券"五元五角五分。由于货币不等值，华东、华南沦陷区人民在经济上所受压力远比华北沦陷区人民为重。日本投降后，重庆财政部规定"联银券"与法币之比值为十对一。同一时期，日本在美国军事管制下，美国占领当局规定日元与美元之比值为十五对一。此时上海的美元黑市价每元在法币一千元以上，如以日元与美元十五对一计算，则每一日元约值法币七十元或"中储券"一万四千元。上海人算了这笔账，认为日本虽系战败国，但是日本人在经济上所受的压力，却远比中国收复区人民为轻。

货币比值公布后，上海商人开始还认为一个战胜国的政府，对于自己的货币，一定会加以整顿和维持，不致弄得像第一次世界大战后德国的马克一样，因此各商店改标法币货价时，物价波动还不太大。但是来自重庆的抗战英雄们，他们洞悉内情，知道法币的发行额已经多得像天文数字一样，前景一定不佳，而在二百对一的比值下，上海物价远比内地为低，因此他们大手大脚抢购物资，在很短的时期内，把日本侵略者带不走搬不动的东西抢购一空。他们成了百货公司的大主顾，大包小捆地满载而归。同时，上海人的购买力则因法币比值低而大见压缩，手头非常寒伧。与此同时，国营事业自改收法币后，交通邮电部门纷纷涨价，一涨就是十倍。上海市民往日饱尝日伪时期公用事业带头上涨的滋味，今天重庆政府又步其后尘，因此对法币的信心马上动摇起来，物价也就步步提高，不仅上海人为之变色，连重庆人也都吃惊不浅。

上海市政府的限价政策破产　　为了防止物价上涨，上海市政当局曾经严令各商店必须维持货币比值公布前的定价，按照二百对一改标法币货码。但是，上海商人是最会打算盘的，他们今天售出的货物，明天照原价补不进来，这当然不是生意经，于是他们又照以前一样把畅销品收藏起来，而将次品及落令货点缀门市。自10月中旬起，南京路各大百货公司缩短营业时间，自上午11时起至下午2时止。越是缩短时间，顾客来得越多，挤得店堂里水泄不通。商店虽然采取了每人限购一件的办法，但是货品摆在架子上或橱窗里，转眼即已售完。中小商店把营业时间缩得更短些，有的索性关门不做生意。在这种供求不相适应的情况下，市政当局被迫放弃限价，于是物价就像断线风筝一样，直冲霄汉，早晚行情不同。这一切情形，都是敌伪时期的旧戏重演。

上海物价不断飞涨的各种因素　　当时,有些经济学家研究抗战胜利后物价不断上涨的原因,有经济、政治和心理的三方面因素。经济因素是:战后大多数工厂尚未复工,生产力尚未回升。政治因素是:国民党的苛捐杂税变本加厉,上海物资因特权人物抢购而存底日薄,后方游资又大量流入上海,特别是蒋介石正在准备发动内战,工农业生产受到很大影响,恢复国民经济几乎无从着手。心理因素是:国民党政府滥发纸币,公用事业带头涨价,一般市民重物轻币的心理复活,投机囤积之风大盛。

货币比值未公布前,上海黄金每十两约为伪币八千万元,即法币四十万元左右。9月28日比值公布后,重庆改定黄金官价,每两收进为法币八万五千元。上海黄金为黑市价,出进单位以十两(一根大条子)计算,售价以伪币计算。重庆黄金为政府官价,出进单位以一两(一根小条子)计算,售价以法币计算。9月28日货币比值公布后,上海售价也改为以法币计算,售出为八万九千元。消息传到上海,9月29日黑市金价立即升至五十八万,即伪币一亿一千六百万,但比重庆官价还是低得多。此时又有政府专用飞机,每天从重庆运法币到上海,再从上海购买黄金运回重庆。由于政府大员带头抢购黄金,上海资产阶级也就急起直追抢购黄金和物资,大大加速了通货贬值和物价飞涨的趋势。

从10月24日起,又有一股经济台风吹袭上海。黄金黑市经常一天跳起十万,24日为六十万,27日为七十万,29日为八十万,30日为九十二万,31日为一百一十万。以上均以十两及法币计算。至此,上海黑市金价又跑到重庆的前面去了,于是政府大员又在重庆大收黄金,而用专机运来上海,投入黑市售出。这种情况,如果不是出自蒋介石的指使,谁敢明目张胆去干!因此上海人全都知道,这位世界伟人于日理万机之余,还要挤出时间来,大显其数十年前在上海滩上投机倒把的身手,真是"能者多劳"啊!

上海黑市的大本营——汉口路证交大楼,又恢复了人山人海的盛况。杜月笙又当上了证交所理事长。这个大本营仍与敌伪时期一样,成了大鱼吃小鱼的自由天地,所不同的是,战后由于大官僚(包括四大家族的代理人)、大流氓、大特务更加露骨地插手进去,这些特大之鱼更加肆无忌惮地吞吃小鱼,使更多的人倾家荡产而已。

美国兵大批涌到上海　　战事结束不久，美国兵大批涌到上海，从南京西路到南京东路、外滩一带，到处可以看见穿白色服装的美国海军和黄色卡其制服的美国空军，市中心区和一切娱乐场所，到处都有他们的踪迹。他们翘着大拇指向中国人喊道："顶好！"中国人也回答他们一声："顶好！"

可是，美国兵"顶好"的时代一眨眼就过去了。上海人看见他们坐吉普车横冲直撞，轧死人不当一回事，坐三轮车不给车资，还要动手打人，到处调戏妇女，并且发生过强奸妇女的事情，经常在跳舞厅、酒吧间酗酒闹事等等，不禁痛切地感觉到，外国人在中国领土上耀武扬威的时代并没有过去，不过是大个子的美国兵代替了矮小的日本兵，喜欢翘着大拇指同中国人打交道的西方人代替了面目可憎不言不语的东洋人。

同时，上海人看见蒋介石对于美国政府及其派到中国来的钦差大臣，百依百顺，并不亚于汪精卫对待日本侵略者，而蒋介石大胆卖国的作风，也不在汪精卫之下。战事结束不久，美蒋签定了"中美友好通商航海条约"。这个条约从政治到经济，从军事到外交，从物资到文化，从地面到天空，从陆地到海洋，包括领土、领空、领海、航行、铁路、军

美国军队以胜利者姿态进入上海。图为美军在上海跑马厅广场举行阅兵式。

警、财政、司法、农矿、工商、海关、国家秘密等等，把美国在中国的特权合法化，造成了"工业美国、农业中国"，"资本美国、劳力中国"的主仆关系。这个条约的实质，不过是用"中美亲善"代替了"中日亲善"，用条文代替了炮火，用远隔重洋的同盟国代替了仅一衣带水之隔的近敌。

美国货大批运华倾销　　与此同时，上海市场上涌到了大批美国货，各大百货公司的货架子摆不下了，就摆在马路两旁人行道的地摊子

上,其中有高跟皮鞋、玻璃丝袜、化妆用品、罐头食物、美制香烟等等,上海人称之为"无美不备"。美国还通过条约在中国取得了漫无限制的经济特权,资本输出与商品输出双管齐下,把中国市场变成了它的独占市场。

美国派到中国来武装国民党军队和主管美援物资的将军,先有史迪威,后有魏德迈,他们都是凌驾于蒋介石之上的中国军事统监。美国驻华大使赫尔利、司徒雷登则是中国政治的最高指导者。美国在昆明、兰州成立了训练国民党军与供应装备的中心。日本投降前,美国对国民党军完成了 20 个受过训的美式机械化师,日本投降后,继续装备了近四十个师,前后共计装备了 22 个军,包括 57 个师,707,200人,尚有交通警察大队总队五万人未计算在内。

蒋介石与他的美国支持者司徒雷登(左)与马歇尔

前面讲过,美国对国民党军除装备、训练及物资供应外,还在运输上尽了最大的努力。日本投降后,魏德迈训令在华美军不得帮助那些"不属于重庆政府的个人及团体"。自 1945 年 9 月至 1946 年 4 月,美国帮助国民党军收缴日军步枪 776,096 支,大炮 12,446 门,飞机 1,068 架,汽油一万吨。其时中国境内日本侨民共有七十余万,连同日军俘虏共有 2,039,974 人。美国帮助国民党政府遣返日侨、日俘的工作,至 1946 年 7 月底全部结束,有部份日本技术人员被征用,未计算在内。

美国特使马歇尔来华"调解"国共之争　　美国政府劝蒋介石废止"一党专政",与中国共产党进行"谈判",组织国共两党包括各党各派的联合政府,而以"统一军权于中央政府"为先决条件。不言而喻,如果没有真正民主的联合政府,而将人民的武装力量交与假民主、真独裁的蒋介石,就无异于埋葬人民民主革命事业,使中国重行回到中外反动派联合统治的旧时代,这个道理,难道看不清楚吗?

美国总统杜鲁门一再发表对华政策声明,强调"美军开入中国,用以监视在中国境内日军执行投降条件之程度","决不以军事干涉影响中国的任何内争"。口说无凭,请看事实。美国以空运、海运帮助国民党军接收全国各大城市,为蒋介石准备了发动内战的条件。在赫尔利的指导下,蒋介石与中共领袖举行了重庆谈判。其实,谈判是假,争取时间准备内战是真。1945年12月22日,美国政府派五星上将马歇尔以总统特使名义来华,调停中国国共两党之争。1946年1月上旬,国共双方颁布了停战令,在重庆举行了国共两党包括各民主党派的政治协商会议。国共和谈时期,重庆出现了反苏反共高潮,1946年2月10日发生了军统特务殴打民主人士的较场口事件,同月22日,蒋介石策动了反苏反共大游行,指使特务捣毁了《新华日报》。蒋介石血腥镇压人民爱国运动的同时,从1946年3月到7月,撕毁了停战协定,美国政府以各种方式继续援助蒋介石,完成了以二百万兵力进攻解放区的军事准备。

马歇尔,1945年12月到中国调停国共冲突。

从此全国规模的内战正式开始,中国人民反内战、反独裁、反饥饿,"美国军队从中国滚出去"的呼声响遍全国。当时在中国共产党的正确领导下,仅用了三年多的时间就推翻了中国的三座大山,解放了全中国。